慶應義塾大学
東アジア研究所叢書
KEIO INSTITUTE OF EAST ASIAN STUDIES
KIEAS

秩序変動と日本外交

拡大と収縮の七〇年

添谷芳秀【編著】
Soeya Yoshihide

慶應義塾大学出版会

目次

第一部　総論

第二部　冷戦期の東アジアと日本

第三部　冷戦後の新展開

第一部　総論

第一章

中庸としての「九条・安保体制」

添谷　芳秀

はじめに

「あの戦争(1)」が終わってから七〇年が過ぎた。その間、日本を取り巻く国際環境は大きく変貌した。しかしながら、日本の国際秩序変動への対応は、概して基本的な連続性を維持してきた。その最も根本的な理由は、占領期に制定された戦後憲法（とりわけ第九条）と一九五一年に締結され一九六〇年に改定された日米安全保障条約が、一貫して日本の外交、防衛、安全保障政策の法的、政治的、社会的、規範的な枠組みを形成していたからである。戦後日本外交は、「九条・安保体制」を変えることなく、その論理と枠を拡大することで、変動する国際秩序への対応を模索してきたのである。

本章では、本書所収の各論文の内容を紹介しつつ、一九四五年の日本の敗戦以来七〇年の日本外交を、「九条・安保体制」の展開を軸に振り返ってみたい。その際の一貫した視角として重要なのは、日本外交が、内実においても地理的にも拡大してきたなかで、常に収縮の力学にもさらされてきたということである。

以下で見るように、「九条・安保体制」には本質的なねじれが存在する。しかし、そのねじれを解こうとする試みは結局のところ成功せず、日本外交の拡大は、ねじれを甘受した上での対応から起きてきたことが確認できる。また、日本外交の拡大の動きが「九条・安保体制」の枠を超えようとすると、あたかも見えざる手に導かれるように「「九条・安保体制」の枠内に引き戻されるという一般的なパターンを確認することもできる。以下に紹介する各論文は、それぞれの著者が得意とする問題や領域を扱っているが、それらすべてにおいて拡大と収縮のせめぎ合いがあったことが読み取れる。

一 「九条・安保体制」の起源

1 戦争責任と戦後憲法

本章に続く植田論文（第二章）は、「政策決定者、知識人、そして読者としての市民を架橋する空間」としての戦後論壇における言説の変遷を、外交と安全保障の領域を中心に考察する。論壇における言説空間は、冷戦が発生することで戦後憲法を抱えたまま日米安保条約が結ばれると、左の「非武装中立・憲法改正反対・日米安保反対」、右の「再軍備・憲法改正・日米関係の対等化」、そして「軽武装・現行憲法維持・経済大国」を志向する中道に分岐することとなった。植田論文は、それら三つのパラダイムが今日まで根強く存在することを明らかにする。そして、時間の経過とともに、当初は優勢であった左の言説に対して右の言論勢力が徐々に存在感を増してきたことを、総合雑誌に掲載された代表的な論客の議論を追いながら跡づける。同時に植田は、結局は右にも左にも、坂口安吾が『堕落論』でいうところの「幻想」を見ているところがあるといい、左右の狭間で「弛まない想像力によって中道を切り拓く強靭な思索」があったことを重視し、今後の日本に必要なのは「知的想像力としての中庸」であることを主張している。

戦後の日本外交は、以上の三つのパラダイムが世論形成や政治に作用するなかで展開されてきたといえる。その結果、日本の政治や世論に、外交や安全保障問題をめぐる深刻な対立と分裂が生まれた。植田はそれを、「日本社会における『悔恨』と『無念』、贖罪意識と復興意欲のせめぎ合い」と説明する。そして、そのせめぎ合いの源流に存在するのが、戦争責任問題と戦後憲法であった。戦争に対する「悔恨」の情は贖罪意識を生み、それが戦後憲法や日本の侵略による被害者への共感につながる。逆に敗戦を「無念」に思い、戦後の復興に力点を置く立場からは、「悔恨」を「自虐」と同一視し、改憲を当然視する心情が強まる。こうして日本の心が左右に分裂するなかで、それぞれの行き過ぎを一定の枠に引き戻す機能を果していたのが、事実上の中庸路線を支えていた「九条・安保体制」にほかならない。

そもそも、一九四六年に公布された戦後憲法と一九五一年に調印された日米安保条約は、前者が冷戦発生以前の国際秩序構想と戦後処理の論理に根差していた一方で、後者は当初の戦後国際秩序構想を崩壊させた冷戦の産物であり、いわば水と油の関係にあった(2)。しかし、戦後の日本は、戦争責任と冷戦への対応を同時に抱え込む宿命を負わされることとなり、憲法と日米安保を共に堅持することには、日本の選択としては一定の合理性があった。そこに、憲法の枠内で日米安保関係を活用するという、今日の安倍晋三政権まで続く歴代政権の安全保障政策の基本形が成立したのである。

そして、その合理性を根底で担保していたものこそ、戦争責任と戦後憲法であったといえるだろう。戦争の歴史とその責任を消し去ることはできず、憲法を変えることは国の形を変革することを意味する一方で、その前提で国際政治の変化への対応を模索することは可能だったからである。

2 日米安保の論理

もっとも、ある意味当然の現象といえるが、戦後日本が国力をつけるにつれ、憲法による制約や米国への依存に対する国内の不満が高まった。そして、その不満にも、左、右、中道の三様の形態があった。左は日米安保条約を破棄して非武装中立路線をとることを主張し、右は、公式論としては日米安保条約堅持を唱えながらも、内面では米国への「従属」を快く思わず、憲法改正を唱え、「自立」や「主体性」の追求に重きをおく傾向にあった。植田は、その両者の立場の根底に、ともにナショナリズムが作用していたという共通点を喝破し、その中庸に存在した中道の「自立」論に価値を見出す。

その中道の感覚は、事実上、日本の外交、防衛、安保政策を担ってきた為政者や官僚によって継承されてきたといえる。それは、現実問題として、日本の外交政策は「九条・安保体制」の枠内に収まらざるを得ないからである。「九条・安保体制」を前提にした「自立」とは、憲法第九条を前提に、対米「従属」感に苛まれることなく、日米安保関係を活用しようとするものといえる。それが、総じて外務省「安保派」の主流の考え方であった。では、日米安保の論理はいかなるものだったのだろうか。

吉田論文（第三章）は、占領期に日米安保条約を要請した日本の論理の原点を解き明かす。そこには、憲法第九条により軍事的な自立の道が閉ざされたまま冷戦が始まるなかで、自国の安全のために卓越した地位にある米国による保障を求め、かつ米国による保護を確実なものにしようとする論理があった。もっぱら日本が気にしていたのは自国の安全であり、冷戦という国際環境に働きかけるという発想はほとんどなかった。

そして、そうした日本の発想の原点には、やはり憲法九条があった。よく知られているとおり、時の首相吉田茂は、冷戦という新たな現実の下で日本の再軍備を迫る米国に対して抵抗し、戦後憲法を護った。その吉田茂は、一九四六年六月の国会での憲法改正要綱提案説明において、第九条は「自衛権の発動としての戦争も、又交戦権も」放棄したものであると明言していた(3)。したがって、冷戦は日本が自国の安全を考える際の重要な国際環境ではあったが、そこに冷戦を戦うという視点は生まれようがなかったのである。

他方、日米安保条約を結ぶにあたっての米国の中心的考慮は冷戦下の戦略であった。したがって、日米安保関係に対する米国の期待と日本の論理には常に乖離が存在し、その溝をどう管理するのかが、日米安保の運営上きわめて現実的で重要な課題となるのである。それは、米国が日本に対して求める拡大の要請と、「九条・安保体制」に内在する収縮の論理とのせめぎ合いでもあった。

一九五〇年代から六〇年代にかけて日本が経済大国として浮上すると、日本政府にも、徐々に能動的な外交を希求する機運が高まる。しかし、日本の実際の政策でその欲求が「九条・安保体制」を超えることはなかった。現実の国際政治の要請と、国力をつけた日本が憲法第九条を抱えたままできることの間には常にギャップが存在し、そのギャップを埋めてきたのが日米安保であったといえる。日米安保の運用において米国による要請が日本外交の拡大を後押しし、「九条・安保体制」の枠内に収まる日本の対応に自ずと収縮の力学が現れる、ということでもあった。

ただ、ここで注意すべきは、護憲や日米安保反対を唱える政治社会勢力が、収縮の本質的理由ではないということである。日本の外交論争において、日米安保推進派からはよくそうした批判が向けられるが、戦争責任に根差す「九条・安保体制」を前提にした議論としては一面的、かつ不毛な議論だろう。より正確には、憲法第九条を前提にした日本の安全保障政策が、日米安保が求める要請に追いつかないということであり、憲法九条と日米安保を切り離すかのような外交は、戦後の日本の選択肢にはなかったのである。

二　ねじれの固定化

1　自衛隊の創設

戦争責任という戦後日本を根底で規定する価値に支えられた「九条・安保体制」は、その後自衛隊の創設と日米安保条約の改定という、当時としては大きな変革を経験した。

占領期後半に米国の圧力から憲法第九条を護った吉田茂にとっても、日本が国力をつければいずれ軍隊を持つだろうということは、むしろ常識的な理解であった。しかし、占領期がまだその時ではないことは自明だった。

一九五一年九月にサンフランシスコ講和条約が結ばれ、翌五二年四月に独立した日本にとって、最大の課題は復興であった。そうしたなか、一九五三年五月に、ジョン・ダレス（John F. Dulles）国務長官が米国の相互安全保障法（ＭＳＡ）に基づく対日援助を行う用意があることを正式に発表した。ＭＳＡは、被援助国に対して自国の防衛に必要な措置をとることを義務づけていた。

その直前の一九五二年一〇月には、朝鮮戦争勃発直後に設立された警察予備隊が保安隊に改組されていた。名目は国内保安のための部隊であったが、いずれは軍を持つことになるという吉田茂にとって、それは「新軍備の基礎であり、新国軍建設の土台」(4)であった。したがって、自国防衛と復興援助をセットにする米国の働きかけに、日本から見ても本質的な矛盾はなかった。問題は、米国が求める再軍備の規模と、日本に可能な防衛力整備との間の差異にあった。

当初米国は、保安隊を三五万人の兵力へと増強することを要求した。それに対して吉田茂は、一九五三年九月に改進党の重光葵総裁との会談で自衛隊を創設することで合意し、一〇月に腹心の池田勇人蔵相を米国に派遣した。池田は、ウォルター・ロバートソン（Walter S. Robertson）国務次官補との会談で、陸上兵力一八万人、海上兵力三一、三〇〇人、航空兵力七、六〇〇人という「防衛五カ年計画」を私案として提示した(5)。米国が求める数字との開きは大きかったが、これが事実上自衛隊創設の対米公約となった。

こうして、一九五四年六月に防衛庁設置法と自衛隊法が成立し、保安隊が発展的に解消する形で七月一日に自衛隊が発足するのである。その年の一二月一〇日、吉田茂の護憲論に公然と異義を唱えてきた民主党の鳩山一郎を首班とする内閣が誕生した。鳩山内閣の最初の大仕事が、一二月二二日の自衛隊と憲法に関する政府統一見解の発表であった。それは、憲法は自衛権を否定しておらず、自衛の目的のために（「国際紛争を解決する手段」ではない）実力部隊を設けることは憲法違反ではないという、今日まで続く論法を示した。

その結果、憲法第九条を堅持したまま自衛隊という名の事実上の軍隊を保持できることになり、憲法第九条の改正による再軍備というそれまでの改憲論は急速に影を潜めることとなった。とりわけ、公然と改憲論を唱えてきた鳩山一郎の手によって自衛隊合憲論が取りまとめられたことで憲法九条が永らえることとなったのは、その後「九条・安保体制」がねじれを抱えたまま定着していくプロセスの重要な第一歩となった。

2 日米安保条約の改定

その時、日本にとって日米安保はすでに手放せないものとなっていたが、一九六〇年の岸信介による日米安保条約の改定で「九条・安保体制」はさらに強化され、ねじれはいっそう固定化されることとなる。一九五一年の条約とは異なり、新安保条約では、米国の日本防衛義務が明記され、内乱条項は削除され、一〇年の期限が設けられ（通告がなければ自動延長）、「事前協議制度」の導入により日本が米軍の配置や出動に関して意思を示せることとなった。同時に、いわゆる「極東条項」により、米国の極東戦略の下での在日米軍基地の役割も明文化された。

日本側の安保条約改定の要求を米国が公式に認知したのは、自衛隊創設の翌年一九五五年八月に、鳩山一郎民主党内閣の外務大臣重光葵が訪米した際に、ダレス国務長官との間で発表された日米共同声明であった。それは、日本が自衛の責任を果たし、西太平洋地域の安全に寄与できるようになれば、日米安保条約を「より相互性の強い条約に置き代える」ことが適当であることを謳っていた(6)。

鳩山や重光の原点にあったのは、間違いなく日本の「主体性」を希求するナショナリズムであった。事実、訪米に先立って東京の米国大使館に提出された「重光私案」は、安保条約改定後六年から一二年の間に在日米軍の完全撤退と、その間在日米軍は相互防衛のためだけに使用されることを提案していた(7)。対米軍事協力よりは、対米依存の払拭がより重要な課題だったのである。一九五七年二月に政権をとった岸信介が、安保改定を推進するにあたり「日米関係の対等化」をスローガンに掲げていたことも、同様の心情を表したものであったといってよいだろう。

　当時、自衛隊合憲論はすでに確立していたものの、それは必要最小限の専守防衛を前提とする論理であった。したがって、集団的自衛権の行使も含めた安保条約上の「日米対等化」のためには憲法改正が必要であることは、内閣も含めて疑いもなく日本のコンセンサスであった。しかし、当時の日本の政治社会状況では改憲は不可能であった。それは、護憲派の反対が強いという一面的な現象というよりは、改憲は日本の政治と社会の分裂を深め、激化させる課題であったからである。植田論文がいうとおり戦争責任と悔恨に深く根差す戦後憲法に対して、それと正反対の思いから改憲を試みること自体に、戦後日本の政治のあり方として正当性がなかった、ということである。

　岸内閣誕生後の日本の政治と社会では、警察官職務執行法の試みや日本教職員組合への介入等、「逆コース」と呼ばれた一連の政策も触媒となり、深刻な亀裂が深まった。その結果、左の中立主義もいっそう勢いづいた。そうした日本国内の流れに危機感を持った米国は、憲法改正を前提とした安保条約改定という発想の軌道修正を図った。米国は、一九五八年夏には、日本の憲法を前提とする安保条約の改定という構想を日本側に伝えるようになった。その結果一九六一年一月一九日にワシントンで調印されたのが、現行の「日本国とアメリカ合衆国との間の相互協力及び安全保障条約」である。新たな安保条約の下でも、日本の安全を米国の保護に求めるという日本の論理と、より広い地域戦略の一環として在日米軍を意義づける米国の論理に基本的に変化はなかった。むしろ、そうした日米間の差異を内在化させた日米安保関係は、安保改定によって制度化され強化されたといえる。

　こうして、憲法を維持したまま自衛隊が創設され日米安保条約が改定されることによって、「九条・安保体制」はいっそう固定化されることとなった。鳩山、重光、岸らに共通するナショナリズムが、日本の防衛安保政策に具現化されれば、それが日本外交の著しい拡大をもたらすことは明らかであった。しかし、以上の経緯は、右のナショナリズムに基づく改憲や自立の衝動は、「九条・安保体制」の論理によって収縮の圧力を受けることを示したのである。

三　高度経済成長の陰で

1 「非冷戦外交」の試み

岸内閣による安保改定への反対運動のポイントは、必ずしも日本の外交戦略や専門的な安全保障論ではなかった。それは、水と油の関係にある右と左が対立する構図の下で、権力者が右のナショナリズムを具体的な政策に体現しようとしたことに対する、民主主義への危機感に由来する政治闘争であった。安保改定直後に清水幾太郎が論じたように、「議会制に慢心する国民が民主主義の危機を招」き、「ここに、安保闘争は、民主主義をめぐる議論となり、岸政府の強行採決はそれを決定的にした」のである（植田論文、三七頁）。そして、一九六〇年の日米安保条約改定に向けての反安保闘争と、安保騒動の責任をとって岸が辞任せざるを得なかったことは、日本の政治がいつまでも深刻な分裂を放置できないことを示した。岸信介の跡を継いだ池田勇人が、「所得倍増計画」に国民の関心とエネルギーを誘導し、防衛や安保問題を意図的に非争点化したのは、そのためであった。

一九六〇年七月に首相となった池田は、憲法や防衛安全保障問題を政治の課題とすることを意図的に避け、経済で欧米の先進諸国に追いつくことを目標に掲げた。そうした池田外交の顕著な成果が、一九六四年四月に実現した経済開発協力機構（ＯＥＣＤ）への加盟であった。それは、対米関係を基軸に、日本の外交的地平を欧州へと拡大しようとする一種の大国外交を志向するものであった。事実池田は、日米欧が自由世界の三つの柱であるという信念を抱いていた。(8) 池田が明示的に着手した高度成長路線は、佐藤栄作内閣期の一九六八年に、日本の国内総生産（ＧＮＰ）をドイツをしのぐ世界第二位の規模に押し上げた。

当時の日本が、冷戦への対応という高度に政治的な政策を積極的に求めれば、「九条・安保体制」に内在するねじれを刺激し、再び困難な国内政治対立を表面化させることは必至であった。その意味で、冷戦という国際環境も、国内冷戦を激化しかねない憲法や日米安保も、日本による米国の冷戦戦略への積極的関与を自制させる役割を果していたといえる[9]。裏を返せば、当時の日本にとって、冷戦により引き裂かれた諸国との関係構築は、経済外交と並んで日本外交のもう一つのフロンティアであった。池田内閣が、中国との間に友好貿易とLT貿易という性格の異なる経済ルートを開くことに積極的であったのは、そうした日本外交の特徴を示していたといえる[10]。

そうした観点から、鈴木論文（第四章）は、池田内閣期の中国およびソ連との対共産圏外交を「非冷戦化」の試みとして意義づける。池田外交の基本路線は、自由主義陣営の一員の地位の確立、経済成長、国内融和であり、そこでの共産圏外交は周辺的な課題であった。にもかかわらず池田の対中、対ソ外交は、それまでと比較して拡大の傾向を見せた。池田の対中貿易に対する積極的姿勢はよく知られる。それに加え鈴木論文は、これまであまり考察の対象とされることのなかった日ソ経済関係の進展を、情報公開で得た外交史料も駆使して実証的に明らかにする。鈴木論文は、池田外交の基本路線からすれば一見逆説的に見える共産圏外交は、「非冷戦外交」として理解すれば筋がとおると分析するのである。

つまりそこでは、冷戦という国際環境は、日本外交を収縮させる要因として作用する。冷戦への対応としての共産圏外交は、当然ながら米国の戦略に同調したものとなる。しかし、当時の日本には、公式に米国を支持し、「九条・安保体制」下で米軍駐留と基地使用を提供すること以上のことはできなかった。共産圏諸国に対する外交は、冷戦の論理からは切り離されることで、つまり「非冷戦化」されることで日本外交の地平に登場してきたのである。「非冷戦」とはいっても米国の冷戦戦略を損ねることはできないから、それは米国と衝突しない範囲での経済外交に収斂することとなった。そしてそれは、経済成長に努力を傾注する当時の日本の関心と利益にも合致したといえる。

2 自尊心の行方

その結果、高度経済成長を果した日本に対しては、「エコノミック・アニマル」や「安保ただ乗り」といった国際的批判が起きるようになる。そこにあったのは、自国の経済的利益にしか関心がないように見える日本のイメージであった。しかし、冷戦という国際環境が日本外交に対して収縮要因として働いていたという視点から見て重要なのは、そもそも日本に冷戦という高度な国際政治に関与する準備も意思もなかったということである。日本の左は、しばしば冷戦を虚構と呼び、護憲の立場から自衛隊や日米安保条約を批判してきた。しかし同時に、日米安保条約の起源や日米安保条約改定の動機に明らかなように、日本政府や右の伝統的国家主義者にも、米国とともに冷戦を戦うという発想は必ずしも強くはなかった。一見奇妙にも左と右に共通していたのは、米国への依存に対する違和感だった。

すると、さらにいっそう奇妙にも、「九条・安保体制」は、両者の政治闘争の土壌でありながら、米国に引きずられる形での日本外交の過度の拡大（＝日本の主体性の喪失）を制御してきたという意味で、左右が最終的に安住できる拠り所であったのかもしれない。したがって、見えざる手としての「九条・安保体制」が安泰である限り、実際の日本の対外政策はその枠に収まるから、左右の陣営は真の外交論や戦略論につながらない、不毛な論争を繰り返してきたのだろう。

植田論文が見るとおり、そうした日本の政治と論壇の現状に危機感を抱いた高坂正堯は、一九六三年に「現実主義者の平和論」を発表した。それは、「現実主義者」（再軍備・日米安保）と「理想主義者」（非武装・中立論）との対話を求め、「平和論の統合を試みた」ものであった。また、永井陽之助も、吉田茂の選択による戦後憲法と日米安保条約をベースとする「吉田路線」を日本の合理的戦略とする議論を展開した。植田論文は、高坂や永井の論文の主な発表の場であった『中央公論』の一九六五年一一月号が、同紙のピークとなる一三万六、〇〇〇部の売り上げを記録したことを指摘する。それは、日本の世論にも「九条・安保体制」が受け入れられはじめたことを示していたといえるだろう。

しかし、吉田路線に潜む大きな問題は、日本人の自尊心を犠牲にしたことであった。高坂は、吉田茂の功績の再評価に大きな役割を果しながらも、吉田路線の最大の落とし穴は、日本人の独立心に形を与えることができなかったことだと論じた[11]。当時表面化することはなかったが、図らずも高坂の懸念は、一九六四年一一月に病気退陣した池田の跡を継いだ佐藤栄作による水面下の動きによって現実のものとなっていた。同年末に翌年の訪米に備えてエドウィン・ライシャワー（Edwin O. Reischauer）駐日大使と会談した佐藤は、いずれ憲法を改正し、防衛への取組みを根本的に見直すべきであり、日本も核兵器を持つのは常識だと語ったのである。そして、訪米時に防衛問題をリンドン・ジョンソン（Lyndon B. Johnson）大統領との会談の主要議題にしたいと申し出たのであった[12]。

ライシャワーは、佐藤の「率直さと熱意」に「容易ならない危険性」があることを本国に報告した。その後一九六〇年代後半における米国の対日政策は、復活しつつある日本の国家的自尊心を核武装に向かわせないようにすることを、一つの基調としていくのである。ジョンソン大統領の後に政権を担ったリチャード・ニクソン（Richard M. Nixon）大統領やヘンリー・キッシンジャー（Henry A. Kissinger）大統領補佐官が、「ニクソン・ドクトリン」に基づく米国のプレゼンス縮小後に日本の再軍備や核武装の可能性を本気で心配していた背景には、佐藤の核武装論に刺激された水面下での『「同盟国日本」像の転換』があったのである[13]。

しかし、米国の政策のいかんにかかわらず、「九条・安保体制」が定着しつつあった日本に、核武装の選択肢はなかった。強調するまでもなく、そのことは、憲法九条に根差す国家理性からいっても日米安保の論理からいっても、全く自明であった。岸首相は、一九五七年五月に、自衛権を否定していない憲法九条の論理からして、核保有も合憲という解釈を表明していた。国際政治の現実からすると日本の核武装は革命的な変化であるが、にもかかわらず核兵器と通常兵器を区別しない法理論で核兵器の合憲性を唱える衝動は、佐藤が率直に核保有への興味を示したことと、心情面ではつながっていたのだろう。しかしそれは、吉田茂が置き去りにした自尊心が「九条・安保体制」に不適合を起こした現象にほかならなかった。

結局のところ、佐藤政権の核政策は、佐藤自身による「非核三原則」の表明（一九六七年一二月）と同原則の国会決議（一九七一年一一月）に落ち着くことになる。それは、佐藤が自らの最大の外交課題として取り組んできた沖縄返還が実現する過程の出来事であった。この核問題をめぐる顚末は、岸による日米安保条約改定と同様、主体性を希求するナショナリズムが、中庸路線を支える「九条・安保体制」に引き寄せられたことを意味していた。(14)

四　「経済大国日本」の外交安保

1　デタントと「九条・安保体制」の制度化

戦後日本の高度成長は、経済現象としては一九五〇年代後半から始まり、池田内閣（一九六〇～六四年）の所得倍増計画で勢いを得て、佐藤内閣期（一九六四～七二年）に日本を名実ともに経済大国へと押し上げた。それにともない、諸外国の日本を見る眼も変化していった。米国が水面下で佐藤の核武装論への戦略的対応を真剣に模索したころ、日本の国会は一九六八年に調印された核拡散防止条約（ＮＰＴ）の批准問題で揺れていた。(15)批准を躊躇した為政者の心理は複雑であったが、将来における核保有の選択肢を閉ざしたくないという発想が強く、必ずしも合理的な国家戦略を求めるものではなかった。「九条・安保体制」を前提にした外交戦略論としては、むしろ、佐藤内閣の防衛庁長官として中曽根康弘が一九七〇年に公然と唱えた「非核中級国家」論の方が合理的であった。(16)しかし、ＮＰＴの批准に躊躇する日本の姿は、一九五〇年代から諸外国に根強く存在する「日本核武装論」を刺激した。

それは、経済的に復興した日本が「伝統的大国」路線に回帰するのではないかという、米国にすら存在した警戒感にほかならなかった。しかし同時に、同じく経済大国になった結果として、国際的役割を果そうとしない日本に対する批判も大きくなっていった。その内向きの姿は、しばしば「一国平和主義」と揶揄された。こうして日本の経済大国化にともない、軍事的野心を持つ「伝統的大国」と自国の殻に閉じこもる「平和国家」という、日本の「二重アイデンティティー」が顕在化したのである。

一九七〇年代に入るとニクソン政権は、ニクソン訪中による米中和解（一九七二年二月二八日に上海コミュニケ調印）、モスクワ訪問時のSALT（戦略兵器制限交渉）暫定協定調印（同年五月二六日）によって、新たな米中ソ戦略関係を築いた。そして、一九七三年一月二七日のパリ和平協定でベトナム停戦が実現し、一九七五年八月一日にはノルウェーで開催された全欧安保協力会議でヘルシンキ宣言が採択され、国際政治はデタント（緊張緩和）の時代へと入った。

その時ニクソン政権は、佐藤首相の核武装論以降増幅された対日不信感とは裏腹に、日本に対して防衛やアジアの安全保障上の役割増大を求めた。その理論的ベースとなったのが、手賀論文（第五章）が考察するニクソン・ドクトリンである。それは、核の傘や条約上の義務は守りながらも、アジア地域から米国の軍事的プレゼンスを縮小するのにともない、自国防衛の第一義的責任をアジアの当事国に求めるものであった。それは、一九七〇年代以降顕著になる、米国の日本に対する防衛力増強要求の走りであった。

しかし、「九条・安保体制」に基づく日本の対応には限界があった。当初ニクソン・ドクトリンに直面した佐藤首相は「自主防衛」路線に傾斜したが、結局日本の防衛構想は、紆余曲折を経ながらも「基盤的防衛力構想」に落ち着いた。それは、既成事実の形成を目的とした限定的で小規模な侵略に対処可能な「拒否力」を備えることを目標とした。それまで自衛力の整備方針を持っていなかった日本が、基本的な構想を打ち立てたことが画期的であった。その結果、一九七六年一〇月に「防衛計画の大綱」が決定され、具体的に整備すべき防衛力も「別表」に定められた(17)。

こうして日本の防衛力の構想が固まると、次の課題は日米安保関係の正当化であった。その作業は、一九七八年一一月に日米で合意され、閣議決定された「日米防衛協力のための指針(ガイドライン)」に結実した。それは、「侵略を未然に防止するための態勢」、「日本に対する武力攻撃に際しての対処行動等」、「日本以外の極東における事態で日本の安全に重要な影響を与える場合の日米間の協力」という三つの領域での日米防衛協力の指針を定めた。もっとも、第三の領域は日本の国内政治上敏感な問題を多く含み、内容については「日米両政府は、情勢の変化に応じ随時協議する」と、事実上先送りされた。

こうして、憲法第九条を前提にした日本の自衛力と日米安保関係のあり方、すなわち「九条・安保体制」の制度化が進んだのである。それは、ニクソンのデタント戦略を逆手にとるかのように、緊張緩和という国際環境を前提にした展開であった。ガイドラインの第三項目の内実の検討が先送りされたことが示すように、日本による米国の冷戦戦略への貢献はもちろん、地域やグローバルな安全保障に日本が参画するという発想は、依然として乏しかった。

2 新地平としての東南アジア

ポスト・ベトナム期の米国のアジア政策を考察する手賀論文は、ニクソン・ドクトリンに基づく米国の新たなアジア政策は、同盟国の安全が危機に直面した際にどこまで関与すべきかが不明瞭であったと指摘する。一九七五年四月のサイゴン陥落はまさにそうした危機であったはずだが、ポスト・ベトナム期に向けて中ソ対立が進行しはじめていたこともあって、米国は中ソの協力をとりつけることもできず、結局なす術がなかった。手賀論文は、ジェラルド・フォード(Gerald R. Ford, Jr.)大統領により一九七五年一二月にハワイで発表された「新太平洋ドクトリン」を、ベトナム統一後の東南アジア地域へのコミットメントを再保障するものであったと意義づける。

それは、米国離れの動きを見せていた東南アジア諸国をつなぎとめることを目的に、ＡＳＥＡＮ（東南アジア諸国連合）の「中立・非同盟」方針を尊重しつつ地域の安定を維持しようとするものであった。そして、そのために「新太平洋ドクトリン」が強調したのが、中国との戦略的提携、および日米関係の重要性であった。それは、次の昇論文（第六章）が「リージョナリスト・アプローチ」と呼ぶものであり、そこには同時期の日本の東南アジア外交との親和性が存在した。

昇論文は、ニクソンやキッシンジャーが好んだ大国間の勢力均衡外交を「大国間アプローチ」と呼び、大国間関係から独立したものとしての地域秩序への働きかけを「リージョナリスト・アプローチ」とする。ニクソン政権が米中和解や米ソデタントといった大国間アプローチを前面に押し出す間は、ベトナム戦争終結前から始まった日本の北ベトナムとの関係改善の動きに見られたように、日本の東南アジア外交は米国との摩擦が避けられなかった。しかし、ウォーターゲート事件によるニクソン辞任を受けて一九七四年八月にフォードが大統領に就任すると、手賀論文が検討した「新太平洋ドクトリン」との親和性を背景に、外務省アジア局を中心とする日本の東南アジア外交が一気に加速した。

その到達点が、一九七七年八月一八日のマニラにおける福田赳夫首相による政策スピーチに盛り込まれた東南アジア政策、いわゆる「福田ドクトリン」であった。福田は、以下の三点が日本の東南アジアに対する姿勢の要点であると述べた(18)。

第1に、わが国は、平和に徹し軍事大国にはならないことを決意しており、そのような立場から、東南アジアひいては世界の平和と繁栄に貢献する。

第2に、わが国は、東南アジアの国々との間に、政治、経済のみならず社会、文化等、広範な分野において、真の友人として心と心のふれ合う相互信頼関係を築きあげる。
第3に、わが国は、「対等な協力者」の立場に立って、ASEAN及びその加盟国の連帯と強靭性強化の自主的努力に対し、志を同じくする他の域外諸国とともに積極的に協力し、また、インドシナ諸国との間には相互理解に基づく関係の醸成をはかり、もって東南アジア全域にわたる平和と繁栄の構築に寄与する。

福田ドクトリンの意味を、第二の「心と心のふれ合う相互信頼関係」におく見方もあるが、日本の外交戦略の観点から見て核心的なポイントは、第三の「東南アジア全域にわたる平和と繁栄の構築」への意欲であった。それは、ポスト・ベトナム期においてASEAN先発加盟国と戦争で疲弊したインドシナ諸国との間の橋渡しをし、東南アジア全体の地域統合の推進に貢献しようとする意気込みを示したものであった。

日本の東南アジア外交は、ここに独自の新しい地平を開いたものといえる。その後、一九七〇年代終盤に向けて、中越関係の悪化、カンボジアとベトナムの関係悪化、米ソデタントの崩壊等により、インドシナ地域が再び大国間対立の影響にさらされるようになる。そして、ソ越友好協力条約（一九七八年一一月）、ベトナムのカンボジア侵攻（同年一二月）、米中国交正常化（一九七九年一月）、中国のベトナム侵攻（同年二月）と、インドシナ情勢は一気に流動化し、福田ドクトリンはしばらくの間頓挫することになる。

しかし、一九八〇年代終盤以降冷戦が終結し、中ソ対立も解消に向かうと、国連の介入によるカンボジア和平が進行し、日本の東南アジア外交は再び息を吹き返した。それは事実上福田ドクトリンの復活であり、以下で見るとおり、カンボジア暫定統治機構（UNTAC）への自衛隊派遣も実現した。その流れのなかで、一九九七年のASEAN設立三〇周年を節目として、東南アジアの長年の夢であった「ASEAN10」が実現するのである（カンボジアは遅れて一九九九年に加盟）。それがひとり日本の成果といえないことはもちろんだが、日本が果たした役割が大きかったことは、現在では多くの東南アジア諸国が認めるところでもある。(19)

五　冷戦終焉後の試行錯誤

1　新たな安全保障環境のなかの日本

一九八九年一一月にベルリンの壁が崩壊し、一二月に地中海のマルタ島で会談したミハイル・ゴルバチョフ（Mikhail S. Gorbachev）ソ連共産党書記長とジョージ・ブッシュ（George H. W. Bush）米国大統領は、東西対立を協力関係に転換させることを宣言し、ここに冷戦は終結した。ゴルバチョフは、その直前の五月に中国を訪れ長年の中ソ対立も正常化させた。その時、民主化要求を高める中国の市民や学生は、四月の胡耀邦死去をきっかけに天安門広場に終結していた。ゴルバチョフ帰国後も勢いを増す民主化運動にしびれを切らした中国共産党政権は、六月四日未明ついに人民解放軍を動員し、多くの市民が殺戮される天安門事件が発生した。こうして、一九九一年八月に崩壊するソ連邦と入れ替わるように、中国に国際社会の批判が集中する形で、冷戦後が始まったのである。

すると、一九九〇年八月、結果的に米国の対応を読み誤ったイラクによるクウェート併合という事態が発生した。ただでさえ流動的な冷戦後の国際秩序がさらに混乱することを恐れた米国および国連の反応は早かった。一一月に武力行使を事実上容認する安保理決議六七八号が採択され、一九九一年一月一七日、米国を中心とする多国籍軍のイラク攻撃が始まった。三月初めに戦闘は終結し、イラクが四月六日に安保理決議六八七号を受諾し、ここに湾岸戦争の停戦合意が成立した。

こうして冷戦終結後国際社会に突如突きつけられた最初の試練に対して、日本は依然として国際政治から距離をおく体質から抜け出せずに、事実上無力だった。多国籍軍への参加はできずに、臨時増税等の措置を駆使して一三〇億ドルの貢献で当座をしのいだ。それは、米国等から「小切手外交」と揶揄され、湾岸戦争での日本の「敗北」[20]は、政策決定者のトラウマとなった。

また、時を同じくして、一九七〇年代以降日本が新たな外交的地平を切り開いてきた東南アジアでは、一〇年におよぶカンボジア紛争が終結に向けて動き始めていた。一九九一年一〇月に国連安保理常任理事国（P5）の主導によりカンボジア和平協定が成立し、一九九二年二月の国連安保理決議七四五号により、選挙による新政権樹立を支援すべく国連カンボジア暫定統治機構（UNTAC）の設立が決まった。三月から活動を始めたUNTACの国連事務総長特別代表には、国連事務次長の明石康が任命された。

こうして、日本が戦後初めて自衛隊を国連平和維持活動に参加させる環境が熟した。当時の宮澤喜一内閣は、世論や野党の強い抵抗を受けながらも、一九九二年六月に国際平和協力法を成立させ、九月から一年間、自衛隊施設部隊を半年に六〇〇人ずつUNTACの下に派遣した。

その後、日米同盟「再確認」のプロセスも進んだ。直接のきっかけは、一九九三年三月に核開発疑惑を深める北朝鮮がNPTからの脱退通告をし、一線を越えたと受け止めた米国が臨戦態勢をとりつつ強硬姿勢に転じ、朝鮮半島危機がピークに達したことであった。その時、日米両国政府には、朝鮮半島での武力衝突が発生して日本が何もしなければ、日米同盟が危機に直面するとの懸念が深まった。こうして北朝鮮核開発疑惑に端を発して進行したのが、一九七八年の制定時には手つかずになっていた日米ガイドラインの第三の領域、すなわち周辺事態の際の日米防衛協力を具体化する作業であった[21]。それは、新たな「日米防衛協力のための指針（新ガイドライン）」（一九九七年九月二三日）に結実した。それは、「平素から行う協力」と「日本に対する武力攻撃に際しての対処行動等」に加え、「日本周辺地域における事態で日本の平和と安全に重要な影響を与える場合（周辺事態）の協力」を詳細に詰めたものであった。それを日米同盟の「再定義」と呼ぶ声もあったが、実態は一九七〇年代に制度化された日米防衛協力の形をより充実させたものであった。したがって、当時日本政府は「再定義」という言葉を嫌い、「再確認」に過ぎないと主張した。そこには、無用に中国を刺激したくないという配慮もあった。

しかしそのころ、天安門事件の痛手から立ち直りつつあった中国の自己主張が強まりつつあり、日本の政治や世論の対中認識は厳しくなっていた。中国は、一九九一年に米国がフィリピンからの全面撤退を始めると、一九九二年二月に領海法を制定し、南シナ海のみならず尖閣諸島も自国の領土であると規定した。さらに、台湾の李登輝総統が「民主化」と「台湾化」をセットで推進する方針に踏み出すと、中国の反発が強まった。とりわけ、一九九六年三月に予定された台湾初の総統直接選挙に向けて、中国は大規模な合同軍事演習を展開した。それに対して米国は、台湾海峡に二隻の空母を派遣し、中国を牽制した。

中国は、鄧小平主導の改革開放路線の本格化にともない、一九八〇年代から中国社会の凝集力を維持するための方策として、南京や盧溝橋に抗日戦争に関する記念館を設立するなど、アヘン戦争以来の屈辱の歴史を強調する社会教育政策を進めた。日本との間で教科書問題や靖国神社参拝問題が外交問題になったのも、同じ時期の鄧小平の号令によるものであった[22]。こうして鄧小平が始めた危険な仕掛けは、一九九〇年代に入り日中間に感情的悪循環が深まるにつれ独自のモメンタムを持つようになり、日中関係の管理と運営は両国の感情問題と不可分となり、ますます困難になっていった。

2　パワー・シフトと日豪韓協力の可能性

黄論文（第七章）は、近年急速に変化しつつある東アジアのパワーバランスの構図を理論的に考察する。その分析は、米中間のパワー・シフトを第一階層での変化としてとらえた上で、第二階層として日中間のパワー・シフト、第三階層として日韓関係におけるパワー・シフトにも着目する。その際、パワーの定義として、一国の国力のみではなく、同盟関係や外交戦略の要素も加えた総合国力という概念を用いている。

黄論文は、以下のとおり説明する。第一階層で鍵となるのは、習近平がいうところの「新型の大国関係」である。それは、グローバル・ヒエラルキーでの米国の優位を受け入れながら、ローカル・ヒエラルキーでの優越的地位を求めるものである。そして、そのローカルの脈絡において決定的に重要なのが、第二階層における日中関係である。そこでは、日米同盟が米国の総合国力を高め米国の優位を確実にする一方で、中国の警戒感を呼び起こし日中対立の火種にもなる。東アジアにおける秩序の安定には日米同盟と日中関係の管理が不可欠であり、そこで鍵を握るのがその二つをつなぐ日本の外交である。さらに、米国の同盟国である日本と韓国の間の第三階層におけるパワー・シフトを見れば、日韓関係のあり方が、東アジアにおける米中関係、日中関係、日米韓関係、日中韓関係、そのいずれにも重要な影響を与えることが分かる。

結局のところ、日韓関係の停滞は、東アジア秩序の安定のための大きな機会費用であるといえるだろう。現状に安住することは、東アジア秩序の不確実性を甘受するということにもなる。韓国で責任ある立場にいる人々は、日本に期待する役割に違いはあるものの、一様に日韓協力の重要性を指摘する。周知のとおり歴史問題に由来する対日観には韓国特有のものがあるが、外交戦略として日韓協力を区別して考える傾向は、有識者の間では定着しているといってよい(23)。

日韓協力を構想し実施していく上で、対中認識とアプローチのすり合わせが大きな障害となっている。韓国では中国に対する警戒心は確実に存在するが、中国の台頭はアジアの新しい現実として受け入れられてもいる。実は、一九九〇年代前半ごろまでの日本の対中政策も同様の前提に基づいていた。むしろ中国の経済成長を支援し、その中国との共存を図ろうとするのが、当時の日本の対中戦略であった。それは、本章のテーマに沿っていえば、「九条・安保体制」に忠実な外交でもあった。しかし、いまや日本の政治と社会には、「戦後レジーム」(=「九条・安保体制」)への違和感と一体化した中国への対抗意識が蔓延している。それは結局のところ、国内の威勢のよい雰囲気とは裏腹に、日本の対外関係を攪乱し、不必要に委縮させているといえるだろう。

同様のことは、日豪関係についてもいえる。石原論文(第八章)は、冷戦終焉後一〇年を経て二〇〇〇年から始まった日本と豪州の防衛交流の発展を振り返る。防衛当局間で注意深く進められた当初の日豪協力においては、中国を刺激しないよう配慮が働いていた。しかし、日本の対中姿勢が強硬になると、豪州の対日協力姿勢が後退する傾向が見られるようになる。それは、冷戦後の豪州の安全保障政策が、米国の役割の変化および中国台頭の趨勢とともに、日本の将来的な役割と日中関係の不確実性を常に考慮に入れてきたからである。

したがって、日豪安保協力には、中国台頭への懸念が両国を近づける側面と、日本の中国に対する過度の対抗意識や日中関係の悪化がそれをスローダウンさせる側面とが、常に表裏一体で存在していた。石原論文は、その前者を「チャイナ・コンセンサス」、後者を「チャイナ・ギャップ」と名づける。そして、日豪協力の鍵は、その両者をいかにバランスさせるかということにかかっていると論じるのである。

日豪安全保障協力の成功例は、日米豪協力の進展に加えて、二〇〇七年三月に調印された「安全保障協力に関する日豪共同宣言」[24]であろう。それは、全般的な日豪安保協力を謳うと同時に、「両国の自衛隊・軍及び他の安全保障関連当局の間における実際的な協力」項目として、「人的交流」、「人道支援活動の分野を含む、協力の効果を更に向上させるために両国が共に行う訓練」、「法執行、平和活動及び地域のキャパシティ・ビルディングを含む分野における調整された活動」の三つを挙げた。それにともない、二〇一〇年五月に、日豪間で「物品役務相互提供協定（ＡＣＳＡ）」[25]が締結され、国際平和協力活動や災害救助活動で自衛隊と豪軍が協力する法的枠組みが整えられた。

実は、二〇一二年に入ると、日本と韓国との間でもＡＣＳＡと「日韓軍事情報包括保護協定（ＧＳＯＭＩＡ）」をめぐる交渉が終盤に差し掛かっていた。しかし、五月になって水面下で進んでいたＧＳＯＭＩＡが妥結し調印の予定が発表されると、韓国の政治と世論の反発が生じ、予定された調印式がキャンセルされる事態となった。そこには日韓関係の特殊性があるが、日豪間で実現したものとほぼ同じ内容の日韓安保協力が事実上成立したという事実はきわめて重要である。

こうした日豪および日韓の安保協力は、一九九〇年代に実現した自衛隊の国際平和協力活動への参加と同じ土俵の上での日本の国際的役割の増大を意味している。すなわち、「九条・安保体制」の枠組みの下での日本外交の地平の拡大である。日本の外交戦略として、日豪韓の安全保障協力の推進には、十分な合理性と高い戦略性があるというべきだろう。

おわりに

「九条・安保体制」に制約される冷戦期の日本外交は、日米安保条約をとおして米国のプレゼンスを支えることを除いて、国際的な権力政治への関与を控えてきた。もちろんそれは日本の能力を超えたし、国内制度や世論による制約も大きかった。本書の吉田論文が明らかにしたように、日本政府にとって、日米安保条約の選択にも冷戦戦略としての意味合いはほとんどなく、主要な関心事は日本の安全であった。したがって、冷戦という国際環境は、むしろ日本外交を委縮させることとなり、「九条・安保体制」を前提にした日本外交の「主体性」は、冷戦構造には直接かかわらない領域で、米国の冷戦戦略とは衝突しないように模索される傾向があった。鈴木論文が論じた中国およびソ連との経済外交、さらには昇論文が考察した日本の東南アジア外交は、その代表的なケースであった。

同時に、冷戦期の日本の政治には、「九条・安保体制」自体を修正することで「主体性」を回復しようとする動きも見られた。岸信介による日米安保条約改定や佐藤栄作による核保有への意欲の深層には、その種の自立を希求する伝統的ナショナリズムがあった。しかしそのいずれも、結局は「九条・安保体制」に引き戻される形に落ち着いた。それは、植田論文が論じたように、戦後憲法と日米安保という占領期の吉田茂の選択に、左右に分裂した政治路線の間の中庸路線としての強靭さがあったからである。ただ、その強靭性は、必ずしも戦略的合理性の上に立つものではなかった。戦後憲法と日米安保は、それぞれ異なった時代環境の産物であり、日本は国際政治の変転に振り回されつつその両者を抱え込むことになっただけであった。

したがって、「九条・安保路線」を原点とする国論の分裂は深刻であった。事実、岸の安保改定に対して左の抵抗が急進化し、さらにそれに対して右の反動が増大するという悪循環の進展は、「九条・安保体制」に内在する力学でもあった。一九六〇年代半ばには、左右の分裂を架橋しようとする高坂正堯や永井陽之助の言説が受け入れられはじめたが、同時に保守系言論人の活躍も顕著になりはじめた。植田論文が見たように、一九六〇年代後半から七〇年代にかけて、現在まで刊行が続く保守論壇を支えるいくつかの雑誌が誕生した。一九八〇年代に日中間で歴史問題が外交問題化すると、戦争責任に深く根差した「戦後レジーム」への違和感が反中感情と一体化して示されるという、保守の言説や政治の水脈が日本社会に定着し始めた。

それでも日本は、冷戦が終わると、新たな流動的な国際環境の下で「九条・安保体制」の制約を国際主義によって乗り越えようという動きを見せた。冷戦が終わっても、権力政治には直接参画できないという「九条・安保体制」の体質に基本的な変化はなかった。したがって、日本外交の地平の拡大は、国際平和協力や日豪安保協力等、いわゆる非伝統的安全保障の領域で進んだのである。

「九条・安保体制」を抱える日本が、中国台頭の時代の勢力均衡外交に関与できるとすれば、それはおのずと日米同盟を活用した外交にならざるを得ない。そして一般的には、日米同盟が強化されれば、黄論文がいうところの日本や米国の総合国力の増強をもたらし、勢力均衡の構図への一定の影響を持つことになる。そこでの重要な問題は、日米同盟の運営に、中国への対抗意識を超越する、世界秩序や東アジアの将来を見据えた戦略観がどこまで反映されているのかということである。

佐竹論文（第九章）から見えてくる日本外交の姿は半々である。冷戦後の日米同盟のグローバル化の背景には、安全保障問題のグローバル化、同盟国による共通の価値の追求、「同盟管理」という三つの要因が存在した。そして、日本の政策当局者には、冷戦終焉後しばらくの間は、日米同盟を「公共財」としてとらえ同盟によって国際秩序の形成・維持に貢献するという明確な認識があった。しかしながら、二〇〇一年九月一一日の米国同時多発テロを契機とするアフガニスタン戦争やイラク戦争という現実の試練にさらされると、国際紛争への貢献というよりは、対米配慮を重視する日本の発想が表面化するようになる。そして、北朝鮮や中国への脅威認識に裏打ちされた「同盟管理」の考慮が前面に出るようになるのである。佐竹論文は、そこに日米同盟グローバル化の限界を読み取る。

そのことは、結局のところ、自国の安全や国益に囚われるという内向き志向がもたらす限界ということができるだろう。冷戦後の国際環境は、間違いなく日本外交の拡大を要請している。しかし、とりわけ最近、そうした国際主義が必ずしも日本の為政者を鼓舞せず、むしろ自国中心的傾向が目立つように思われる。今後、二〇一五年九月に成立した「平和安全法制」に関しても、同様の問題意識からの再検証が必要だろう。

(1) 満州事変以降の一連の戦争（日中戦争、十五年戦争、第二次世界大戦、太平洋戦争、大東亜戦争等）に特定の呼称を与えることはできないという見方に基づく佐藤誠三郎による用語。伊藤隆、佐藤誠三郎「あの戦争とはなんだったのか」『中央公論』一九九五年一月、二八頁。
(2) 添谷芳秀『日本の「ミドルパワー」外交―戦後日本の選択と構想』ちくま新書、二〇〇五年。
(3) 大嶽秀夫編・解説『戦後日本防衛問題資料集　第一巻　非軍事化から再軍備へ』三一書房、一九九一年、一三八頁。
(4) 田中明彦『安全保障―戦後50年の模索』読売新聞社、一九九七年、八八頁。
(5) 「防衛五カ年計画池田試案（一九五三・一〇・一三）」大嶽秀夫編・解説『戦後日本防衛問題資料集　第三巻・自衛隊の創設』三一書房、一九九三年、三七七―三八〇頁。
(6) 「重光・ダレス会談に関する日米共同声明（訳文）（昭和三十年八月三十一日）」細谷千博、有賀貞、石井修、佐々木卓也編『日米関係資料集 1945―97』東京大学出版会、一九九九年、三四八―三五二頁。
(7) 坂元一哉『日米同盟の絆―安保条約と相互性の模索』有斐閣、二〇〇〇年。
(8) 鈴木宏尚『池田政権と高度成長期の日本外交』慶應義塾大学出版会、二〇一三年。
(9) 池田の東南アジア外交を「反共外交」と意義づけ、米国との違いはアジア冷戦の「戦い方」にあったとする近年の研究に、吉次公介『池田政権期の日本外交と冷戦―戦後日本外交の座標軸 一九六〇～六四』岩波書店、二〇〇九年、がある。

(10) 添谷芳秀『日本外交と中国 1945～1972』慶應通信、一九九五年。

(11) 高坂正堯『宰相吉田茂』中公クラシックス、二〇〇六年、八九―九五頁。

(12) 中島信吾『戦後日本の防衛政策―「吉田路線」をめぐる政治・外交・軍事』慶應義塾大学出版会、二〇〇六年、二五四頁。

(13) 同右、第九章。

(14) 添谷『日本の「ミドルパワー」外交』、八六―九三頁。

(15) 黒崎輝『核兵器と日米関係―アメリカの核不拡散外交と日本の選択 1960-1976』有志舎、二〇〇六年、第六章。結局日本は、一九七〇年二月にNPTに署名し、一九七六年六月に批准した。

(16) 添谷『日本の「ミドルパワー」外交』、一四三―一四六頁。

(17) 田中『安全保障』、二四四―二六四頁。

(18) 「福田ドクトリン演説、福田赳夫内閣総理大臣のマニラにおけるスピーチ（わが国の東南アジア政策）」（一九七七年八月一八日）、データベース『世界と日本』（東京大学東洋文化研究所田中明彦研究室）http://www.ioc.u-tokyo.ac.jp/~worldjpn/（二〇一六年一月二七日最終アクセス）。

(19) Rizal Sukma and Yoshihide Soeya, eds., *Beyond 2015: ASEAN-Japan Strategic Partnership for Democracy, Peace, and Prosperity in Southeast Asia*, Tokyo: Japan Center for International Exchange, 2013.

(20) 五百旗頭真編著『戦後日本外交史 第3版補訂版』有斐閣アルマ、二〇一四年、二三九頁。

(21) 秋山昌廣『日米の戦略対話が始まった―安保再定義の舞台裏』亜紀書房、二〇〇二年、二四二頁。

(22) Michael Yahuda, *Sino-Japanese Relations after the Cold War*, London: Routledge, 2014, pp. 15–19.

(23) 添谷芳秀『米中の狭間を生きる（韓国知識人との対話Ⅱ）』慶應義塾大学出版会、二〇一五年。

(24) http://www.mofa.go.jp/mofaj/area/australia/visit/0703_ks.html（二〇一六年一月二七日最終アクセス）。

(25) http://www.mod.go.jp/j/approach/exchange/nikoku/pacific/australia/acsa.html（二〇一六年一月二七日最終アクセス）。

第二章

戦後論壇における日本外交論——敗戦直後から冷戦終結まで

植田麻記子

はじめに——戦後論壇の構図

戦後日本は世界史における歩みをどのように進め、またその道を切り拓くためにどのような知恵を絞ってきたのだろうか。敗戦から占領、冷戦のアジア拡大と終結、戦後日本は様々な国際環境の変化を経験することになった。そうしたなかで、戦後論壇は、日本の過去・現在を見つめ続け、理念と行動をめぐる衝突を繰り返しながら制約を抱える日本外交の未来を模索し続けてきた。

戦後間もなくは、戦時体制の崩壊によって噴出したアイディアが無軌道に点在していた。しかし、国内外の冷戦構造の固定化と日米安保体制の規範化に従い、言説空間は左・右・中道のパラダイムに有機的に分岐することになった。一九四六年の新憲法公布後、講和論争と再軍備論争を経て保革対立が鮮明になり、一九五五年には本来社会主義革命を目指す改憲案を掲げていた左派が「護憲」に終結すると、保守が「自主憲法制定」を掲げ合同した。国内冷戦を反映するように自民党と社会党の保革二大政党が対峙したが、第一野党の社会党が一定の影響力を持ちながら、自民党による一党優位のいわゆる一九五五年体制が定着した。(1) 戦後論壇は、外交路線をめぐる議論に限定すれば、占領期から講和論争を経て、以下のような構図が定着した。左に「非武装中立・四六年憲法維持・日米安保反対」、右に「再軍備・憲法改正・日米関係の対等化」、そして「軽武装・現行憲法維持・経済大国」を志向する中道である(2)。

五五年体制下の言説空間では国内外の情勢変化に応じ、外交論をめぐって様々な符号が溢れた。そのうちのいくつかは、その大状況であった冷戦が終結した現在に至るまで、三つのパラダイムを差別化してきた。右がGHQによる「押しつけ憲法」を改正し「自主憲法制定」の達成を掲げると、左が保守反動による「憲法改悪」からの「護憲」を主張して応えてきたようにである。戦後論壇で展開した保守の復古主義、あるいは革新の理想主義が描いたメタ物語は、大日本帝国の神話を失い(3)、自己存在の確認に揺らぐ少なからぬ日本人の心の隙間を埋め、時に熱狂を与えてきた(4)。しかし本章では、両者の狭間で、刻一刻と変化する国際情勢における日本の自意識を、可能な限り等身大で捉えようとした中道の挑戦に光をあてたい。

戦後論壇における外交論の流れを俯瞰するために、本章では国際情勢の変遷に沿って、以下、四期に分けて検証したい(5)。第一期では、敗戦、占領から独立に向かう一九四五―一九五一年に焦点をあてる。戦後日本の精神的模索から共産諸国を含む「全面講和」かあるいは西側諸国に限定した「片面講和」かをめぐる講和論争を経て左右の論壇が形成される。第二期は、冷戦が構造化する中で一九六〇年前後に展開された平和論争を検証する。安保闘争の隆盛と挫折を通じて、講和論争に起源を持つ「非武装中立」の平和論に、日米安保条約を受け入れる「現実主義」の平和論からの批判が起こった。米ソデタントから国内冷戦が弛緩した六〇年代末から七〇年代を挟み、第三期は、日本の経済大国化が進み、欧米と貿易摩擦が深まり、またアジア諸国から歴史認識が問われた一九八二―一九八七年を取り上げる。同時期はおおよそ中曽根政権期に重なり、論壇では進歩的知識人の影響力が相対的に低下する一方で、保守系言論人の活躍が顕著になる。第四期では、冷戦終焉により、戦後日本外交の基軸となってきた日米同盟の意義が問われた一九九一年前後の言説を読み解く。憲法九条の制約の下、「一国平和主義」脱皮が追求された。しかし「国際主義」の展開と並行して「歴史修正主義」が急伸していた。

戦後日本外交の理解のために、論壇に目を向ける意義は何か。敗戦を経て、帝国主義と全体主義が行き着いた破綻に対する痛烈な反省の上に、戦後民主主義が芽吹こうとしていた。[6]総合雑誌をはじめとする論壇誌は、近代化の過程ですでに日本社会で成熟し大正デモクラシーを支えた中産階級を読者として、「公議輿論」[7]形成の場として期待された。[8]論壇はもっぱら象徴的財を扱う学会誌などを中心とする「限定文化界」と、より娯楽性を追求し商業的財が優先される「大量（マス）文化界」の間にあって、両者を媒介する「中間文化界」を出現させた。[9]戦後論壇の復興を担った知識人たちの多くに、公議輿論の未成熟が、ファシズムの台頭をゆるし、先の凄惨な戦争に人々を駆り立てたとする後悔が共有されていた。戦後論壇の再建は、公議輿論醸成の場をつくり、「大衆文化界」の世論の情緒的氾濫の防波堤とする意図があった。[10]中でも外交のあり方は、戦後日本の自意識に根ざした課題であり、戦後を通して論壇の主題となり続けた。戦後論壇では、政策決定者、知識人、そして読者としての市民を架橋する空間が生まれ、時代時代に世界における日本の姿を論じてきた。[11]

大正時代半ばには出現していた「中間文化界」は、言論統制と物資欠乏によって閉ざされた戦時期を経て、[12]戦後に活字への渇望と相まって、空前の出版ブームを迎えることになった。[13]政治から経済、文化、人々の精神まで社会全体を包含する価値観の大転換に人々は新しい世界観を求め、論壇はそれに応えようとした。そこで、戦争責任は避けることのできないテーマであった。戦後日本は、占領と独立を経て、敵国であった米国と安保条約を結んだ。そして、地理的に最も近接する東アジア諸国・地域とは、大日本帝国の消滅と同時に加害者と被害者となった。日本社会における「悔恨」と「無念」、贖罪意識と復興意欲のせめぎ合いは、日米安全保障条約と平和憲法を基軸とする日本外交が内に外に定着しながら日本が経済大国化を歩んだ冷戦期、その後、国際貢献が問われ、また冷戦終結による日米同盟再考の時を迎えても、常に論壇の根底に流れることになった。[14]

一　戦後民主主義から講和論争へ——戦後アカデミアの挑戦（第一期）

無頼派の作家として知られる坂口安吾は、「堕落論」（『新潮』一九四六年四月）を「半年のうちに世相は変った」と書き出した。戦争で命を散らした人々が崇高で美しい記憶として人々の中に留められながら、生き延びた者たちは「特攻隊の勇士はすでに闇屋となり、未亡人はすでに新たな面影によって胸をふくらませている」ように堕落するほかないと説いた文章は、荒廃しきった戦後日本社会に実感をともなって広く受け入れられた。坂口は、堕落する人々はしかし「ただ人間へ戻ってきたのだ」と、逆説的に敗戦による精神の解放を肯定した。

戦後論壇の分析を、一九四六年一月に創刊された雑誌、『世界』から始めるのには理由がある。『世界』を舞台に活躍することになる戦中派を中心とする進歩的知識人は、坂口が「堕落」するほかないと表現した戦後精神に、目指すべき高みを設定し、それに少なからぬ人々が熱狂したからである。『世界』創刊号は八万部が飛ぶように売り切れた(15)。岩波茂雄が古書店から創めた岩波書店は、一九一七年の『漱石全集』の刊行を機に、「岩波文化」といわれるまでに、近代主義的な教養文化の象徴となっていた(16)。岩波書店による『世界』は、創刊から最盛期にわたり、企画を取り仕切った吉野源三郎初代編集長によって、戦後論壇に一時代を築くことになる(17)。

一九四六年五月号に掲載された当時東京大学助教授であった政治学者、丸山眞男による「超国家主義の論理と心理」は、熱烈な反響を呼んだ。本論文は先の戦争に国民を駆り立てたイデオロギー要因を「明白な論理的構成を持たず、思想的系譜も種々雑多(18)」にもかかわらず、「国民の心的傾向なり行動なりを一定の構に流し込むところの心理的な強制力」と説明した。この論文は以下のように結ばれている——「日本帝国主義に終止符が打たれた八・一五の日はまた同時に、超国家主義の全体型の基盤たる国体がその絶対性を喪失し今や始めて自由なる主体となった日本国民にその運命を委ねた日でもあったのである」。ここに、「八・一五」は、日本帝国主義から日本国民が解放された象徴的な日となった。後に丸山の門下に入る評論家の藤原弘達は、論文を読んだときの感動を「それは全身しびれるようなまさに『電撃的な』衝撃だったといっても決して言い過ぎではない」と懐述している。[19]この丸山論文が掲載された号は瞬く間に完売となり、学生を中心に多くの人がこぞって回覧したのは有名な話である。その年の一二月には、経済史学者の大塚久雄が、マルクスの唯物史観とウェーバーの宗教社会学を基に、超国家主義から戦後民主主義への転換を、「魔術からの解放」と表現し、「近代的人間類型の創造」に日本の平和的再建と国際的名誉の回復がかかっていると力説した。[20]翌四七年七月には経済学者、大内兵衛が、新憲法施行を受けて、一文を寄せている。大内は新憲法を「進歩的」で「民主主義に立つもの」であると歓迎した上で、この憲法の理想が高いだけに、国民の中に根づかせ、社会的基盤を強固にするための学問の責任の重さを訴えた。[21]こうして、『世界』は「八・一五」を象徴に、平和を論壇のテーマに押し上げ、近代主義による科学的アプローチを図った。そこには、戦争への痛烈な反省とともに、普遍的な価値である平和を掲げることで、国際政治において敗戦国ながら道義的に優位に立とうとするナショナリズムも垣間見られた。[22]

『世界』は、一九四七―五二年の講和論争から平和問題懇談会の活動を通して、丸山をはじめとした戦中派と呼ばれる進歩的知識人のメディアとしての地位を確立していくことになった。なお、その間、一九四八年には、保守的な傾向の強かった安倍能成、武者小路実篤ら創刊時のメンバー数名は『世界』を離れ、夏目漱石の『こゝろ』から命名した文芸雑誌『心』を創刊している。彼ら戦前派の自由主義者たちは、結局は議会主義の崩壊と軍部の暴走を止め得なかったと批判的意味合いを含む「オールド・リベラリスト」とも呼ばれた。[23]ここに『世界』と『こゝろ』の境界線があった。

『世界』が記憶とともに風化する可能性のあった平和を、文学、経済学、政治学から物理学まで、人文、社会、自然科学を含む近代科学のアプローチで、戦後論壇の出発点的主題とした功績は大きい。『世界』が展開した平和論は、その後、運動へと展開し、進歩的知識人はそこで指導的な役割を担った。一九四九年一一月に掲載され、後にべ平連（ベトナムに平和を！市民連合）の活動でも知られる評論家、久野収の論文では、戦争が起こりうる条件を資本主義（競争社会による社会心理の不安定化・国外市場の追求）から説明し、社会主義に論理的基盤を求めた平和運動を唱えた[24]。しかし、進歩的知識人に対し、「インテリの平和運動」は「空理空論に走り、地に足がついていない」とする批判が、運動参画者にも広がっていた[25]。それを受け、フランス文学者の杉捷夫は、運動の主体が知識人ではなく「労働者階級」でなければならない点を認めた上で、利害対立を否定し、理想に訴えるところにこそ、反戦の運動の本質があると説いた。

朝鮮戦争を機に、冷戦のアジア拡大が進んだ一九五〇年の一二月に『世界』に掲載された平和問題談話会による「三たび平和について」は中立論を展開し、著名な進歩的知識人が名を連ねた[26]。そこで彼らは、核兵器時代における戦争は、それがもたらす人類への凄惨な結果から、問題解決のための手段としての意味を失い、現実的な思考の結論として不戦の理想主義に逆説的に帰結すると強調した。そして、イデオロギーと現実の組織としての国家には乖離があり、イデオロギーの対立はそのまま戦争に直結しないと説いた。世界政治には、植民地ナショナリズムを含め米ソとは異なる濃淡の対立も存在し、「二つの世界」を共存させる余地はあるとし、そこに中立の可能性を指摘した。そして実際には、米ソは共にフランス革命の自由と平等に立ち返り、いずれ、ソ連は共産主義革命によって犠牲にした「市民的自由」を、米国は大企業の強大化による不均衡に計画経済を、それぞれ取り入れるほかにないと分析した。

進歩的知識人は、その運動に常につきまとった理想主義とエリート主導批判への反論に腐心したが、当時において中立論が戦後日本の選択肢として一定の論理的説得力があったことは確認しておくべきであろう。平和問題談話会にも参加し、全面講和を主張していた南原繁東大総長を吉田茂首相が「曲学阿世」と批判したことも契機となり、論争は次第に政権批判の運動へと発展した。平和問題談話会は、朝鮮戦争によるアジアにおける対立の先鋭化を一時的なものと捉え、拙速な「単独講和」は本来可能な中立の国際政治の基盤を自ら切り崩すことになると訴え、「全面講和」の機を待つことを主張した。しかし、彼らの考えは一方で「独立」の機を逃し「占領継続」を甘受するものと批判された。

事態は吉田政権の下、「片面講和」と日米安全保障条約調印に進み、後の自衛隊となる警察予備隊創設へと、なし崩し的な再軍備が積み重ねられた。政界でも、芦田均らによる軍備促進連盟など、戦後民主主義の論理から、国民の理解と支持を受けた形で軍備を実現しようとする国民運動などが起こった(27)。しかし次第に旧軍人らとの結びつきを濃くした再軍備あるいは改憲の運動は、最右翼の反動のイメージがついて回った。論壇でも、再軍備問題懇談会を前身とする自衛軍建設文化人連盟が設立され、「オールドリベラリト」を中心に、ジャーナリストの伊藤正徳、小汀利得、馬場恒吾などが参同した。しかし、戦後論壇の戦中派への世代交代を背景に、『世界』を金字塔に、隆盛を迎えることになる進歩的知識人の影にかすんだ。

二　安保闘争の挫折と「現実主義」による平和論（第二期）

一九五一年に吉田茂全権がサンフランシスコ平和条約と日米安全保障条約に署名した後も、進歩的知識人の多くは平和主義を掲げ、中立論を維持し、それは六〇年の岸内閣時の安保改定反対運動へとつながった。一方で、まず、サンフランシスコ講和と日米安全保障条約を支持する、進歩的知識人とは異なる視点からの平和論が提起された。経済学者、小泉信三による平和論は、その後のいわゆる「現実主義」と「理想主義」の平和論争の口火を切った点で注目に値する。小泉は読者数の多さから、広く読まれるであろうとあえて『文藝春秋』に寄稿し、一九五二年一月号の誌上に「平和論」を発表した。そこで、体系的に自説を展開している(28)。

小泉は米ソ対立が続くなか、保障なしにいかに日本の中立が維持できるのか、日本が侵犯された場合にどう対応するかについて「非武装中立」論者からは明確な回答が得られないと批判した。小泉は新安保条約の批准阻止も、国際政治では中ソへの接近とみなされて、英米との関係改善が不可能となっては中立の実現など不可能であると指摘した。小泉は平和問題談話会の米ソ全面戦争回避の期待に共感するも、真空地帯となった日本へのソ連の進出の可能性を憂慮している。平和論の名よりも実を強調し、国連の機能が期待されないなか、片務的に米国に安全を保障されることを「忍び難い」と感じながらも、日本の平和のための「防備」の必要性を主張している。[29]その後、評論家の福田恆存が「平和論の進め方についての疑問」を一九五四年一二月に『中央公論』[30]に発表すると大きな反響を呼んだ。同論文は、平和論の進め方についてその指導的立場にあった知識人たちが、安全保障問題から労働問題まで、多種多様な問題をイデオロギーとしての平和論に結びつけて人々を運動に動員する方法は、彼らが本来批判してきた戦時中の「絶対主義」に通底すると論評した。[31]

その間、朝鮮戦争が勃発した一九五〇年警察予備隊が組織され、幾度かの再編を経て、一九五四年七月の自衛隊法の施行をもって、陸海空の各自衛隊が誕生していた。そうしたなか、非武装中立論者は「錯誤」の喚起に努めた。一九五九年七月、政治学者の福田歓一は「二者選一のとき」で、かつて「全面講和」か「単独講和」かが問われた講和論争が「占領継続」か「独立」の二項対立に置き換えられたように、安保闘争が現行安保条約か安保改定かに単純化されようとしていると警告し、問題の本質は日本の対中政策を米国に従属させるか否か、つまり「中立の構想を含む極東の一般的平和体制樹立に進むか」どうかであると説いた。[32]続いて、翌八月の『世界』に発表された政治学者、坂本義和「中立日本の防衛構想」では、抑止力としての再軍備は脅威でしかなく、また米ソの直接的戦争を全面戦争と捉えた場合、局地戦争とは両国外が戦火に見舞われることであり、局地戦争も日本で起これば当事国の日本にとっては全面戦争になると説明し、日米同盟は日本の核武装に帰結するほかないと警告した。[33]坂本は、中立的な諸国の部隊からなる国連警察軍の日本駐留を提案した。日米同盟の解消も日本が共産圏に入らない保障があれば、米国をも説得しうるとした上で、坂本は日米同盟と再軍備に向かう政府は、国民を脅かすことで「錯誤の破壊」に突き進んでおり、そこに「危機を忘れた国民」が精神構造において結びつこうとするさまは、政治が想像力を喪失していると断じた。

一九六〇年五月の『世界』には、社会学者、清水幾太郎の「いまこそ国会へ」が掲載され、安保闘争のデモが盛り上がるなか、象徴的な論文となった。清水は、戦後、議会制度が整うことで請願行為は下火になったが、それゆえに、議会制に慢心する国民が民主主義の危機を招いており、現存する直接民主主義の方法である請願に重要な意味があると逆説的に論じた[34]。そして清水はこう呼びかけるのである――「今こそ国会へ行こう。（中略）手に一枚の請願書を携えた日本人の群が東京へ集まって、国会議事堂を幾重にも取り巻いたら、また、その行列が尽きることを知らなかったら、そこに、何物も抗し得ない政治的実力が生れて来る。それは新安保条約の批准を阻止し、日本の議会政治を正道に立ち戻らせるであろう」。ここに、安保闘争は、民主主義をめぐる議論となり、岸政府の強行採決はそれを決定的にした[35]。しかし、一九六〇年八月号の『世界』で憲法学者の宮澤俊義は「反政府派は負けた」と認めざるをえなかった。一二月号には経済学者、矢内原忠雄が「民主政治を蝕ばむもの」と題した論文を寄稿し、「民主主義社会において大衆的政治運動が起るのは、国会ことにその多数党が民主的政治を行わぬからである。国会は、その本会議でも委員会でも、全国民が傍聴席にいることを常に意識して、国民が納得のいくように審議をつくさねばならない」と書いた[36]。

安保闘争の嵐が過ぎ去った一九六三年一月、政治学者、高坂正堯が「現実主義者の平和論」を『中央公論』に発表した。高坂は、中立論が日本の外交に「価値」の問題を導入して、「理念」の重要性を強調した点を評価した上で、「中立＝平和」と、道義的議論がシンボル化することで、極東の平和を生み出す具体的政策論が失われていると指摘した[37]。しかし、この論文で重要なのは、高坂が「現実主義者」（軽武装・日米同盟）と「理想主義者」（非武装・中立）との対話を求め、軽武装勢力均衡論によって平和論の統合を試みた点である。高坂は、坂本義和と加藤周一の名を「理想主義者」として挙げている。高坂が提案した外交アプローチ、例えば、日中国交回復、朝鮮半島の武力統一を回避するための協定、日本の非核武装宣言、極東ロカルノ方式の検討、在日米軍を含めた極東の「兵力引離し」は、実際に非武装中立論者の主張と重なるものであった。高坂が繰り返し強調したのは、観念的な中立論が看過している「いかにわれわれが軍備なき絶対平和を欲しようとも、そこにすぐに到達することはできない」現代の国際関係の「現実」であった。高坂は将来的に「自由陣営」にとどまることを希望する自身と真の「中立」論者は袂を分かつであろうが、それでもしかし、現時点では取り組むべき「共通の仕事」があると論文を結んだ。しかし、この「共通の仕事」への提携が実現しなかったことは、高坂が辛抱強く請うて実現した坂本義和との対談が嚙み合わなかったことにも示されていた[38]。

次いで、一九六六年三月の『中央公論』に、政治学者、永井陽之助による「日本外交における拘束と選択」が発表された[39]。永井は、戦後日本は米国に安全を保障されて、冷戦構造に拠って経済復興を享受したにもかかわらず、一般国民の間に広がる経済「大国」意識が、左右共に過剰な「排外ナショナリズム」を生んでいると懸念した。永井は右の対米自主の核武装論も、左の「反帝路線」の中立論も、大衆の「全能の幻想」によって膨張し、圧倒的なパワーを持つ米国に警戒心を与えることの危険を説いた。一方で永井は「保守官僚」の「無為の蓄積」を批判する。永井は、憲法九条を生み出した戦後間もなくの厭戦感と不戦の理想主義から、東西冷戦とそのアジアへの拡大、そして中ソ対立、北爆以後混迷の続くベトナムとめまぐるしく変化する国際情勢を慎重に分析し、日本外交をめぐる様々な拘束要因を踏まえながら、選択の幅を広げる重要性を強調した。永井は、中長期的目標を立て、それに向けて「幻想」に囚われず、「現実」に基づいた「戦略」を持つべきだとし、独立の維持に必要な防備として、また「国際的な安全保障体制」へ移行する「過程的な責任分担の表現」として、自衛隊の意義を認めた。その際に永井は、外交的な努力で米ソ中の緊張緩和に務めることに、戦後、平和主義を積み重ねてきた日本外交の可能性があるとも指摘した。また永井は、地域諸国が次第に力をつけることで真空地帯が埋まり、将来的に米国が同地域から引き揚げる見通しを示した。将来的な日米安保体制からの離脱も含め「自主外交」を長期的な目標にすえ、あくまで米国の信頼を得る関係性を築きながら、真空地帯で独立を維持するに必要な防備こそ「現実」的であると訴えた。

高坂と永井は、敗戦後の日本外交が極めて拘束された状況で、憲法九条と日米安全保障条約を選択した吉田茂を積極的に捉え直し、同時代的に否定的な向きの強かった吉田評の幅を押し広げたことでもよく知られている(40)。両者は吉田の遺産を六〇年代の日本外交の「現実」として受け入れ、地域の安定と平和、日本の安全、そして日米関係については協調的な関係から漸進的に自立性を追求する中長期的なアプローチを模索した。

安保闘争が蹉跌をきたすなか、進歩的知識人の平和論を「理想主義」と断じ、その実情との乖離を批判する「現実主義」の平和論が展開した。「理想主義者」とされた多くの進歩的知識人にとって、「非武装中立」は「現実」への科学的アプローチであったが、すでに制度化の進む日米同盟の時計の針を元に戻すことはできず、政策論として説得力を失いつつあった。実際に、進歩的知識人を代表した『世界』の購買部数は労働運動との連携が強まった講和問題期をピーク(一五万部)に、変動はあるものの下降線をたどることになった(41)。一方、一九五〇年代半ば頃から福田恆存らが現実主義路線を展開していた『中央公論』が、高坂や永井の活躍を受け、一九六五年一一月号の購買数で同誌史上ピークとなる一三万六千部を記録した(42)。論壇の受容面からも、平和論における進歩的理想主義の低迷と「現実主義」の隆盛が確認できる。

三　経済大国化と「保守系言論人」の躍進——外交における歴史認識の波紋(第三期)

六〇年代後半から七〇年代にかけて米ソデタント期に入ると外交路線をめぐる論壇の左右の対立も、かつての講和論争や安保闘争に比べると弛緩することになる。進歩的知識人を代表した『世界』は、安保闘争の挫折を経て、非武装中立の論理的基盤が失われるなか、日共、ソ連、中共への態度も曖昧なものになっていた。念願であった日ソ国交回復が批判対象としてきた鳩山自民党政権によって進められるに至り、桑原武夫は、『世界』に寄稿した論文で日ソ交渉が進む段階で平和問題談話会が、「何一つまとまった意見を発表しえないでいることを心から恥じている」と記した[43]。安保闘争では、批准阻止のための具体的提案を進めるがいずれも実を結ばなかった。講和運動後の一九五七年の段階で、大内兵衛は山川均らとの座談会の席で、ハンガリー動乱の評価の文脈で、「民衆」の判断が決していつも正しいわけではないと認めているが[44]、安保闘争の挫折後、『世界』に執筆してきた知識人たちは過激化する学生運動とも距離をとるようになり、運動の指導においてもその影響力は限定的なものになっていった。六〇年代以降、学生運動の旗手たちの手に握られることになったのは、一九五九年に朝日新聞社から創刊された『朝日ジャーナル』であった[45]。

しかし、進歩的知識人は、冷戦期を通じて、『世界』の誌上を中心に平和をめぐる道義的問題を問い続けた。作家、大江健三郎の反核運動における「ヒロシマ的人間」の発見[46]、評論家、小田実のべ平連での活動の基盤となった「難死」の思想[47]はその例である。平和と民主主義の道義性は、反核運動、ベトナム戦争への抗議、あるいは沖縄の本土復帰をめぐる課題[48]、高度成長の影となった公害問題[49]に向かった。同時に中国、韓国をはじめとしたアジアの民主化運動に寄り添い、また加害者としての記憶の想起を訴え続けることも忘れなかった[50]。

一方で、戦後アカデミアと中間文化界の大勢を占めてきた進歩的知識人への右からの挑戦も起こっていた[51]。一九五九年にはすでに、反共・日米安保支持の立場を掲げる雑誌『自由』が五六年設立の日本文化フォーラムを母体とした自由社から創刊されていた。日本文化フォーラムは一九六〇年代後半まで米国のフォード財団につながる国際反共組織、文化自由会議から援助を受けていたことから、裏に米国からの影響力があるのではないかとする疑惑がついて回った。その後、六〇年代後半に日本フォーラムへの同資金の提供が途切れ、国内の資金で日本文化会議が発足したが、折しも一九六七年に文藝春秋社からオピニオン誌『諸君!』（当時は『諸君』）が創刊された[52]。以降、次第に自民党政権を実質的に支えることにもなる、いわば国産の保守論壇ができ上がっていった。

『諸君!』の誕生を後の首相、中曽根康弘は「保守言論人」にとって「胸のつかえを晴らす場所が与えられた」と回想している[53]。当時若くして『諸君!』を手にとった読者の中には後に戦後生まれの世代として自民党を支える石破茂や安倍晋三がいた(54)。後に首相となる安倍は成蹊大学在学中の一九七〇年代から「保守系の雑誌」を読み始め、自身の著書『美しい国へ』のなかで「当時のメインストリームだった考え方や歴史観とは別の見方」を提示する保守系言論人の言説に触れた感想を「刺激的」で、「新鮮」だったと記している(55)。『諸君!』は、八〇年代には核武装論や歴史認識問題にも積極的に着手し、保守的な論陣を展開することになった(56)。『諸君!』以後、保守系のオピニオン誌は勢いを得、一九七三年には『正論』(産業経済新聞社)、一九七七年には『Voice』(PHP研究所)が発刊されている。七〇・八〇年代を通じて次第に、福田恆存、江藤淳らに代表される保守系知識人の論壇における地位が押し上げられた。

日本の経済「大国化」は一九六〇年代半ば以降、日本と西側諸国の間に経済摩擦をもたらし、米国を中心に対日不満と日本警戒論が広がっていた(57)。そうしたなか、六〇年代後半から日本でも核武装論が一定の温度で燻ぶっていた。背景には一九六四年の中国による初の核実験もあった。実際の政治では一九六七年に、就任当初に核武装を検討していた佐藤栄作首相が国会で非核三原則を確認し、翌年には核不拡散条約に調印した。佐藤の核武装論の挫折は、憲法九条と日米安保体制のシステム、いわゆる「吉田路線」の強い拘束力を示す結果となった(58)。進歩的知識人を中心に、核武装論への国内の抵抗も強く、一九六八年に『世界』は坂本義和らを配して、「非核武装の提言」と題した特集を組んでいる(59)。

実際には、経済発展を謳歌する日本社会に、原理主義的な運動は左右ともに居場所を失っていた。一九六〇年に池田が所得倍増計画を打ち出し(60)、一九六四年には、日本社会は東京オリンピック開催に湧き、戦後の豊かさの指標となった家電三種の神器は六〇年代には「冷蔵庫・洗濯機・モノクロテレビ」から「カラーテレビ・クーラー・自家用車」になっていた。共産主義革命のための暴力による闘争路線は、日本共産党が放棄した後、一部の過激化した運動に受け継がれた。後に国際テロ組織として複数の事件を起こす日本赤軍が、重信房子らによってパレスチナで結成されたのは一九七一年である。一方で、一九七〇年に三島由紀夫と楯の会のメンバー数人が起こした事件も象徴的であった。市ヶ谷の陸上自衛隊駐屯地内に乱入した三島は、自衛隊隊員に、彼らの存在を違憲状態にしたまま経済発展に浮かれ、憲法改正に現実的に動かない怠慢に陥っていると政府を糾弾し、決起を呼びかけた。その訴えが隊員に届かないことを確信すると、三島は割腹自殺を遂げ、国内外に衝撃を与えた。(61)

そうしたなか、日本にとって唐突なニクソン訪中と米中接近によって、対米不信が広がっていた一九七一年、『朝日新聞』に核武装をめぐり、大江健三郎と作家で当時自民党参議院議員の石原慎太郎が互いを論評し話題となった。(62)大江が核兵器が人類にもたらす悲惨さを警告し「八月一五日を忘れるな」と訴えたの対して、石原は「ヒロシマ、ナガサキってばかりいって、持てる核も持たずに、結局、国際外交で押し切られて、この国が衛星国になりさがってもかまわんというなら、かまわんだろうが」と批判している。核武装によって日米対等化を図る議論の背景には、自由主義陣営での経済成長を享受し「大国」意識が広がるなか、社会主義への親和性を基盤に非武装中立論を担ってきた左派の相対的弱体化があった。しかし同時に、敗戦と占領、そしてその後の日米同盟における不均衡に傷つけられてきた自尊心の発露でもあった。

一九八〇年に清水幾太郎は『諸君!』に「核の選択―日本よ、国家たれ!」を寄稿した。(63)かつての平和運動、安保闘争の旗手の核武装論は急旋回の印象を与えたが、運動の根底にナショナリズムを据えていた清水にとっては一貫性のある発展的思考であった。清水は「戦後の日本は、国家(軍事力)であることを止めて、社会(経済活動)になった」と断じて、米国による安全保障の依存から自立し、ふたたび「国家」となる選択肢を提案した。しかし、清水は、六〇年の安保闘争を総括し、その後、日本社会の運動へのエネルギーは失われたと分析した。清水の考えるエネルギーの源泉は一にナショナリズムであり、二に社会的困窮であった。しかし、七〇年の運動を起こした戦後生まれの若者たちには、ナショナリズムも労働運動の切実さも失われていたと清水は嘆くのである。清水の議論には共産主義へのシンパシーにも通底する反米ナショナリズムがあったが、日本社会の政治の季節は六〇年安保をピークに過ぎ去り、その後は豊かさを謳歌する世相には政治的無関心が広がっていた。

政治学者、佐々木毅は、一九八六年二月に『世界』に発表した「〈一国民主主義〉の隘路」で、「靖国神社公式参拝」や「新国家主義の提唱」などによる中曽根首相の「『戦後政治の総決算』」路線が明確に打ち出された一年として、一九八五年に重要な意味を見出していた(64)。佐々木は、国民の政治的関心の低下に加え、自民党が特定の利益団体と結合し「地元民主主義」に陥り、審議会や、首相の私的諮問機関によって政策決定が非公開化し、本来民主主義の根幹である国民からの要求(入力)が遮断されている現状を「内からの入力の歪み」と指摘した。一方で、佐々木は米国をはじめとする西側諸国との貿易摩擦、安保タダ乗り批判、そして首相靖国参拝への中国政府の抗議に表れた歴史認識の課題を挙げ、「横(外国)からの入力」の活発化を注視した。佐々木は労働運動も弱体化するなか、中曽根首相による防衛費一パーセント枠超え、そして靖国参拝にも、国内でかつてのような大規模な運動は起こらず、靖国参拝に関しては政教分離をめぐる憲法問題に終始している日本政治は、国際政治の観点から全くズレていると危機感をつのらせた。中曽根の政治外交は、国内社会に広がる「大国」意識に見合った日本の国際的地位を求める国民意識を少なからず満足させるものに映った。しかし、佐々木は、中曽根の戦後日本の「原罪」ともいえる戦争責任に思い至らず、教科書問題に続いて靖国問題によって外交衝突を引き起こす「無神経さ」は、太平洋の東と西に再びかつての「反日」の機運を起こしかねず、また「国際的リップ・サービス」も、国民の支持を取りつけ実際の国内の改革を進めるために不可欠な民主主義の機能に、致命的な欠陥を有していては無意味と批判した。

米ソデタントを経て、一九七九年のソ連のアフガニスタン侵攻による新冷戦が展開するなか、日本社会では経済成長の実感が日常生活に広がっていた。一方で、経済大国として膨らむ日本の自信に、欧米からだけでなくアジア諸国からも対日警戒論が強まっていた。そして、歴史認識をめぐる議論は教科書問題や靖国参拝問題を契機に、日本とアジア諸国との間に軋轢を生み始めていた。他方、戦後論壇の大勢を担ってきた進歩主義知識人に対する保守系言論人の挑戦が起こった。自民党政治を実質的に支える保守の言説空間は戦争未体験世代の一部にも積極的に受容され、言説上では核武装論、あるいは対米自立を強調するより復古的な議論が展開された。こうして中道は、左右双方からの揺さぶりに晒されたが、実際の政策が憲法九条と日米安保を基軸とした軽武装・経済中心主義の「吉田路線」から逸脱することはなかった。しかし、日本外交はその恩恵を無為に享受する限界に直面し、そこから実践的にいかに日本外交の能動的な選択肢を増やしうるかが、中道の課題として模索されることになる。

四　冷戦の終焉と同盟の動揺——「国際主義」と「歴史修正主義」の摩擦（第四期）

言論空間の左右分断と対立は、冷戦が終結し、続いて日本のバブル経済が破綻するなか、日本社会における引き裂かれたアイデンティティーの表れとして噴出することになる。まず、日米同盟による軽武装・経済中心主義の危機が、冷戦終焉によって突然日本につきつけられた。一九八九年一一月にベルリンの壁が崩壊し、翌月のマルタ会談で米ソ両首脳が冷戦終結を確認した。折しも、一九九〇—九一年にわたる湾岸戦争で、経済的支援はしたものの人的貢献に限界のあった日本は、国際社会から「一国平和主義」の批判を受け、その経験は日本外交にとって深刻なトラウマとなった。一九九一年末には、ソ連が崩壊し、論壇の左派が希求しつづけた冷戦構造の解消は唐突な地盤沈下によって実現した。(65) アジア情勢も激動した。一九八九年に起こった天安門事件は国際社会に衝撃を与え、一九九三年には北朝鮮が核拡散防止条約（ＮＰＴ）から脱退、九五—九六年には第三次台湾海峡危機が起こり、翌年にはアジア通貨危機が続くことになる。

構造協議、貿易摩擦と安保タダ乗り批判に日米関係が揺らぐなか、ポスト冷戦の同盟の意義、海外派遣の是非を含め自衛隊のあり方、その憲法上の整合性が問われた。(66) 一九九〇年三月には『中央公論』で「〈特集〉どうする日米安保体制」が組まれている。冷戦の終結の衝撃に「存続か廃棄か」といった言葉も誌面に踊った。左派からは非同盟・中立化の機ととらえる向きもあったが相対的な説得力は低下していた。他方、右派からは、大勢は日米協調関係を前提としつつも、日米安保体制の不均衡さの是正への衝動が強まり、次第に日米関係の対等化からの同盟不要論も声高に聞こえつつあった。政治学者、佐藤誠三郎は、日本の安全保障にとって日米同盟が必ずしも唯一の選択肢ではないとする石原慎太郎や江藤淳の見方と、米国による一方的同盟破棄を危惧するジャーナリスト、田原総一朗の姿勢を挙げ、日米同盟をめぐる日本側の心理的動揺を指摘した[67]。佐藤は特に前者の「過信」について、日本異質論や日本バッシングの源泉に「人種対立」や「文化対立」を認めて「苛立ち」つことは自らも「偏狭なナショナリズム」に陥ることになると警告した。その上で佐藤は、東アジアにおいて東西対立が続く現状に鑑み、日本叩きに対しむしろ積極的に市場を開放し、開かれた日米関係を築くことで、同盟を強化する必要性を説いた[68]。政治学者、中西輝政は『Voice』の特集「九〇年代　日本の防衛構想」に寄稿し、中国の台頭を想定し、ソ連との同盟あるいは国連軍参加、日米欧三極同盟への移行を訴え、いずれにしても自衛隊の多国籍軍への参画による「日本経済のグローバル化に見合った安全保障」を提案し、海外派遣を視野に入れるべきだと訴えた[69]。一方で、同号に寄稿した高坂正堯は日米安保保持を唱え、東欧での共産主義の凋落を「それらの国がある程度成長した結果」と捉えた。高坂は冷戦終焉によって安全保障における軍事力の重要性が減ることはあってもなくなりはしないと確認した上で、常に脅威に対する備えは必要であると主張した[70]。高坂は日本人は先の戦争によって「武」に対する適切な感覚を失い、両極端に走りがちだが、「武」への対応は「中庸しか答えはない」とこの論文を閉じている。

一九九二年二月に、自民党「国際社会における日本の役割に関する特別調査会（小沢調査会）」による提言が発表された。衆議院議員小沢一郎を中心とした同調査会は、従来の「憲法の平和主義」を「消極的な平和主義」であり「一国平和主義」につながると退け、「積極的、能動的平和主義」の実現のため、「湾岸戦争の教訓」を活かし、国連の国際平和維持活動への協力などを軸に「人的協力」を可能とするための「条件整備」が必要であるとする意見をまとめた(71)。一九九三年には、小沢の著書『日本改造計画』が大ベストセラーとなったが、その中で小沢は、日本は国際社会で「当然とされていることを当然のこととして自らの責任において行」い「人類共通の課題について、自ら最大限の協力」をする「普通の国」に脱皮するべきだとと表現し、話題となった(72)。

自衛隊の海外派遣を含め、「一国平和主義」克服が模索されるなか、憲法学者、樋口陽一は一九九一年八月の『世界』に寄せた「『一国平和主義』でなく何を、なのか」で、戦後日本が抱える道義的問題を厳しく糺した(73)。樋口は「日本はアジアの侵略者ではなく、白人支配からアジアを護った」あるいは、「ナンキン大虐殺は誇張だ」といった政治家から次第に相次ぐ戦時日本に肯定的な歴史観に基づく発言を危惧した。樋口は天皇の戦争責任を根底に、侵略の責任の点検が一貫して曖昧にされてきたことで、日本はいまだに道義を欠いていると指摘した。その上で樋口は、憲法九条のためにできないことをできるように進めるよりも、憲法九条があるからこそ「正義の戦争」はないとする立場から国際社会に訴えることが「国際社会において、名誉ある地位を占め」、「自国のことのみに専念して他国を無視してはならない」と憲法前文が掲げる理想に適う姿勢であり、それは「一国平和主義」ではないと説いた。しかし「正義の戦争」があるとするならば、立憲主義のもと、憲法改正が不可欠であり、そのためには徹底した戦争責任の総点検が道義的に求められるとも付け加えた。

一九九三年一月に『世界』に発表されたジャーナリスト、船橋洋一による「グローバル・シビリアン・パワー試論」は日本主導による冷戦後の理念創造を提案した(74)。船橋はグローバル・シビリアン・パワーの目的を「個と全体の国際システム的な調和」と設定し、「人権保障、環境保全、経済社会開発、平和創造・維持」を通じて、「経済力と技術力を中核とし」、「説得と誘導」を手段に多層的なレベル（社会、NGO、国家、地域、国際機関、超国家）で協調を図り、「国際関係と相互横断関係を民主化」することだと説明した。ジョセフ・ナイが提唱したソフト・パワーなども引きながら、船橋は、日本は「経済大国・軍事小国」を堅持することで、「国際社会の民主化」にリーダーシップを発揮しうると書いた。船橋は日米安全保障体制は維持するが、自衛隊を海外に派遣する「国際貢献」による「安保条約双務化推進」も、「非武装中立・軍事貢献拒否という日米安保条約破棄」のいずれも拒否し、究極的には「国連常設軍の創設」と「国連とリンクする地域的多角的安全保障の枠組み」に日米安全保障条約を「取り込むプロセス」をつくる長期的戦略論を主張した。

冷戦終結後、先の戦争をめぐる歴史観が論壇においてより明確に争点となった。一つには、国内の社会主義勢力の縮小、学界におけるマルクス主義史観の相対的影響力の低下があった。前史に触れるならば、論壇における歴史認識をめぐる議論は、遠山茂樹・今井清一・藤原彰による共著、岩波新書『昭和史』をめぐる昭和史論争として五〇年代にはすでに起こっていた。六〇年代には、『中央公論』に林房雄が連載した「大東亜戦争肯定論」(六三―六五年)が論争を引き起こした。その後、デタントが進むなか「東京裁判史観」批判を皮切りに、「戦勝国」と進歩的知識人たちによって日本の近代史が不当に歪められてきたとして、歴史観の再考を求める動きが次第に活発になっていた。八〇年代以降、日本の歴史教科書の記述と首相靖国参拝に中国から抗議が起こり、また冷戦終結後の一九九一年には、韓国の元慰安婦による日本政府に対する訴訟が始まり、歴史認識は中国と韓国を中心に外交問題に発展した。そうしたなか、一九九六年には「新しい歴史教科書をつくる会」が結成され、一九九六―九八年にかけて産経新聞で「教科書が教えない歴史」が連載された。藤岡信勝は一九九七年の著作で唯物史観の影響を強く受けてきた戦後の学界や教育界を批判し、「自虐史観」に代わる「自由主義史観」を唱えた。(75)こうした動きは「歴史修正主義」として左派からの反発を招いた。

進歩的知識人が戦後一貫して日本の道義的責任を追及してきた意義は大きい。実際の政治では、日米安全保障条約の維持とともに先の戦争に対する道義責任を果たす努力が行われた。自民党・宮澤内閣期の一九九三年に当時の内閣官房長官が元慰安婦への謝罪を明言した「河野談話」を、九五年に自社さ連立村山内閣で、首相が日本の過去の植民地支配と侵略を公式に認める「村山談話」を発表し、同年、慰安婦問題の対応としてアジア女性基金が設立された。一方、一九九二年六月には「国際平和協力法(PKO法)」が成立、九月にはカンボジアに初の自衛隊海外派遣が実施された。多国間安全保障枠組みとしては、一九九四年にＡＳＥＡＮ地域フォーラム（ＡＲＦ）の初会合が実現した。冷戦終結後の一九九〇年代、論壇では、日米同盟が揺らぐ中、国連との協力も提唱され、「一国平和主義」からの脱却が図られた。国際的な貢献や協力を目指す「国際主義」は、経済大国としての自意識とも呼応し、日本外交の地平を押し広げた。それは同時に、成長するアジアのナショナリズムとも結びついた、先の戦争での日本の道義的責任を問う国際的な追及との対峙でもあった。冷戦期に起こった保守の「革新幻想」[76]への挑戦によって保守系言論人は論壇で活躍の場を広げたが、ソ連崩壊は革新勢力が拠って立ってきた世界観の瓦解であり、進歩的知識人の衰退を一層印象づけた。一九九二年にフランシス・フクヤマが出版した『歴史の終わり』は、民主主義と自由経済による政治体制の勝利によってイデオロギーの抗争としての世界史が終わったと記し、日本でも話題となった[77]。

しかし、戦争責任と憲法九条を象徴とする不戦の平和主義は、半世紀以上をかけて文化や教育を通じて人々に深く根ざし、市民運動に結びついてきた。文化人が発起人を務め、全国に高い組織力を誇る憲法九条の会や「教え子を再び戦場へ送るな」をスローガンとした日本教職員組合はその例である。一方で、一九九〇年代後半から二一世紀に入り、日本社会では右からとりわけ「歴史修正主義」を原動力とする政治運動が大きなうねりとなってくる。そうした中、復古的な価値観による憲法改正を目指す「草の根保守」のネットワークも拡大を続けてきた。一九五一年に設立され二〇〇〇年代から「自主憲法制定」を掲げタウンミーティングや教育活動に力を入れる日本青年会議所、一九九七年に宗教団体を基盤に組織された日本会議は特に全国的な組織力を展開している[78]。「大学全入時代」に入り、教養主義の崩壊による中間文化界への大衆文化界の逆流が起こり、論壇は西洋近代科学の啓蒙と防波堤としての空間から、より瞬発的で扇情的な言説が溢れる流動的アリーナへと変容している[79]。

安全保障に限らず、歴史認識、国家観や家族のあり方など国民生活全般における伝統的価値観を重視する右派の憲法改正論は、民主主義と自由経済による競争と格差が、バブル崩壊後の経済の縮小によってより顕著になる

「失われた十年、二十年」を通じて支持を広げていった。外には大国としての自信、内には社会的紐帯がそれぞれ喪失し、内向きな孤独を深める少なからぬ若年層に、伝統的共同体への憧憬を喚び起こし、誇りのある国家をつくる物語が「癒やし」のフィクションとして作用しているとも分析される(80)。『論座』に掲載された赤木智弘の「『丸山眞男』をひっぱたきたい──三一歳、フリーター。希望は、戦争。」が、「ロスト・ジェネレーション」を切り抜いた論文として注目されたのが二〇〇七年である(81)。安倍首相は「積極的平和主義」を掲げ、国際社会の平和と安全のための国際貢献を強調してきたが、その論理は、先鋭化する領土問題やテロとの闘いなど国際環境の緊張をコンテクストに、憲法改正による復古的な国家像へと続く栄光の歴史として演出されているように見える。そこには、「国際主義」と「歴史修正主義」が根本的な部分で矛盾をはらみながら併存しているといえそうである(82)。ここでは、復古的「歴史修正主義」のレトリックが国際関係の摩擦を生み、実質的な「国際主義」外交の足枷になる危険性を指摘するにとどめたい(83)。

おわりに──知的想像力としての中庸

第一期から四期を通じて、戦後論壇の軸は左右に大きく振れてきた。そこには、国際環境、国内政治、社会状況の変化に世代や学問的アプローチの違い、あるいは論壇内の力学が連動するダイナミズムがあった(84)。左右の振れ幅が広がることで、日本外交の実像が見えにくくなるなか、日米安全保障条約と憲法九条のねじれた拘束を受け入れた上で、日本外交の伸びしろを広げる具体的な戦略を追求した中道の知恵があった。

坂口安吾は『堕落論』の終わりに、人間は堕落するが、しかし堕落し続けることができるほど強くないがゆえに、「幻影」を見るのだと書いている。坂口は人々を戦争に動員した天皇制を「極めて日本的な（独創的な）政治的作品」であったと表現した。ならば、「自主憲法制定」も「護憲」も、「無念」と「悔恨」に苛まれる戦後日本社会が創りだした「幻影」ではなかったか。「無念」から現行憲法を「押しつけ憲法」として否定し、戦前への回帰を目指すかのような精神の裏には、「悔恨」に向き合うことを避ける弱さがある。そしてたとえ、憲法改正が実現しても、規範として半世紀以上運用され受容されてきた現行憲法の遺産を全く否定することは不可能だろう。同時に、「悔恨」から日本の戦争における道義的責任を追及し続け、武力を放棄する心にも敗戦国が道義的理想を掲げることで戦勝国に対して優位を獲得しようとする、「無念」に傷つけられた隠されたナショナリズムを見ることができる。そして、冷戦後も継続された日米同盟の破棄は当分の間、実現の見込みはないだろう。

実際には右も左も現実と議論の齟齬があった。左の陣を張った進歩的知識人たちは単独講和、安保改定阻止に失し、解釈による変質はあったとしても辛うじて維持した憲法を掲げて冷戦の緩和を求めるも、その終焉はソ連の崩壊で実現したに過ぎず、日米同盟も制度化を深めていった。[85] 右と認識される保守論者も、経済大国化の延長線に敗戦で傷ついた自尊心の取り戻しを図るものの、憲法改正は現在にいたるまで実現せず、戦前への回帰の夢を語るどのような血気盛んな議論も、あくまでも憲法九条と日米安保の制約によって絡め取られていった。左の理想も右の夢も、「悔恨」と「無念」という矛盾した感情を抱える日本人に少なからず訴えるものがあっただろう。しかし、実際には、どの選択肢を採っても、制度上の整合性がとれず、齟齬を来たし、それこそが戦後直後に書かれた憲法九条と冷戦開始後に結ばれた日米安保に立つ日本外交の「二重基準」[86]によって「ねじれた」本質であったといえる。[87] 核武装をめぐって、いみじくも大江健三郎と石原慎太郎は互いの「想像力」の欠如を批判した。[88] しかし、核を絶対悪としあらゆる武装を否定する、あるいは核保有が国際政治に絶対的パワーを保障すると考える信念は、具体的な政策を支える外交論としては基本的な視点に靄をかけてはいなかったか。すでに複数の核保有国が存在する世界で、冷戦期を通じて日米同盟によって安全を保障されながら、経済大国となった日本の等身大の姿と、そこからいかに日本外交の自発的な選択肢を増やすかに関する戦略である。

戦後日本外交を通じて「ねじれ」に生じる葛藤を可能な限り言語化し、「九条＝安保体制」[89]に象徴されてきた

「罪悪」と「復興」の共存を図りながら、国際情勢の変化と日本外交の課題に取り組む中道の模索があったことは、改めて認識される必要がある。本章で触れることのできた例では、高坂正堯、永井陽之助の「現実主義」による外交論、そして船橋洋一のグローバル・シビリアン・パワー論などが当てはまる。彼らは軽武装を主張したが、日米同盟を受け入れる点で右に同意し、一方で「自立」という最終目的を左の中立論と重ねていた。永井の言葉を借りるならば、時代時代で「拘束」された日本外交が、「理想」に近づき「価値」を実現するためにどのような「選択」が可能か、弛まない想像力によって中道を切り拓く強靭な思索があった。

坂口曰く、人間が弱さから「幻影」を見るのは、それによって考えることをやめることができるからである。右の「自主憲法制定」も左の「護憲」もそれがまとう情念から、人々を運動に駆り立てるも、それが自己目的化したとき、その先については思考を停止させ、想像力を失わせる落し穴があった。進歩的知識人の代表者でもある坂本義和は、一九六二年八月の『世界』に寄せた「平和運動における心理と論理」で、戦時中と同じように、「護憲」には体制化した憲法への原理的依存が起きていないかと警告している。しばしば、戦後日本では、現行体制である憲法について保守が改変を求め、革新が維持を主張するあべこべの現象が起きているといわれているが、それは必ずしも正しくないだろう。少なからぬ進歩的知識人にとって、四六年憲法は、国民に民主主義的精神を真に根づかせ、非武装・中立によって国家に戦争の道義的責任を示させ、冷戦の解消から国際平和を構築しようとする極めて遠大な革新のプロジェクトの入り口であった。彼らが唱えた非武装も中立も、政治外交の現場からの距離は縮め難かったが、「三たび平和について」の声明、坂本の「非武装中立の防衛構想」、樋口洋一の『「一国平和主義」でなくて何を、なのか』が強調したのは、「理想」につながる論理的アプローチの考察であった。『世界』は「悔恨」に苦しむ知識人と、読者にとって「良心」を「慰撫」する存在となったといわれるが[90]、進歩的知識人が日本の道義的責任を追及し、日本と世界の民主化を希求しつづけてきたことには政治的意義がある。歴史問題に見られる中韓のナショナリズムの発露を、その民主化プロセスから受け止める彼らの視座は、実際政治において、戦争の道義的責任を言明する冷戦後の二度の談話、アジア女性基金設立に呼応している。

戦後間もなく、論壇は戦後民主主義を支える公議輿論の土壌として再建され、「中間文化界」として「限定文化界」と「大衆文化界」の架橋を目指した。「憲法九条―日米安保」による「ねじれ」の構造のうえに、「悔恨」と「無念」に苦悩する戦後日本社会は「二重のアイデンティティー」に引き裂かれることになった(91)。しかし、「ねじれ」の根本的解消への視座は現在にいたるまで消えることなかった。現在進行中の事象は、本章の分析の枠を外れるが、第二次以降の安倍政権が掲げる「戦後レジームからの脱却」は、集団的自衛権行使の容認の閣議決定と法整備を進め、同時に憲法改正への道筋も整えつつある。右の夢が現実味を帯びれば、当然、左の危機感も強まり、「ねじれ」による葛藤に、国民的意識も感情も高まってくる。また、国内外で先の大戦をめぐる日本人の「悔恨」と「無念」は記憶として、次世代へと再生産されている(92)。情念の政治は左右に二極化しているようにも見えるが、従来の保革を超えた、九条にとどまらず、社会の多様性や国家のあり方を議論する様々な改憲論など、世界史的史眼で日本の現在とその指針をとらえようとする想像力も失われてはいない。インターネットは時空間の制限を格段になくし、ソーシャル・メディアを通じた市民や個人による発信を可能にした。この新しい論壇空間が日本外交を支える公議輿論をつくる「中間文化界」、そして「多元的な市民社会(93)」の国際交流の場として機能しうるかは、無限に広がるネット論壇にどのように横断的な知のネットワークを張ることができるかにかかっている。いずれにしても、戦後日本が外交の俎上に載せた「民主主義」、「平和」といった「価値」や「理想」につながる道をあらゆる制約のなかで拓き歩むために、「幻影」に囚われない屈強な知力が求められている。

（1）一九五五年体制の政治システムにおける構造的理解については、例えば、升味準之輔「一九五五年の政治体制」『思想』一九六四年六月を参照。

（2）安全保障をめぐるイデオロギーの位相については Richard J. Samuels, *Securing Japan: Tokyo's Grand Strategy and the Future of East Asia,*

Ithaca: Cornell University Press, 2007, p. 14を参照（『日本防衛の大戦略―富国強兵からゴルディロックス・コンセンサスまで』（白石隆監訳、中西真雄美訳）日本経済新聞出版社、二〇〇九年）。

（3）近代日本のイデオロギーの形成については、例えばCarol Gluck, *Japan's Modern Myths: Ideology in the Late Meiji Period*, Princeton, N.J.: Princeton University Press, 1985を参照。

（4）言語の恣意性とメタ物語の関係性については、Peter Barry, *Beginning Theory: An Introduction to Literary and Cultural Theory*, Manchester: Manchester University Press, 2002を参照（『文学理論講義』（高橋和久監訳）ミネルヴァ書房、二〇〇四年）。

（5）戦後日本外交の通史として、五百旗頭真編『戦後日本外交史―新版』（有斐閣、二〇〇六年）を、戦後日本外交論の大きな流れについて、北岡伸一編・解説『戦後日本外交論集―講和論争から湾岸戦争まで』（中央公論社、一九九五年）を参照。

（6）かつて大正デモクラシー隆盛の中、鶴見祐輔は、民主主義を機能させる礎として中産階級の団結を呼びかけた（鶴見祐輔『中道を歩むこころ―新自由主義論』大日本雄弁会講談社、一九二七年）。

（7）論壇が形成しようとした輿論（よろん）は、世間の気分といった無責任で曖昧模糊とした世論（せろん）と区別される。佐藤卓己『輿論と世論―日本的民意の系譜学』（新潮社、二〇〇八年）を参照。

（8）中産階級の成熟と生活様式の変遷については、Jordan Sand, *House and Home in Modern Japan: Architecture, Domestic Space, and Bourgeois Culture, 1880–1930*, Cambridge, Mass: Harvard University Asia Center, 2003を参照。

（9）竹内洋「序論」竹内洋・佐藤卓己・稲垣恭子編『日本の論壇雑誌―教養メディアの盛衰』創元社、二〇一四年、一一―六頁。

（10）日本における政治と知識人の関係については、竹中佳彦『日本政治史の中の知識人―自由主義と社会主義の交錯』（木鐸社、一九九五年）を参照。

（11）入江昭『日本の外交―明治維新から現代まで』（中央公論社、一九六六年）は、政府の「現実主義」と民間の「理想主義」を指摘したが、論壇にはその橋渡しとしての役割があったといえる。

（12）戦時下の雑誌業界への統制については、畑中繁雄『覚書　出版弾圧小史』（図書新聞社、一九六五年）、宮守正雄『昭和激動期の出版編集者―それぞれの航跡を見つめて』（中央大学出版部、二〇〇五年）を参照。

（13）敗戦後まもなくのカストリ雑誌を含む日本社会と文化については、John W. Dower, *Embracing Defeat: Japan in the Wake of the World War II*, New York: W.W. Norton/New Press, 1999を参照（『敗北を抱きしめて―第二次大戦後の日本人（上・下）増補版』三浦陽一・高杉忠明・田代泰子訳、岩波書店、二〇〇四年）。

(14) 竹内洋は、戦後日本の精神を「悔恨共同体」と「無念共同体」という二つの概念で表現し、戦前日本への否定に向かって「悔恨」と「罪悪」が、肯定に向かって「無念」と「復興」が重なり合うと指摘する（竹内洋『革新幻想の戦後史』中央公論新社、二〇一一年、四七―四八頁）。再生としての戦後史の視点については、福永文夫『戦後日本の再生　一九四五―一九六四』丸善、二〇〇四年を参照。

(15) 佐藤卓己「『世界』―戦後平和主義のメートル原器」竹内他編『日本の論壇雑誌』、八一頁。

(16) 「岩波文化」については、村上一郎、竹内洋解説『岩波茂雄と出版文化―近代日本の教養主義』（講談社、二〇一三年）を参照。

(17) 吉野源三郎と『世界』の関わりについては、吉野源三郎『職業としての編集者』岩波書店、一九八九年を参照。

(18) 丸山眞男「超国家主義の論理と心理」『世界』一九四六年五月号。丸山の思想については、例えば Rikki Kersten, *Democracy in Postwar Japan: Maruyama Masao and the Search for Autonomy*, London; New York: Routledge, 1996 を参照。

(19) 藤原弘達『藤原弘達の生きざまと思索―選ぶ』藤原弘達著作刊行会、一九八〇年、一七頁。

(20) 大塚久雄「魔術からの解放―近代的人間類型の創造」『世界』一九四六年一二月号。

(21) 大内兵衛「新憲法と学問―五月三日、憲法実施記念のために東大における講演」『世界』一九四七年七月号。大内らによる社会問題への学問的アプローチについては、Laura Elizabeth Hein, *Reasonable Men, Powerful Words: Political Culture and Expertise in Twentieth-century Japan*, Washington, D.C.: Woodrow Wilson Center Press; Berkeley: University of California Press, 2004（『理性ある人びと　力ある言葉―大内兵衛グループの思想と行動』（大島かおり訳）岩波書店、二〇〇七年）を参照。

(22) 佐藤卓己「『世界』―戦後平和主義のメートル原器」、八九頁。

(23) 小熊英二『〈民主〉と〈愛国〉―戦後日本のナショナリズムと公共性』新曜社、二〇〇二年、一九〇―一九九頁。

(24) 久野収「平和の論理と戦争の論理」『世界』一九四九年一一月号。

(25) 杉捷夫「平和問題はすぐれて原理問題であることについて」『世界』一九四九年一二月号。

(26) 平和問題談話会「三たび平和について」『世界』一九五〇年一二月号。

(27) 芦田均の再軍備のための国民運動については、例えば Makiko Ueda, "An Idea of Postwar Japan: Hitoshi Ashida and Japanese Liberalism," translated by Rikki Kersten, *ANU Japanese Studies Online*, Australian National University Japan Institute, 2011 を参照。

(28) 小泉信三「平和論―切に平和を願ふものとして」『文藝春秋』一九五二年一月号。一九二三年に創刊された『文藝春秋』は一九四九年以降、五〇万部を超える圧倒的な発行部数と購買部数を誇った。井上義和「『文藝春秋』―卒業しない国民雑誌」竹内他『日本の論壇雑誌』四九―七五頁。

(29) 進歩知識人の反論に対して、小泉は反論を『世界』の誌上にも発表した。小泉「私の平和論について」『世界』一九五二年五月号。

(30) 『中央公論』は、『太陽』、『改造』、『世界』などの同時代の主要誌へ挑発のスイッチとして常に論壇に新しい構造変動をもたらしながら発展した。竹内洋「『中央公論』―誌運の法則」竹内ほか『日本の論壇雑誌』、一九―四七頁。

(31) 福田恆存「平和論の進め方についての疑問」『中央公論』一九五四年一二月号。同論文への批判に対して、福田は翌年の二月「ふたたび平和論者に送る」を『中央公論』に寄稿し反論し、論壇上で論争を展開した。

(32) 福田歓一「二者選一のとき―偽りのジレンマに抗して」『世界』一九五九年七月号。

(33) 坂本義和「中立日本の防衛構想―日米安保体制に代るもの」『世界』一九五九年八月。

(34) 清水幾太郎「いまこそ国会へ―請願のすすめ」『世界』一九六〇年五月。

(35) 宮沢俊義「『事件』の結末が示すもの」『世界』一九六〇年八月号。

(36) 矢内原忠雄「民主政治を蝕ばむもの」『世界』一八六〇年一二月号。

(37) 高坂正尭「現実主義者の平和論」『中央公論』一九六三年一月号。

(38) 両者の関係性については、苅部直「未完の対論―坂本義和・高坂正尭論争を読む」飯尾潤ほか編『政治を生きる―歴史と現代の透視図』(中央公論新社、二〇一二年)を参照。

(39) 永井陽之助「日本外交における拘束と選択」『中央公論』一九六六年三月号。

(40) 両者の吉田茂論については、高坂正尭『宰相吉田茂』中央公論社、一九六八年、永井陽之助『現代と戦略』(文藝春秋社、一九八五年)を参照。

(41) 佐藤卓己「『世界』―戦後平和主義のメートル原器」、九一頁。

(42) 竹内洋「『中央公論』―誌運の法則」、三三頁。

(43) 桑原武夫「身から出たサビ　日ソ交渉特輯」『世界』一九五六年一一月号。

(44) 上原専禄ほか「座談会・歴史のなかで」『世界』一九五七年四月号。

(45) 学生運動の移り変わりと『世界』、『朝日ジャーナル』の関連については、奥武則『論壇の戦後史―一九四五―一九七〇』

（平凡社、二〇〇七年）を参照。
(46) 大江健三郎「広島―一九六三年夏」『世界』一九六三年一〇月号。
(47) 小田実「平和をつくる―その原理と行動・ひとつの宣言」『世界』一九六六年九月号。
(48) 福木詮「沖縄・二四年目の苦悩―沖縄一〇・二一前後」『世界』一九六九年一二月号。
(49) 田尻宗昭「四日市公害を告白しつづけて」『世界』一九七一年九月号。公害をめぐる運動と民主主義の観点については、Timothy S. George, *Minamata: Pollution and the Struggle for Democracy in Postwar Japan*, Cambridge, Mass: Harvard University Asia Center, 2001 を参照。
(50) 岡崎嘉平太「外交と道義―「日中正常化」後を考える」『世界』一九七三年一月。T・K生「韓国からの通信」『世界』一九七三年五月―八八年三月。
(51) 竹内洋は「革新幻想」という言葉で、戦後、進歩的知識人による「左翼」が言説空間で体制化したことを指摘している。竹内『革新幻想の戦後史』。
(52) 井上義和「『諸君！』―革新幻想への解毒剤」竹内ほか編『日本の論壇雑誌』、二一七―二四三頁。
(53) 中曽根康弘「わが内なる憂国の情は晴れない」『諸君！』二〇〇九年六月号。
(54) 井上「『諸君！』―革新幻想への解毒剤」、二一七―二四三頁。
(55) 安倍晋三『美しい国へ』文藝春秋社、二〇〇六年、二四―二五頁。
(56) 清水幾太郎「核の選択―日本よ、国家たれ！」『諸君！』一九八〇年七月号。渡辺昇一「萬犬虚に吠えた教科書問題」『諸君！』一九八二年一〇月号。
(57) 同時期の日本外交の全体像については、資源の観点から、白鳥潤一郎『「経済大国」日本の外交―エネルギー資源外交の形成一九六七―一九七四』（千倉書房、二〇一五年）を参照。
(58) 添谷芳秀『日本の「ミドルパワー」外交―戦後日本の選択と構想』筑摩書房、二〇〇五年、六八―九三頁。
(59) 「非核武装の提言」『世界』一九六八年五月号。
(60) 池田政権期の外交については、鈴木宏尚『池田政権と高度成長期の日本外交』（慶應義塾大学出版会、二〇一三年）を参照。
(61) 「三島由紀夫衝撃の死　自衛隊、なぜ立たぬ　自決直前に演説」『朝日新聞』一九七〇年一一月二五日号外。
(62) 「このふたり」『朝日新聞』一九七一年七月一九日、夕刊。
(63) 清水「核の選択―日本よ、国家たれ！」。

(64) 佐々木毅「〈一国民主主義〉の隘路―新しい国際状況と政治変動への視角」『世界』一九八六年二月号。
(65) 河合秀和「『世界』の勝敗」『世界　主要論文選　一九四六―一九九五』岩波書店、一九九五年、三五五頁。
(66) 「〈特集〉どうする日米安保」『中央公論』一九九〇年三月号。
(67) 田原総一朗「国際政治日米安保条約は一方的に破棄される」『潮』一九九〇年一月号、石原慎太郎「対決！　日・米の病根を叩く―『日本封じ込め』『ＮＯと言える日本』の真実」『文藝春秋』一九九〇年一月号、永井陽之助・江藤淳「『歴史の終り』に見えるもの」『文藝春秋』一九九〇年一月号。
(68) 佐藤誠三郎「時代の変化がより強固な同盟を求める」『中央公論』一九九〇年三月号。
(69) 中西輝政「『日米欧』三極同盟へ移行せよ」「九〇年代―日本の防衛構想」『Voice』一九九〇年八月号。
(70) 高坂正尭「日米安保は変えるなかれ」『Voice』一九九〇年八月号。
(71) 「小沢調査会の提言の要旨―答申原案」『毎日新聞』一九九二年二月二一日朝刊。本資料は日本財団図書館『私はこう考える【憲法改正について】』より閲覧可能。https://nippon.zaidan.info/seikabutsu/2002/01252/contents/155.htm（二〇一五年一一月二〇日最終アクセス）。普通の国論については、Yoshihide Soeya, Masayuki Tadokoro, and David A. Welch ed. *Japan as a 'Normal Country'?: A Nation in Search of Its Place in the World*, Toronto; Buffalo (N.Y.): University of Toronto Press, 2011（添谷芳秀、田所昌幸、デイヴィッド・A・ウェルチ編『「普通」の国日本』千倉書房、二〇一四年）を参照。
(72) 小沢一郎『日本改造計画』講談社、一九九三年、一〇二―一〇五頁。
(73) 樋口陽一「『一国平和主義』でなく何を、なのか」『世界』一九九一年八月号。
(74) 船橋洋一「グローバル・シビリアン・パワー試論―日本から冷戦後の理念をつくるために」『世界』一九九三年一月号。
(75) 藤岡信勝『自由主義史観とは何か―教科書が教えない歴史の見方』ＰＨＰ研究所、一九九七年。
(76) 竹内『革新幻想の戦後史』。
(77) Francis Fukuyama, *The End of History,* and the Last Man, New York: Free Press; Toronto: Maxwell Macmillan Canada, 1992（『歴史の終わり』渡部昇一訳・特別解説、三笠書房、一九九二年）。
(78) 保守の言説の背景として、宗教（神道）と国家の関係について、Helen Hardacre, *Shintō and the State, 1868–1988*, Princeton, N.J.: Princeton University Press, 1989 を参照。
(79) 竹内洋『教養主義の没落―変わりゆくエリート学生文化』中央公論新社、二〇〇三年。

(80) 「草の根保守」について、「新しい歴史教科書をつくる会」を事例とした研究に、小熊英二・上野陽子『〈癒し〉のナショナリズム―草の根保守運動の実証研究』(慶應義塾大学出版会、二〇〇三年)がある。

(81) 赤木智弘「『丸山眞男』をひっぱたきたい―三一歳、フリーター。希望は、戦争。」『論座』二〇〇七年一月号。

(82) 二〇〇〇年代の論壇の構図は改めて精査する必要があるが、ここでは次の課題としたい。

(83) Alexis Dudden, *Troubled Apologies, among Japan, Korea, and the United States*, New York: Columbia University Press, 2008 は、日韓米を事例に謝罪をめぐり紛糾する三者の政治、社会を論じている。

(84) 二大論壇誌、『世界』と『文藝春秋』から見た戦後思潮の変遷について、毎日新聞社編『岩波書店と文藝春秋―『世界』・『文藝春秋』に見る戦後思潮』(毎日新聞社、一九九六年)を参照。

(85) 日米同盟の制度化については、吉田真吾『日米同盟の制度化―発展と深化の歴史過程』(名古屋大学出版会、二〇一二年)を参照。

(86) 坂本義和「憲法をめぐる二重基準を超えて」『戦後60年を問い直す』岩波書店、二〇〇五年。

(87) 添谷『日本の「ミドルパワー」外交』、三二頁。

(88) 「このふたり」『朝日新聞』一九七一年七月一九日、夕刊。

(89) 酒井哲哉「『9条＝安保体制』の終焉――戦後日本外交と政党政治」『国際問題』一九九一年三月号。

(90) 中島誠「『世界』『朝日ジャーナル』にみる戦後民主主義」『流動』一九七九年七月号。

(91) 添谷『日本の「ミドルパワー」外交』、一八頁。

(92) 政治、社会における戦争をめぐる記憶については、Franziska Seraphim, *War Memory and Social Politics in Japan, 1945–2005*, Cambridge, Mass: Harvard University Asia Center, 2006 を参照。

(93) 添谷『日本の「ミドルパワー」外交』、二二二―二二六頁。

第二部

冷戦期の東アジアと日本

第三章

安保条約の起源——日本政府の構想と選択、一九四五—一九五一年

吉田　真吾

はじめに

一九五一年九月、サンフランシスコで対日講和条約が多国間で調印された直後、日米両政府は安全保障条約を締結した。六〇年の改定を経て、半世紀以上にわたって日米同盟の基礎となる安保条約の基本構図は、しばしば「物と人の協力」と呼ばれる。すなわち、日本が基地という「物」を米国に提供する一方、米国が米軍という「人」を通じて日本の安全を保障するという構図である。しかし、締結当初の安保条約では、この構図が明文化されていたわけではなかった。日本は、米国が日本に対する武力攻撃を阻止するためにその軍隊を日本国内およびその周辺に維持することを希望し、それを同地域に配備する権利を米国に許与すると約した。だが米国は、この権利を受諾しただけで、在日米軍を日本の安全や極東地域の平和と安全のために「使用することができる」と宣言するにとどまった。米国による安全の提供は、公約化されなかったのである(1)。

この問題は、自衛の能力と意思を十分に持ち合わせていない日本に防衛公約を与えることはできないという米国側の事情に起因しており、条約締結までの数度にわたる日米交渉の中で生じたものだった。いいかえれば、それ以前に日本側が作成した条約案には、米国の日本防衛への関与を公約化した条項が盛り込まれていた。五一年

一月から二月にかけての第一次交渉（いわゆる吉田・ダレス会談）で提示された日本側草案は、「合衆国の責務」を、「日本の平和と安全とを確保するため日本と共同の責」を担い、日本に対する「侵略を排除するため直ちに必要な一切の措置をとる」ことと規定していた[2]。この草案では、六〇年に改定された現行の安保条約と同様、日本による基地の提供とともに、米国による日本防衛への関与が明確にされていたのである。

本章の目的は、四五年の対日占領の開始から五一年の日米交渉の始まりまでを分析対象として、日本政府が日本の基地提供と米国の防衛公約を明確にした安保条約を追求したことの原因を解明することにある[3]。安保条約の形成に関しては、すでに優れた実証研究がそろっており、その研究蓄積は新規の研究が必要ないといえるほどに厚い[4]。しかしながら、先行研究では、安保条約の形成に至る過程の叙述、それに関連する史料の解釈、日米交渉に臨む日本側の構想と戦術の意義づけや評価などに主眼があり、安保条約の形成原因の解明が直接の目的とされているわけではない。それゆえ、米ソ冷戦の発生あるいは日本の対ソ脅威認識という要因が共通して指摘されるものの、それ以外のことは必ずしも明示的かつ体系的には検討されていない。

本章は、米ソ協調から米ソ冷戦への変化、国際システムにおける米国優位の持続、そして米国の不関与と米軍の撤退の可能性という、当時の日本を取り巻く三つの要因が、日本政府に米軍の日本駐留と米国の防衛公約を明確にした安保条約を追求させたという議論を提示する。四五年に第二次世界大戦が終結した後の数年間は、国際政治の変動期だった。戦中から終戦直後の時期に戦後秩序として思い描かれていたのは、米英ソ華仏という五大国間の協調関係を基礎とし、国際連合の集団安全保障を軸とするヤルタ体制だった。しかし、この体制は長くは続かず、米ソ対立を中核とする冷戦体制へと移行していく[5]。その一方で、国際システムにおける米国の優位はこの期間、基本的に不変だった。すでに戦前・戦中から、軍事・経済の両面で米国の優位は明らかになっていたが、終戦はこれをより明確にした。当時の米国は、最大のライバルであるソ連に比しても、圧倒的な国力を有していたのである[6]。さらに、その米国が自国軍を撤退させ、日本を含む東アジア地域の安全保障への不関与を選択する可能性も存在した。歴史的に見れば、戦勝国が敗戦国内に駐留する占領軍をいずれ撤退させるのは必然である。殊に日本占領の主軸を担ったのは、孤立主義の伝統を有する米国だった。米国政府が長期占領の方針を公にすることもあったが、米国社会では早期の動員解除を求める声も大きく、米国の対外不関与や米軍の撤退が起こる可能性は常に一定程度存在した。(7) 以上三つの要因は、日本政府に対し、安全保障上、(8) 米国との安保条約が不可欠だと認識させることになる。

本章では、これらとは逆に、国家や国民の威信・自尊心――ナショナル・プライド――および日本国憲法九条に規定された非軍事化の方針が、安保条約の形成を抑制する方向に作用していたことも指摘する。まず、戦前期に大国の地位に上りつめた日本にとって、講和独立後も外国軍が自国内に駐屯するという事態は、そのナショナル・プライドに照らして、容易には許容し難いところがあった。また、日本における米軍の駐留や基地はもとより、安保条約自体も、憲法九条の非軍事化方針と完全に整合的だとは断言し難い面があった。この点を重視した勢力は、安保条約に代わる手段として、中立や国連による安全保障を主張する。本章の考察からは、これらの影響を押し切る形で安保条約が締結されるのは、吉田茂という政策決定者の個性によるところが大きかったことも明らかになろう。

一　ヤルタ体制下における日本の安全保障――一九四五―一九四七年

米ソ華という三大国間の協調関係を基軸とした東アジアのヤルタ体制において、日本は、大国間政治に関与しえない小国となることが想定されていた。これにともない、日本の安全保障制度も大きな変化を経験することになる。一九四五年九月には、米国政府によって、日本の武装解除と非軍事化を宣言した「初期対日方針」が示され、一一月には、実際に帝国陸海軍が解体された。そして翌年二月、ＧＨＱが戦争放棄、戦力の不保持、交戦権の否定を含んだ新憲法草案（GHQ草案）を提示し、日本の非軍事化は国内的にも制度化されていくことになる。四七年三月の「マッカーサー発言」にあらわれたように、非軍事化された日本の安全は、国連が担うべきものとされた。[9]

日本政府の安全保障構想も、こうした国際環境に応じたものとなっていく。この時期に、講和後の安全保障について検討していたのは、外務省だった。[10]外務省は、幣原喜重郎政権期の四五年一一月に「平和条約問題研究幹事会」を設置して将来の講和条約に関する研究を開始しており、その一環として安全保障問題を検討した。その過程では当初、一独立国として「自己防衛の最少限の軍備」、すなわち「新なる基盤に立つ防御的平和的軍備」を保持することの必然性が説かれていた。[11]しかし、翌年二月に日本政府がGHQ草案を受け入れ、翌月にこれを基にして起草された「帝国憲法改正案要綱」が発表された後には、外務省の検討において、日本独自の軍事力の再構築という構想が持ち上がることはなくなる。要綱の第九条には、戦争放棄、戦力の不保持、交戦権の否定が謳われており、日本政府は、四六年五月に首相に就任した吉田茂の国会答弁に代表されるように、新憲法は自衛権をも否定しているという極端な解釈を示した。[12]日本政府にとって、自立的な軍事力という最も伝統的な安全保障の手段は、選択困難なものとなったのである。

その後、外務省は、憲法と整合的な安全保障の手段を検討した。そこでは、永世中立国化、保障占領（対日監視を目的とした連合国軍の継続駐留）による副次的な安全保障、保護条約や対日不可侵条約などに基づく一国または複数国による保護、国連による保護（信託統治、安全保障理事会による保障、国連を代理する地域安全保障機構や安保理常任理事国による保障など）といった案が対象となった。四六年五月に出された第一次作業の結論となる文書で研究幹事会が推奨したのは、永世中立国化と地域安全保障機構による保護の組み合わせであった。[13]

しかし、日本社会党の片山哲を首班とした連立政権（四七年五月成立）の総意となる、四七年五月から七月にかけての外務省の検討作業では、地域機構による安全保障を除き、上記の案はすべて却下される。まず、永世中立国化には、地理的・戦略的に重要な位置に存在し、軍事力を保有しない日本がこれを宣言しても「一朝有事の場合にはその安全性は十分に確保できず」、その効果は「甚だ疑わしい」という問題があった。また、その他の方式のほとんどは、日本が「ある意味で被保護国の地位にてん《ママ》落せんとする」こと、あるいは講和後も「一種の国際管理の下に立つ」ことを意味しており、国家や国民の「威信」「自尊心」に照らして問題があった(14)。憲法九条以外にも、実効性やナショナル・プライドという要素が、安全保障の手段に関する選択の幅を狭めていたのである。

この過程では、自国の軍事力という安全保障の古典的手段と同様、防衛条約に基づく他国との同盟というもう一つの古典的手段も、検討されていなかった。その理由は定かではないが、当時の政府解釈において自衛権の放棄をも意味しているとされていた憲法九条との整合性が問題だったと推測される。確かに、四六年の時点で外務省が考えていたように、相手国が日本を一方的に援助するという形であれば、防衛条約を締結しても「憲法違反問題は起らない」(15)。しかし、法的にはそうであっても、憲法の非軍事化規定を急進的に解釈していた当時の日本政府にとって、自国の防衛のために他国に軍事的な援助を求めることを意味し、しばしば「軍事同盟」とも称される同盟を検討対象とすることは、政治的に憚られたのであろう。

結局、外務省は、「国連が加盟国に与える一般的保障によって日本の独立と領土の保全が有効に保証される」という方法が望ましいと結論づけた。この「一般的保障」とは、抽象的には、国連によって「国際間に正義と法の支配する新たなる秩序が確立されること」を指していたが、おそらくより具体的には、国連憲章第七章で規定された集団安全保障体制の構築によって加盟国の安全が保障されることを意味していた(16)。政治レベルでも、すでに四六年七月に吉田首相が、日本は国連の集団安全保障体制によって保護されるという見通しを公言していた(17)。

しかし、国連の「一般的保障」はあくまで長期的な理想であり、現実には、旧敵国である日本の国連加盟が不確実であることなど多くの難題が存在した。それゆえ外務省は、国連による「一般的保障」だけでは「安全の保障は充分とはいい難い」と論じ、「更に有効な、更に現実に即した安全保障の機構」として、国連憲章第五二条に規定された地域安全保障機構を創設することを主張した。これは、米ソ英華などの極東委員会の中枢国を中核とし、日本を含めた西太平洋諸国を構成国とするものであった。その保障の具体的手段として想定されたのは、構成国が「西部太平洋の平和及び安全保持」に対する「脅威、破壊又は侵略行為を防止するための措置」をとるという集団安全保障体制の設定である。(18)

このように、ヤルタ体制の下、外務省は日本の安全を確保する手段として、国連による「正義と法の支配する新たなる秩序」の確立という理想に望みを託しつつ、その目的に即した地域機構の集団安全保障体制に依拠することを思い描いていたのである。四七年四月に与党第一党となった社会党も、同様の構想を公表していた。(19)そして九月、国連による安全保障という考えは、片山政権の総意として、芦田均外相から米国側に文書で伝えられた。(20)これは「芦田覚書」と呼ばれる。その一方で、芦田率いる外務省は同時期に、全く異なる内容の「芦田書簡」を米国側に手交していた。

二　冷戦の波及と芦田書簡――一九四七―一九四九年

一九四七年に入ると、実質的な冷戦開始の宣言であるトルーマン・ドクトリンが三月に発表されるなど、すでに戦中からくすぶり続けてきた米国とソ連の間の不和が、もはや対立といえる状態にまで高まっていることが明らかになった。そして、米ソ対立が顕在化していく中で、米ソ協調を前提に組み立てられた国連による安全保障という日本政府の構想は、再考を迫られることになる。すでに四六年半ば以降、一部の外交当局者は、米ソ対立の影響で、国連安保理において拒否権が行使され、国連や地域機構が集団安全保障機能を発揮できない状態に陥る可能性を指摘していた。四七年には、こうした疑念が広がっていく。それにともない、自らの軍事力を放棄し

た日本の安全保障を、同盟に依拠して他国に委ねるという構想が浮上した。(21)

代替策として同盟が選択されたのは、その他の手段と比較して問題が少ないと考えられたからであろう。前述のように、外務省は、憲法九条の非軍事化の方針に照らして自前の軍事力を検討対象からはずしていた。その後、軍事力の再建が選択肢として再浮上した形跡はない。新憲法は四七年五月に施行されたばかりであり、自衛権をも否定しているという憲法解釈や憲法それ自体を変更することは、国内政治上も、対外関係上も、困難だったであろう。他方で、外務省の検討では、憲法と整合的な諸手段も、実効性とナショナル・プライドに鑑みて棄却されていた。これらに対し同盟は、検討対象からはずされていたものの、その内容が日本への一方的援助であれば、政治的にはともかく法的には憲法と矛盾しないとされていた。加えて同盟は、自国の軍事力には劣るものの、その他の手段と比べれば、実効性が高く、ナショナル・プライドが傷つけられる程度も抑えられる。日本政府は、こうした消去法的発想に基づいて、同盟という手段に思い至っていたと推測される。

では、日本はどの国家と同盟すべきか。講和後の日本の安全を委ねる相手国は、講和会議に臨む際の提携相手でもある。四七年半ば、講和問題の検討作業の中核を担う条約局長を務めた萩原徹は、そうした提携相手は「あらゆる情勢を検討し政府の最高首脳部において決定すべき」として、政治判断を求めていた。曰く、「仮に日本の利害が、ソ連と一致するならば日本を先ず完全に共産化した上で平和条約に臨む位の決意を要する」(22)。片山内閣からはこの点に関する決断は示されなかったが、その一角をなす外相、芦田の腹は決まっていた。芦田は、日本にとってソ連との協力は困難であり、米国と協調する以外にないため、「専ら米国の尽力に依頼して」講和を達成しようと考えていたのである。(23)

米国との提携を決めた芦田の念頭には、国際システムにおける米国の優位に対する認識があった。すでに三〇年代から芦田は、特に経済面における米国（および英国）の優勢を重視しており、資源や市場を持たない日本にとって、米国との協調関係を維持する以外の選択肢は存在しないと考えていた。さらに芦田は、軍事面、特に海軍力の面でも、米国が圧倒的な優位を確立していることを認めていた。米国の優位が終戦の結果、より明確になったことに鑑みれば、こうした認識は戦後まで続いていたと考えられる。[24] 外務省内でも、四五年から四六年に行われた前述の研究幹事会の作業において、「今後の米国の極東に於ける地位に鑑み緊密なる関係を結ぶ要あり」として、「米国より日本の安全保障を得るも一案」という見解が示されていた。[25] 日本には、米国に次ぐ国力を誇るソ連との同盟という選択肢もあったが、戦前・戦中におけるソ連の相次ぐ同盟条約反故の影響で強い対ソ不信を抱いていた芦田にとって、ソ連に保護を求めることは、許容できないリスクをともなうものであった。[26]

米国との同盟という構想は、四七年九月、いわゆる芦田書簡として具体化した。[27] これは、「米軍が何時迄居るべきか」というアイケルバーガー（Robert L. Eichelberger）第八軍司令官の質問に応じて、外務省が芦田の決裁を得た上で、鈴木九萬横浜終戦連絡事務局長を通じて手交した文書である。その結論は、米ソ関係が改善せずに国連が期待どおりに機能しないのであれば、日本は、日米二国間で「特別の協定」を締結して安全保障を米国に委ねるというものだった。[28] 米国が日本を防衛するに際しての具体的手段として想定されたのは、米軍の駐留および基地使用である。そしてこの協定には、「日本の独立を侵そうとする第三国は直接アメリカに対し敵対行為をするに等しいことになるからその行動を慎む」という抑止効果が期待されていた。ここからは、単なる駐軍協定ではなく、米国が日本の安全を保障する義務を負った防衛条約が想定されていたことが看取できる。

これらを提案する芦田と外務事務当局の脳裏には、国連の機能不全への不安感だけではなく、米軍撤退の可能性への不安感があった。[29] アイケルバーガーは、米軍駐留に関する日本側の見方を尋ねた際、早期撤退の可能性を匂わせており、「もし米国軍隊が撤退した場合、日本はどうして、日本の安全を保障しようと考えているのか」と問題提起していた。この発言は、それまで米軍の駐留を当然視していた外務省に衝撃を与え、特に芦田は「これは重大事」と考えた。[30] 当時の芦田は、ソ連の対日侵攻を差し迫ったものと考えていたわけではなかったが、日本が軍備を放棄した状態で占領軍が撤退すればソ連の侵攻を誘発することになると懸念し、米国による安全の保障と米軍の駐留を求めていた[31]。防衛条約の締結と講和後の米軍駐留を中核に据えた芦田書簡は、外務省内で米軍の早期撤退への懸念が募る中、それに対処するための方策としてまとめられたものだったのである。

しかし、芦田書簡には、米軍駐留の方式に関して、重大な曖昧さがあった。一方で、外務事務当局が作成した書簡自体は、いわゆる有事駐留を想定していた。すなわち、米軍は、平時には日本本土ではなく「日本に近い外側の地域の軍事的要地」（おそらく沖縄や小笠原、グアムなど）に駐留し、日本有事に際してのみ、日本政府との協議の上で、本土の軍事基地を利用できるとされていたのである。これは、事務当局が重視してきた日本のナショナル・プライドを尊重したものであったと考えられる。事務当局は、この方式によって、有事に米国が日本の基地を利用できる一方、平時には日本の「独立」あるいは主権を損なわずに済むと主張し、この方式が「国民多数の考である」と論じていた。

他方で、芦田は、本土への常時駐留もやむなしと判断していた観がある。書簡提出後、芦田は、米国や英連邦の政府要人との会談を通じ、米英は講和後も日本本土に一定の兵力を常駐させる決心を固めているのではないかと推測した。さらに芦田は、「本土の飛行場を防御するため、若くは千島樺太から北海道を守るため、本土内に駐兵の必要がある場合」を考慮していた[32]。芦田は、事務当局の作成した芦田書簡に決裁を与えた当日の日記に「少し訂正の要あり」と記していたが[33]、これは常時駐留への変更を示唆していたのかもしれない。

芦田の脳裏には、有事駐留といっても、実際の有事に米軍が来援できない、あるいは来援しない可能性があるという不安が存在した。芦田が常時駐留による防衛対象とした「本土の飛行場」が敵勢の空挺部隊などに急襲・制圧されれば、日本周辺の制空権が相手国の手に落ち、海・空路を用いた米軍の日本来援は極めて困難となる。また、有事駐留では、敵勢の急襲・占拠に対する「北海道」の防衛・奪還は困難なため、米国がこれをあきらめて、来援を見送る可能性も出てくる。これらの事態は、アイケルバーガーが有事駐留に伴う問題を鈴木に伝えた際に例示していたものであり、鈴木も、周辺島嶼の駐留だけで「充分なりや〔…中略…〕疑問がある」と応じていた。芦田は外相離任後も、同様の論理に基づき、「沖縄或いはグアムを基地にして日本本土を守ることは、到底不可能」で、「日本を守る為には、日本本土に相当の防衛軍を備えなければならぬ」とした上で、日本が相応の防衛力を保有しない限り、外部の軍隊の本土駐留が必要だと論じていた(34)。従来、有事駐留を唱えた点が強調されてきた芦田書簡であったが、芦田自身は、米国による保護をより確実なものとするためには、すなわち抑止効果に期待するだけではなく実際の防衛機能を高めるためには、本土常時駐留が必要だと判断していたのである。

いずれにしても、米国との防衛条約および米軍の駐留による安全保障という構想が、芦田書簡の手交後に進展することはなかった。アイケルバーガーが書簡の内容を本国政府に伝えなかったことをはじめ、その理由はいくつかあるが、この構想が国内的な要因の影響で日本政府内のコンセンサスを得られなかったことが、最大のものと思われる。内閣レベルでは、片山首相と西尾末広官房長官が書簡の手交に同意してはいたが、「内政的には外相個人の責任」という前提があり、首脳部の芦田書簡への関与はなかった(35)。前述のように、両者の所属する社会党は同時期、国連と地域機構による安全保障という構想を公表していた。仮に、同党右派である片山と西尾が米国による保護が必要だと考えていたとしても、非軍事化をより強く主張する左派を党内に抱えた状態では、国連による安全保障という理想案を捨て、この次善策を推進することは困難だったであろう。

米国による保護という構想は、外務省内でもコンセンサスを得ていなかった。芦田書簡の手交後、萩原を中心とする事務当局は、芦田の指示で多種多様な安全保障の手段を比較検討する中で、米軍駐留に消極的な態度を示したのである。その主な論拠は、非軍事化の方針とナショナル・プライドという二つの要素の複合であった。すなわち、日本が軍事基地を管理することは非軍事化の方針と一致しないため、「日本管理による米軍使用」すなわち有事駐留は困難であり、平時から米軍が基地を管理する形となる可能性が高い。そうなれば、米軍基地は「治外法権的存在」になる。結局、外交当局からは、「戦争を放棄し、軍備を喪失し、国防の自主性を失った」日本にとって「満足な安全保障の方式」は存在しないため、その方法については「一概に結論を出すべきでない」

という先送りの方針だけが示された[36]。この後、事務当局の構想は、国連と地域機構による安全保障へと回帰していく[37]。

四七年時点の日本政府は、ヤルタ体制を前提とした国連による安全保障と、米ソ冷戦を前提とした米国による保護の間で揺れ動いており、ナショナル・プライドや非軍事化に起因する国内事情から、前者を優先的に考えていた。その後四八年になると、米ソ対立の影響で早期講和が破綻したことが明らかとなり、安全保障に関する政府内の検討も停滞する。それが再開するのは、講和の機運が再度高まる四九年秋のことである。

三　米軍駐留の決断――一九四九―一九五〇年

欧州を主たる舞台として一九四七年に顕在化した米ソ冷戦は、その後東アジアへの波及を加速させた。四八年には、米ソ対立を投影する形で南北朝鮮が成立し、四九年になると、国民党政権が台湾に逃れる一方で、中国大陸には共産党政権が成立した。翌年には、その中国とソ連の間で同盟が締結される。こうした中で、四九年九月の米英仏三カ国外相会議の後、共産陣営を含む対日講和――全面講和――ではなく、自由陣営だけでの対日講和――多数講和――を促進すべきだという声が高まった。

1　米軍駐留と国内配慮

一九四九年秋に対日講和の雰囲気が醸成される中で、講和および安全保障の問題は、日本社会の分裂を生むこととなり、政治決断を要する重大問題となった。その決断を行う立場にあったのは、前年一〇月に政権に返り咲いていた吉田茂である。当時、国民の間では、四年以上におよぶ米国の占領や、大量の倒産と失業を引き起こした米国主導の緊縮財政に対する不満が高まっており、それにともない、労働争議の激化や怪事件の頻発など、不安定な社会状況も生じていた。それゆえ、吉田政権の主要課題は講和独立の推進におかれた。吉田は、早期実現が可能な多数講和を推進し、講和後の安全保障は日本本土に常駐する米軍に委ねるという方向で意思を固めていたようだが、四九年秋から翌春まで、講和問題については明確な姿勢を示さなかった。

そこには、敗戦国の政府が講和問題について論じることは戦勝国の反感を招きかねないという対外的な配慮とともに、国内の政治状況への配慮があった。当時の日本社会は、全面講和と多数講和をめぐって分裂していた。そして、全面講和を唱える諸勢力は保革を問わず、概して中立を支持するとともに、米軍の日本駐留や在日基地の継続に反対していた。特に強く反対したのは革新勢力であり、社会党や知識人たちは、安全保障の代替策として、日本の「非武装中立」を前提とした国連による保障を唱えた。基地反対の論拠は多様かつ入り組んでいたが、主たるものとして、憲法九条の非軍事化の方針と矛盾する、米ソの対立や戦争に「巻きこまれる」原因になる、日本の独立や威信を損なう、などが看取できる。(38)

首相兼外相である吉田の政治決断が示されない中、四九年一一月には外務省内で、占領に対する国民の不満が高まっているため講和の早期実現が不可欠という考慮に基づき、(39)それが可能な多数講和を前提とする「平和条約関係作業」が始まった。(40)その中核的役割を担ったのは、条約局長の西村熊雄である。この作業では、日本の安全保障を「実質的には米国に依存する」という方針が再浮上した。「実質的には」という文言が付されているのは、芦田書簡のような日米二国間の防衛条約に基づく方式ではなく、米国をはじめとする締結国が「日本の独立並びに領土及び行政の保全」を尊重し、日本に対する「外部からの侵略を防止排除するための措置」を講じることを講和条約に明記する方式――「講和・防衛条約」方式――が想定されていたことによる。しかし、作業を総括する幹部会の審議において、侵略防止・排除の措置は講和条約とは別の協定に規定すべきだという意見が示されたように、省内がこの方式で一致していたわけではない。(41)審議の後、この方式に加え、保障占領、駐軍協定、防衛条約などの方式の利害得失について比較検討が行われたが、結論は出ずじまいだった。(42)

「外部からの侵略を防止排除するための措置」の具体策として想定された米軍の駐留をめぐっても、外務省の見解は一致しなかった。作業の過程では、①本土における駐留を認める、②周辺島嶼（沖縄と小笠原など）における駐留のみを認める、③領域内の駐留は認めない、という立場が示された。省内では、①の本土駐留を認める意見は少数派であり、②と③の駐留に消極的な意見が多数派であった。その背景には、「国家の体面」や「国民の自尊心」といったナショナル・プライドへの顧慮、非軍事化を規定した「平和主義の憲法」との整合性、そして「戦争に巻き込まれることを回避」したいという「国民の願望」――中立志向――の尊重などの対内的な配慮が存在した[43]。かくして、作成された報告書は、米軍駐留を極力回避し、それが不可能であれば本土駐留を回避して周辺島嶼のみの駐留を認め、それでもやむを得ず本土駐留が行われる場合には駐留の場所や期間を限定するという、それぞれの立場を盛り込んだ折衷案を採用した。結局外務省では、「米国に依存する」こと以上の方針は決まらなかったのである。

そうした中、吉田が動いた。吉田は五〇年春、日本本土における米軍の常時駐留を受け入れる意思を米国側に伝えたのである。四月、吉田はGHQ外交局員に対し、「日本は、自らの軍事力を保有しないがゆえ、保護してもらうために米国に依存せざるを得ない」と論じた。そして吉田は、講和後の日本の安全を維持するために必要だと米国が考える協定の締結に応じるという旨を伝えた[44]。吉田の意向がより明確に米国側に伝えられたのは、同月末から翌月のことだった。吉田は、腹心である池田勇人大蔵大臣を訪米させ、「日本及びアジア地域の安全を保障するため」の米軍駐留を「オファするような持ち出し方を研究してもよろしい」と米国政府に伝えたのである。周知のとおり、このタイミングで米軍駐留の提案を持ち出した吉田の思惑は、米軍駐留が保障されない限り講和に同意しないという立場をとっていた米軍部を満足させて講和を促進することにあった。吉田は、これによって占領に不満を募らせていた国民を満足させ、社会情勢の不安定化を抑えるとともに、六月に迫った参議院選挙において自らが率いる自由党の議席を増やすことができる、と考えたのだった[45]。

しかし、米軍駐留の受け入れが講和を促し、国内政治上の利益につながるとしても、それ自体が国内社会からの反発を招くのは想像に難くない。外務事務当局は、吉田が動いた五月には、保障占領以外の方法であれば米国が「日本に軍事基地を保有すること」は「日本にとって結構だ」と論じ始めたが、この点を考慮して二つの国内対策を講じていた。一つは、米軍の駐留に可能な限り多くの制約を課すことで、日本のナショナル・プライドや社会の中立志向に最大限配慮することだった。そうした制約に含まれていたのは、駐留地の限定(可能な限り本土を避けて周辺島嶼に限ること、本土の基地が必要な場合でも最少に留めること)、駐留期間の最短化、駐留経費の米国負担、駐留軍特権の限定と事前の明確化などであった。

もう一つの国内対策は、米軍の日本駐留は憲法の理念と一致するという論理を組み立てることで、これを理想とする国民感情への配慮を示すことである。前述のように、日本国内では、基地の提供は非軍事化を謳った憲法九条と矛盾するという議論が強まっていた。これに対応するため、外務事務当局は次のように論じた。米軍の駐留や基地は「日本の対外安全の保障」のみならず「西太平洋地域の全般的安全保障」にも貢献し、ひいては憲法で日本が希求するとされた「正義と秩序を基調とする国際平和」の確立に寄与する。そのため、これらは「日本の憲法にもとるところがないばかりでなく、かえって、わが憲法の精神を生かす」と。五月末、西村は、以上の内容を盛り込んだ文書を吉田に提出した(46)。

しかしながら、吉田が米軍駐留に伴う国内からの反発に注意を払っていた形跡は見当たらない。むしろ吉田には、米軍駐留に反対する左右両勢力の議論や世論一般の感情を、戦後国際政治の趨勢である「共同防衛体制」の一環として米軍を積極的に受け入れている西欧の国際水準からかけ離れた「時代遅れ」なものだと一蹴する傾向があった。物質的利益を最重視する吉田には、ナショナリズムや独立心など、国内諸勢力が価値をおく抽象的観念を具体化させる必要性は感じられなかったのである(47)。米軍駐留と憲法の関係についても、吉田にとっては、合憲という形式さえ整っていれば十分で、精神や理念の次元にまで踏み込む必要はなかった(48)。それゆえ吉田は、国内配慮を重視する外務事務当局の議論を「論拠明了を欠く」と切り捨て、「再調再検討を要す」として文書を西村に差し戻した。[49] 米軍駐留を決断した吉田が、国内政治上の得点や配慮以上に重視していたのは、国家の安全という死活的国益だった。

2 米軍駐留と安全保障

なぜ、日本政府は米軍の本土駐留の受け入れを決めたのか。この問題を三つの問題に分解すると、日本政府の考えがより体系的に理解しやすくなる。すなわち、なぜ他国との提携を求めたのか、なぜ米国との提携を選択したのか、そしてなぜ米軍の駐留を受け入れたのかという問題である。これらには、吉田およびその周囲を固めた人物たちの安全保障上の洞察が強く作用しており、国内配慮に腐心していた外務省も、基本的にはその考えを共有していた。

まず、日本政府が他国との提携、より正確には他国による保護を求めた理由は、日本が中立を選択するのは不可能だと考えられたことにあった。吉田は次のように論じる。第一に、敗戦によって武装解除された日本には、「中立を守るに足るだけの武力」がない。再軍備をしようにも、社会の反戦・反軍感情、経済の疲弊、周辺国の懸念など、国内外に多くの障害がある。加えて、再軍備によって、経済不況と社会不安が起こって日本が政治的に不安定化する可能性や、旧軍人が復権して日本が再度軍国主義化する可能性も捨て去ることはできない。また、再軍備となれば、非軍事化を規定した憲法の改正も俎上に載ろうが、日本社会で反戦・反軍感情が生じた状況で改憲を持ち出せば、「内閣潰れる」。将来的には再軍備は可能かつ望ましいが、少なくとも当面は困難である。米ソ間の全面戦争や他国による軍事侵攻のような脅威が差し迫っているわけではないため、日本が再軍備の先送りすることにも一理ある。[50]

第二に、日本にとっては、非武装型の中立も困難である。日本は、差し迫った脅威に直面しているわけではないものの、ソ連、中国、北朝鮮という共産国家に限らず、領土に関する主張が日本と対立している韓国や台湾を含めて、「北から南西にかけて武力の脅威に囲まれている」。それゆえ日本は、中立を「守り得る地理的位置」にない。国連は「非武装中立」国家に対する武力侵攻を排除する役割も担っているが、米ソ対立という現実の前では、その機能が発揮されるか不確実である。以上二点に鑑み、吉田は、「強力なる第三国」による「直接の保護」以外には、日本の安全を保障する手段はないと考えるに至ったのである。(51) 既述のとおり、外務省もすでに一九四七年の時点で同様の考えにたどり着いており、その後国連による安全保障へと回帰したものの、四九年末には米国による保護の必要性を再認識するようになっていた。(52)

では、なぜ日本政府は、保護を求める相手として米国を選択したのか。その要因として、占領からの慣性以外に、国際システムにおける米国の優位が挙げられる。日本を保護する「強力なる第三国」として吉田が思い描いていたのは、「強大な武力を有する米国」だった。吉田には、対外貿易を必要とする海洋国家日本は、「経済的に最も豊か」で「技術的にも一番進んで」おり、同じく海洋国家である米国との紐帯を保持する必要があるという計算もあった。(53) 四九年末の作業において、外務省は米国との提携を意味する多数講和を前提としていたが、その背景には、これによって中ソとの戦争状態が残り、両国による対日不可侵の約束や日本の国連加盟が実現不可能となっても、「米国の支援をもってしても対処できない程の〔…中略…〕危険はな」いという判断があった。(54) それゆえ外務省は、「明に米国陣営に入り、米軍の駐兵によって保護される」ことを甘受したのである。米国の優位に加えて、吉田が、戦前・戦中のソ連による同盟条約反故の影響で対ソ不信を抱き、また戦後のソ連による東欧諸国の衛星国化と抑圧を注視していたことも、日本政府にソ連ではなく米国からの保護を選択させる一因となっていた。なお、その裏返しとして吉田は、米国は日本を含む西側諸国を植民地化・衛星国化しようとしていないと確信していた。(55)

最後に、なぜ日本政府は、平時には米軍が本土外の周辺島嶼にいる有事駐留ではなく、本土常時駐留の受け入れを決断したのか。そこには、米軍部の要望を満たして講和を促進することで国民感情を満足させるという国内政治上の思惑とともに、米国による保護をより確実なものとするという安全保障上の必要性も作用していた。五〇年六月に官房長官に着任する岡崎勝男をはじめ吉田の周囲を固めた人物の間では、二つの必要性が考慮されていた。[56]一つは、米国による日本防衛の確実化である。吉田の周辺には、有事駐留では、日本有事と並行して他の地域で有事が発生した場合に、米国が「米軍をそっちのほうに向けるという可能性」があり、「はっきり日本の防衛が期待できない」という不安があった。それゆえ、「国内に米軍がおれば非常に心強い」という観点から、本土常時駐留が構想されたのだった。もう一つは、第三国に対する抑止の信憑性の向上である。吉田の周辺には、「米軍が国内におれば、米国と戦争する覚悟でなければ、日本に出てこられないぞということをあらかじめ世界に示して、その侵略の意図を挫く」こともできるという判断があった。これに対し、有事駐留では、日本に対する脅迫や侵攻を「米軍に挑戦するものだとはなかなか言いにくい」と考えられた。このように、米軍の本土常時駐留には、防衛の確実性を高めるとともに、抑止効果を強化するという目的が込められていたのである。

その背景には、四九年から翌年にかけて、東アジアの冷戦が激化する中で、米国の同地域への関与を不安視させるような言動が相次いだことがあった。四九年二月には、「日本は戦略上必要がないという日本放棄論」だと日本人に認識させた「ロイヤル発言」があった。翌年一月には、事実上の「台湾放棄」を宣言した大統領声明が発表されており、日本は米国が台湾を守るのかどうか「相当懐疑的」になっていた。さらに、日本では、韓国に「もし万が一のことがあれば、アメリカはこれを捨てるのではないかという疑念」も生じていた。[57]ここには、四九年から在韓米軍が撤退を開始していた上に、翌年一月の「アチソン演説」で示された米国の不後退防衛線の中に朝鮮半島が含まれていなかったことが影響していよう。こうした状況で、米国が日本防衛に関与しない可能性や、第三国がそのように認識して日本に脅迫・侵攻する可能性が危惧されたがゆえに、日本政府は本土常時駐留を選択したのである。

四　防衛条約の作成――一九五〇―一九五一年

一九五〇年六月、朝鮮戦争の勃発に対し、国連安保理は、折からソ連が欠席していたこともあり、北朝鮮に対する非難決議を採択するとともに、非加盟国である韓国の防衛のために国連軍を結成・派遣した。冷戦が熱戦化する中で対日講和が延期される可能性もあったが、米国政府は九月、対日講和推進の大統領命令が下ったと発表した。これを受け、外務省は西村条約局長を中心に、対米交渉の準備作業を開始する。翌年一月に開かれる第一次交渉の直前まで続けられたこの作業は、AからDまでの四つに細分化された。この過程では、吉田の招集した政治・経済問題と軍事問題のブレーン・グループが外務省の作成した文書を審議・検討し、その結果を受けて外務省が文書を改定・新規作成するという手順がとられた。一〇月四日、講和関連の四文書からなるA作業が完成し、米軍駐留の問題は、講和後の安全保障の手段として検討された[58]。翌五日には、吉田およびその政治経済ブレーンが、外務省の作成した文書について討議した[59]。

この会合の結果、二国間防衛条約の草案が作成されることになる。席上、吉田は、「日本の安全を完全に保障する」ような「日本からみて理想的な安全保障取極」あるいは「安全保障の完全な取極」を考案しておく必要があるとして、米国との交渉に備えて条約形式の文書を作成するよう西村に指示した。これに従い、外務省は一〇月一一日、A作業をもとに「安全保障に関する日米条約」とその説明書からなるB作業を完成させた[60]。この条約案の中核は、米国が「軍備を有しない日本国の安全を確保する責」を担い、日本に対する侵略の排除に必要な「一切の措置」をとるという形で米国の対日防衛義務を明記したこと、および、そのために「アメリカ合衆国の兵力が日本国領域内に常駐することに、両国は同意する」と米軍駐留を認めたことにある。

前述のように、吉田の周辺で米国による保護が不安視されていたことに鑑みれば、「安全保障の完全な取極」

の作成を指示した吉田の念頭に、その確実性や信憑性を高めるという考えが存在したとしても不思議でない。実際、一〇月二四日に行われた吉田の軍事ブレーンの会合では、吉田と近い関係にあった辰巳栄一や、吉田とともに幣原内閣に入閣したことのある下村定は、次のように論じている。社会の「精神的非武装化」をはじめ、日本の非軍事化は堅固であり、日本自らの本格的な再軍備は不可能である。そのため、もし将来日本の再軍備が緒についたとしても、「サッと米国軍が引き揚げてしもう《ママ》」ようなことがあっては「日本の安全は心配である」。だが、「引くとなるとあっさり引く」というのが「米国の国民性」であり、さらに米国は「欧州第一主義だから欧州の情勢が悪化するといつ極東兵力を欧州に移すことがないとも限らぬ」。それゆえ、日本としては、「米国の軍事的援助を日本にひきつけておくよう留意しなければならない。いいかえれば、米国が一方的に撤兵することがないように条約でしばる必要がある」(61)。米国の防衛公約には、駐留米軍の日本防衛への関与をより確実なものとすることが期待されていたのである。論理的には、それが確実になったと第三国が認識すれば、抑止効果も高まる。

しかしながら、外務省によるA・B作業の「根本基調」は、安全保障上の深慮ではなく、「国民感情の尊重」にあった。外務省は、具体策として次の三点を講じた。第一に、二国間防衛条約を講和条約と別個にすることである。これは、四九年末の作業で浮上した「講和・防衛条約」方式案が捨て去られたことを意味していたが、そこには、両者を別個にすることで、米軍の駐留は「戦勝国が敗戦国に強制」したものだという印象に基づく反米感情が広まるのを防止できるという判断があった。第二に、駐留米軍に対する制約を設けることである。A・B作業では、五〇年五月の文書とほぼ同様、駐留地の限定（都市部の回避）、駐留期間の最短化、駐留経費の米国負担、駐留軍特権の限定と事前の明確化などの制約を課すことが構想されていた。条約案には、外務大臣と駐日大使を筆頭とした常設委員会を設置する条項が盛り込まれたが、これは先の諸制約の詳細について協議するための場と想定されていた。外務省は、これらによって駐留軍と占領軍の差異を明確にし、前者が「国民の反感を激発する」のを抑えようとしたのである。

第三に、防衛条約と国連の関係を明確にすることである。具体的にはまず、条約自体が国連と関連づけられ、日米は、日本の安全確保を米国に依頼するという国連決議に基づいて条約を締結する、あるいはそれが不可能な場合には、条約締結後に国連総会でそれを承認させるという方法が提示された。また、米国の対日防衛公約も国連と結びつけられ、条約案は、米国が「軍備を有しない日本国の安全を確保する責に任ずる」のは「国際連合のため」であり、米国は「国際連合が日本に対する侵略行為の存在を決定したとき」に、侵略の排除に必要な「一切の措置」をとるという文言を含んでいた。確かに、ここには、国連が行動するまでの間に各国が個別的・集団的自衛権を行使することを認めた「憲章五一条の適用を妨げるものではない」という但し書きが付され、外務省は実質的にはこれが「最も重要な役割を果たす」と論じていた。しかし、この但し書きに対しても省内の反発があったことに示されるように、外務省の主眼は、米国が軍を駐留させて日本を保護するのは国連の要請によるものだという論理を前面に出すことにあった。

防衛条約を国連と結びつけるという方針は、それまでの検討には見られなかったものである。これは、朝鮮戦争において国連が非加盟国である韓国のために「有効適切な措置」をとったことに「深く感銘」し、日本の「安全は国際連合によって確保されなければならない」という点に帰一するに至った国民感情への配慮から生じていた。加えて、外務省は、国連との結びつきが明確になれば、米軍の駐留が非軍事化を規定した憲法に違反するかどうかに関する「憲法論も避けられる」と考えていた。この点からすれば、国連との結びつきという論理は、吉田に「論拠明了を欠く」と切り捨てられた、米軍駐留が憲法の理念と一致するという五月の文書で示された論理の代案として捻出されたものと考えられる。安保条約を国連と連結させるという方針は、朝鮮戦争勃発後に国連を再評価するようになった外務省の理想の産物である以上に、日本の非軍事化と国連による安全保障を支持する国内社会への配慮の産物だった。

国内配慮を前面に押し出した外務省の構想は、吉田とそのブレーンの批判に直面することになる。特に、吉田はA作業に対し、「野党の口吻の如し」「無用の議論一顧の値無し」という痛烈な批判を加えた。吉田が具体的にどの部分をそう捉えたのかは不明だが、一〇月五日と二四日のブレーン会合でのやりとり、および外務省の解釈から推察する限り、この批判は、次の二点に向けられていたと考えられる。一つは、外務省が駐留米軍に可能な限り多くの制約をかけようとしていることである。政治経済ブレーンは、A作業の内容は「虫がよすぎる」と評し、米国が「日本を防衛してくれるからには日本はもっと積極的に犠牲を払うべきである」と主張した。また、軍事ブレーンは米国による保護に不安を抱いていたが、それをより確実にするためにも、「条約上日本が米国に与える利益を大きくしておかねばならぬ」と論じていた。吉田のブレーンは（おそらく吉田自身も）、米国による保護を確実化するためには日本から相応の見返りを提供する必要があるという観点に基づき、「国民感情の尊重」に偏った外務省案を批判したのである。

批判の対象となったもう一つの点は、防衛条約と国連の関係の緊密化である。西村は後に、この点が「社会党のようなことをいうな」という吉田の批判を招いたと回想している[62]。米国による保護の確実化を重視する吉田とその周辺にとっては、防衛条約、特に米国の防衛公約を、安全保障面で機能を果たすとは思えない国連と強く結びつけることは、適切な方策ではなかっただろう。そして外務省は、吉田の意を汲みとろうとしながら取り組んだ五〇年一二月から翌年一月にかけてのD作業において、条約の締結を国連の決議や承認と関連づけるという方針を捨てるとともに、米国の防衛公約と国連の関係を薄めた。すなわち、米国が「日本国の安全を確保する責に任ずる」のは「国際連合のため」という論理の代わりに、米国がそうするのは「日本の平和と安全が太平洋地域とくに合衆国の平和と安全と不可分の関係にある」からだという集団的自衛権に基づく論理が前面に出されたのである。D作業は吉田の同意を得ることになり、一月から二月にかけての日米交渉において、日本側はその一部を構成する条約案を提示した[63]。

おわりに

本章の考察から、米ソ協調から米ソ冷戦への変化、国際システムにおける米国優位の持続、そして米国の不関与と米軍撤退の可能性という三つの国際環境の影響で、日本政府が、米国の対日防衛義務と日本の対米基地提供を明文化した安保条約を追求していたことが明らかになった。第二次世界大戦後の数年間は、米ソ協調を基軸とするヤルタ体制から米ソ対立を中核とする冷戦体制への転換期だった。ヤルタ体制において、大国間政治に関与し得ない小国になることが想定された日本は、非軍事化を主旨とする憲法九条の制定により、自前の軍事力という安全保障の手段を喪失した。そうした中で日本政府が模索したのは、国連やその代理の地域機構による安全保障だった。しかし、一九四七年には冷戦体制が顕在化する。そこでは、米ソの拒否権によって国連が機能不全に陥るため、日本政府は、防衛条約に基づいて他国から保護を受けることを考慮し始めた。米ソ協調から米ソ冷戦への変化が、日本の安全保障の手段として同盟を浮上させたのである。

同盟を考慮するようになった日本政府は、自国を保護する国として米国を選択する。そこには、国際システムにおける米国の優位という、戦前・戦中から持続し、終戦によって一層明確となった国際環境が影響していた。論理的には、日本がソ連をはじめとする共産圏との提携を選択する可能性も存在した。だが、日本政府は、より強大な国力を有する米国と提携する方が、日本の利益に適うと判断したのである。日本政府には、ソ連よりも米国の方が相対的に信用でき、同盟国に対しても穏当だという認識もあった。そして、米国との提携を選んだ日本政府は、その保護を受ける具体的方式として、米軍駐留と防衛条約を選択した。そこには、東アジアにおける米国の不関与と米軍の撤退という、実際には生じなかったが、生じる可能性のあった国際環境が影響していた。これらの事態を不安視した日本政府は、本土への米軍駐留と米国の日本防衛義務を明文化した安保条約によって、その現実化を予防しようとしたのである。

しかし同時に、当時の日本社会には、外国軍の駐留や特定国との同盟に対する反感が存在した。その背景には、ナショナル・プライドや、憲法九条に基づく非軍事化、国連による安全保障、そして中立を是とする感情や理念があった。それゆえ、日本政府内には、米軍の本土駐留を有事に限定することや、安保条約と憲法および国連の結びつきを明確にすることによって、国内からの反発を最小限にとどめようとする構想も存在した。だが最終的に、首相である吉田が、国内政治上の配慮よりも対外安全保障上の必要性を優先させた結果、日本側の条約案には、米軍の本土常時駐留と、国連や憲法との関係を薄めて直に表現された米国の防衛公約が盛られることになる。この点で、国内社会の意に反してでも、抽象的理念よりも物質的利益を優先するという吉田の個性は、重要な意味を持っていた。

以上からは、日米同盟が「冷戦同盟」か否かという論点が浮かび上がる。従来、日米同盟の基礎をなす安保条約の形成原因として、米ソ冷戦の開始、より具体的にはソ連をはじめとする共産圏の脅威という要因が強調される傾向が強かった。しかし、本章の検討から明らかになったように、日本政府は、憲法九条によって自立的な軍事力を喪失した日本の安全を確保するために、優越した地位にある米国からの保護を受け、それをより確実なものとする方策として、安保条約を選択していた。冷戦体制の出現は、日本政府に、大国間の不和が存在すれば国連は機能不全に陥ることを認識させるきっかけになっていたが、それ以上の役割を果たしていたわけではない。そうであれば、日本政府にとって、日米同盟は、共産圏に対抗するための同盟という面よりも、優勢な国力を誇る米国からの保護を享受するための同盟という面が強いことになる。

こうして、憲法九条と日米安保条約を柱とする「九条・安保体制」が成立した。その後、一九六〇年代をつうじて日本が国力をつけると、米国から「安保ただ乗り」の批判や負担分担の要求が生まれることになる。同時に、米国は相対的な国力を低下させていき、米国が日本を含む同盟国に提供する安全の信頼性も低下した。日本がこれらに対応しようとするなかで、七〇年代以降、日米同盟における日本の役割は拡大していく。それは、表向きは米国からの「外圧」への反応という形をとることもあったが、よりマクロにみれば、日本の国力と国際環境の変化におうじて日本の役割が拡大したものと捉えられる。しかし、その拡大傾向には、つねに収縮の力学も働いていた。その一因は、護憲や自衛隊違憲、安保反対を唱える政治社会勢力の影響にあったが、戦後憲法それ自体も安全保障面における日本の役割拡大を抑制してきた。本章が明らかにしたとおり、そもそも安保条約を要請した日本側の論理の中核にあったのは、憲法によって自立的な軍隊を保持できないことを前提にした上で、日本の安全をどう確保するかという発想であった。これはまさに「九条・安保体制」下での安全保障論であり、米国の要請に完全には応えられず、国際環境要因にも直接的には対応できないという収縮の論理は、占領期に「九条・安保体制」に内在化されることになったのである。

（1）　安保条約の基本的な性格や問題点については、西村熊雄『サンフランシスコ平和条約・日米安保条約』（中央公論新社、一九九九年）、四五―五八頁を参照。

（2）　『平和条約の締結に関する調書III』付録二七。この調書の各巻は『日本外交文書　平和条約の締結に関する調書』として公刊されており、「日本外交文書デジタルアーカイブ」のウェブサイトで閲覧できる。この調書については以下、『調書X』の要領で略記し、頁表記については原著のものを用いる（付録は原著と公刊版で共通）。

（3）　本来であれば、本章の主題である「安保条約の起源」を解明するには、日米双方の構想と行動を明らかにし、両者をつき合わせた検証が必要となる。しかし、本章では、本書全体のテーマに鑑み、日本側に焦点を絞った叙述と分析を行う。

（4）　安保条約の形成に関する日本側の動向を検討した代表的な実証研究として、以下を参照。阪口規純「戦後日本の安全保障構想と国連」『国際公共政策研究』第三巻第一号（一九九八年一〇月）。坂元一哉『日米同盟の絆』有斐閣、二〇〇〇年。柴山太『日本再軍備への道』ミネルヴァ書房、二〇一〇年。楠綾子『吉田茂と安全保障政策の形成』ミネルヴァ書房、二〇〇九年。田中明彦『安全保障』読売新聞社、一九九七年。豊下楢彦『安保条約の成立』岩波新書、一九九六年。中西寛「吉田・ダレス会談再考」『法学論集』第一四〇巻第一・二号（一九九六年）。同「講和に向けた吉田茂の安全保障構想」伊藤之雄・川田稔編『環太平洋の国際秩序の模索と日本』山川出版社、一九九九年。三浦陽一『吉田茂とサンフランシスコ講和』大月書店、一九九六年。

渡辺昭夫「講和問題と日本の選択」渡辺昭夫・宮里政玄編『サンフランシスコ講和』東京大学出版会、一九八六年。
（5）ヤルタ体制から冷戦体制への変遷については、入江昭『日米戦争』（中央公論社、一九七八年）を参照。
（6）米国の優位を重視してその冷戦政策を検討した研究として、Melvyn P. Leffler, *A Preponderance of Power: National Security, the Truman Administration, and the Cold War* (Stanford: Stanford University Press, 1993) を参照。
（7）このことは、米ソ冷戦の最前線だった欧州にさえも当てはまる（Hubert Zimmerman, "The Improbable Permanence of a Commitment: America's Troop Presence in Europe during the Cold War," *Journal of Cold War Studies*, Vol. 11, No. 1 (Winter 2009), pp. 3–27）。
（8）本章では、「安全保障」を対外安全保障・国家安全保障の意で用いる。国内安全保障（治安）については、日本政府は一貫して、自国の警察力によって対処することを想定しており、安保条約と駐留米軍に依存することはなるべく避けようとしていた。
（9）ヤルタ体制における日本の位置づけについては、添谷芳秀『日本外交と中国　１９４５〜１９７２』（慶應義塾大学出版会、一九九五年）第一章を参照。
（10）一九四五年から四七年にかけての外務省の安全保障構想に関する詳細かつ体系的な研究として、楠『吉田茂と安全保障の形成』、一三六—一四八頁、坂口「戦後日本の安全保障構想と国連」、六七—七五頁、および渡辺「講和問題と日本の選択」、一九—二八、三一—三五頁を参照。本節の議論はこれらを踏襲している。
（11）『日本外交文書　サンフランシスコ平和条約　準備対策』外務省、二〇〇六年、文書五、二〇（以下、『日本外交文書』文書Xの要領で略記）。
（12）田中『安全保障』、二八—三〇頁。
（13）『日本外交文書』文書二四。ここでは、各国による戦争放棄の国内法化と朝鮮半島の安全保障に関する国際制度を希求することも推奨された。
（14）「平和条約締結に関する（一）問題の所在と（二）日本の立場」一九四七年六月五日（外務省外交史料館、第七回外交記録公開、リール B'0008、第一巻〔以下、B'0008/1 の要領で略記〕）。
（15）条約局条約課「国際連合による安全保障の限界」一九四六年一一月（東京大学経済学図書館所蔵）。
（16）「平和条約締結に関する（一）問題の所在と（二）日本の立場」。『日本外交文書』文書四一、四二。
（17）「衆議院帝国憲法改正案委員会第五回」一九四六年七月四日。
（18）『日本外交文書』文書四二。

(19) 中北浩爾『経済復興と戦後政治』東京大学出版会、一九九八年、二七〇―二七二頁。
(20)『日本外交文書』文書五〇、五一、五三。
(21) 同右、文書二六、六一。条約課「国際連合による安全保障の限界」。
(22)『日本外交文書』文書三八。
(23) 同右、文書五一。進藤栄一編『芦田均日記　第二巻』岩波書店、一九八五年、一三頁。
(24) 三戸英治「芦田均の外交安全保障論」『六甲台論集（法学政治学編）』第五二巻第一号（二〇〇五年七月）、一〇―一二頁。矢嶋光「戦中期芦田均における普遍主義的国際政治観（一）」『阪大法学』六二巻五号（二〇一三年一月）、一四〇〇―一四〇一頁。
(25) 条約局法規課「平和条約問題研究資料（試案第一次案）」一九四六年二月二二日（B'0008/1）。
(26) 矢嶋光「戦中期芦田均における普遍主義的国際政治観（二・完）」『阪大法学』第六二巻六号（二〇一三年三月）、一七四八―一七五二頁。
(27) 芦田書簡に関連する記述は、特に注がない限り、『日本外交文書』文書六一による。
(28) 芦田書簡は、同盟以外の安全保障の方策として、米国による保障占領も挙げており、副次的な結果として、それが日本に対する「侵略の保障となることは疑いない」と論じていた。だが、外務省はこの頃、ナショナル・プライドへの配慮から、保障占領に否定的な見解を示していた（『日本外交文書』文書五二）。この点を含め、芦田書簡に内在するナショナル・プライドについては、植田麻記子「占領初期における芦田均の国際情勢認識」『国際政治』一五一号（二〇〇八年三月）、六三、六五―六六頁を参照。
(29) この点については、波多野澄雄・佐藤晋「アジア・モデルとしての『吉田ドクトリン』」『軍事史学』第三九巻第四号（二〇〇四年三月）、六頁も参照。
(30) 西村『サンフランシスコ平和条約』二〇五―二〇七頁。マイケル・ヨシツ（宮里政玄・草野厚訳）『日本が独立した日』講談社、一九八四年、三六―三八頁。
(31) Martin E. Weinstein, *Japan's Postwar Defense Policy, 1947–1968*, New York: Columbia University Press, 1971, p. 31.
(32)『日本外交文書』文書六四、六六。
(33) 進藤編『芦田日記　二』、二八七頁。
(34) 芦田均「自衛武装論」『ダイヤモンド』第三九巻四号（一九五一年二月一日）、三八七頁。

(35) 進藤編『芦田日記　二』、一四頁。西村『サンフランシスコ平和条約』、二〇五頁。
(36) 『日本外交文書』文書六六、六七。条約局条約課「戦後日本の安全保障形態（中間報告）」一九四七年一〇月二五日（B'0008/3）。なお、事務当局は、米軍駐留は「非軍事化の条項に矛盾」するとして、ソ連が「強硬な反対を唱えることが予想される」という問題点も指摘していた。
(37) 『日本外交文書』文書七六。Ministry of Foreign Affairs, "General Observation of the Japanese Government on the Forthcoming Peace Treaty," June 1949（B'0008/5）.
(38) 講和と米軍駐留をめぐる国内論争については、中北『経済復興と戦後政治』、二七三—二八二頁、三浦『吉田茂とサンフランシスコ講和』（上）、一四六—一六二頁を参照。
(39) 「マジョリティ・ピースの利害得失及び日本のとるべき方針」一九四九年一一月二六日、「平和条約に対する一般的見解（案）」一九四九年一二月五日（B'0008/5）。
(40) この作業に関する記述は、特に脚注がない限り、『日本外交文書』文書八七、八九、九一を参照。
(41) 「安全保障の為の各種条約方式とその利害得失」一九四九年一二月二七日（B'0010/6）。
(42) 後述する一九五〇年五月の文書でも、条約方式は定まっていなかった（『日本外交文書』文書九六）。
(43) 別の理由として、ソ連からの非難を最小限にとどめて将来的な全面講和の可能性を残しておくという思惑もあったが、これは、それを主張する国内勢力への配慮と捉えることもできる。
(44) *FRUS*, 1950, vol. VI, pp. 1166–1167.
(45) 宮澤喜一『東京・ワシントンの密談』中公文庫、一九九九年、四〇—四一、五三—五七頁。楠『吉田茂と安全保障政策の形成』一七七—一七八頁。*FRUS*, 1950, vol. VI, pp. 1194–1198.
(46) 「平和条約に関する基本的立場」一九五〇年五月三一日（B'0008/6）。『日本外交文書』文書九六。
(47) 吉田茂『回想十年（改版）』中公文庫、二〇一四－一五年、（上）二一三、（下）一五〇—一五二頁。高坂正堯『宰相　吉田茂』中央公論新社、二〇〇一年、八三—八九頁。
(48) 宮澤『東京・ワシントンの密談』、五五—五六頁。*FRUS*, 1950, vol. VI, pp. 1194–1198.
(49) 「平和条約に関する基本的立場」。『日本外交文書』文書九六。
(50) 吉田『回想十年』（上）四一、（中）四四—四五、三三五、三五八頁。辰巳栄一「吉田茂の再軍備計画」『歴史通』第一三号

（二〇一一年七月）、一七五頁。吉田は、後述するD作業以降、再軍備に関する考えを政府内で明確にした（『調書III』、七一―七九、二九九―三〇六、三〇六―三一〇頁、『調書IV』、一〇―一一、一三―二六、一一三―一二〇、一三五―一四四頁）。

(51) 吉田『回想十年』（中）三三一、三三五、（下）一五三―一五四頁。

(52)『日本外交文書』文書七九。「マジョリティ・ピースの利害得失及び日本のとるべき方針」一九四九年一一月二六日（B'0008/5）。「マジョリティ・ピースにおける安全保障に関する基本方針案（改定版）」。「平和条約に関する基本的立場」。

(53) 吉田『回想十年』（上）四〇、（中）三三六、（下）一三四頁。吉田茂『大磯随想・世界と日本』中公文庫、二〇一五年、一六五頁。

(54)「マジョリティ・ピースの利害得失及び日本のとるべき方針」。『日本外交文書』文書七九。

(55) 吉田『回想十年』（下）、一三九―一四〇頁。吉田『大磯随想』、三〇、二二三頁。*FRUS*, 1950, vol. VI, pp. 1166–1167.

(56)『調書III』付録八。憲法調査会編『憲法調査会第三〇回総会議事録』大蔵省印刷局、一九五九年、六―八頁。この点については、波多野・佐藤「アジア・モデルとしての『吉田ドクトリン』」、七―八頁も参照。

(57) 宮澤『東京・ワシントンの密談』五六頁。

(58) 以下、A作業については、『調書III』九―一八頁、付録一を参照。

(59) 以下、一〇月五日の政治経済ブレーン会合については、『調書III』、一八―二〇頁、付録五を参照。

(60) 以下、B作業については、『調書III』、二〇―二三頁、付録六、七を参照。

(61) 以下、一〇月二四日の軍事ブレーン会合については、『調書III』、二三―二九頁、付録八を参照。

(62) 西村熊雄「吉田茂・三つのエピソード」『日本』（一九五九年一一月）、七五頁。

(63) D作業については、『調書III』、七一―七九頁、付録二七、二八を、条約案の提出については、『調書IV』、三一―三六頁、付録一〇を参照。

第四章

池田政権の対共産圏外交――ソ連・中国と「非冷戦化」の模索

鈴木　宏尚

はじめに

本章は、池田勇人政権（一九六〇―六四年）の対ソ連・対中国（中華人民共和国）外交を検討するものである。池田政権期の日本外交は、同政権が国民所得倍増計画を掲げて経済成長を中心的な政治課題に据えたため、その経済的側面が注目されてきた。そして外交における経済、あるいは「経済外交」(1)という観点から生じる二つの潮流に沿って研究が進められてきた。第一に、貿易拡大や輸出市場の獲得を目指す「経済（成長）のための外交」という面から、米国や西欧諸国に対する外交に関する研究である。(2)第二に、経済援助による政治的目的の追求など「経済による外交」という面から、韓国や東南アジアに対する外交の研究である。(3)要するに池田政権期の日本外交についての研究は、対先進国外交と対途上国外交を中心に進められてきたと整理できるだろう。(4)

本章が対象とする共産圏諸国についても、対中国外交については、豊富な研究の蓄積がある。ただし、それはあくまでも対「中国」外交であって、対「共産圏」外交(5)という視点ではない。しかも共産圏の盟主ソ連に対する日本外交の研究は、一九五六年の国交回復に関するものを除いて、一次資料を用いた本格的なそれはほとんどない。しかし、米国と安全保障条約を結び、冷戦において自由主義陣営に組み込まれた日本は、反共外交を展開していたともいえ、[6]このことに鑑みれば、日本の対共産圏外交を検討しておくことは重要性を持つ。そこで本章では、対ソ連外交と対中国外交を比較しつつも対共産圏外交という総合的な視角を設定する。

さて、池田政権期の日本外交においては「経済」が注目されてきたということはすでに述べたが、中国、ソ連との関係を見ても同様である。ソ連との間では一九六二年に戦後初めての大型経済使節団がモスクワに派遣され、六一年と六四年には商業・対外貿易部門を担当し「赤いセールスマン」と呼ばれたミコヤン（Anastas Mikoyan）ソ連第一副首相が来日した。特に六四年の来日の際には日本企業との大型契約が多数結ばれ、「ミコヤン・ブーム」とまでいわれた。

他方で、そもそも正式な国交のなかった中国とは民間貿易が重要な役割を果たしていた。日本は一九五二年に台湾（中華民国、国府）と日華平和条約を結び、台湾を「中国」の正統政府として承認する一方で、中華人民共和国とは民間貿易によって関係を維持していた。しかし、一九五八年の長崎国旗事件をきっかけに日中貿易は断絶し、しかも中国共産党は岸信介政権による安保改定を激しく批判していた。だが、池田政権期になると日中貿易は再開され、六二年には準政府間協定ともいわれたLT貿易協定が結ばれ、拡大していく。要するに池田政権期にはソ連、中国双方と経済関係が進展する。池田政権の対共産圏外交は「拡大」の様相を見せるのである。

しかしながら、国内外の諸条件から見れば、池田政権期の対共産圏外交はむしろ「収縮」の局面にあった。第一に冷戦という国際環境の制約である。一九四〇年代後半にヨーロッパで始まった冷戦が、一九五〇年には朝鮮戦争によってアジアに拡大する。朝鮮戦争では米中対立が決定的となり、東アジアの国際政治は米ソ冷戦とともに米中冷戦によっても規定されるようになった。また、中ソの間には五〇年二月、中ソ友好同盟相互援助条約が結ばれており、中ソは一枚岩であると認識されていた。ここに米国対中国・ソ連という東アジアの大国間関係の構造が成立するのである。日本はこの構図の下、米国と安全保障条約を結び米国側＝自由主義陣営に与することとなり、日ソ関係、日中関係はその時々の米ソ関係、米中関係のあり方に大きく制約されるようになる。

第二に国内的制約である。国際的な冷戦は国内政治に投影され、保守対革新の対立と連関を持っていた。いわゆる国内冷戦である。(7) 日米関係を基軸とする保守政権に対して、革新勢力は、中立あるいは共産主義諸国への接近を志向した。そして、革新勢力には一定の国民の支持があった。つまり、保守政権は対米基軸、自由主義陣営の一員の立場を明確にする一方で、国内にはそれに対する革新勢力の反発が存在した。このような国内政治状況は日本外交がとりうる選択の幅を制約した。対共産圏外交の推進は、その革新勢力への影響が懸念されるとともに、自由主義陣営の一員たる立場との両立が困難であった。

以上のような冷戦という国際環境から生じる戦後日本外交に対する制約は、そもそも池田政権に限ったことではない。しかし、とりわけ池田政権期にはそれが大きかったと考えられる。岸政権の安保改定は、激しい反対運動=安保闘争を引き起こし、日本は米国をはじめとした自由主義陣営諸国から中立化の懸念を抱かれ、国内的には深刻な政治分裂を抱えることとなる。そのような状況で発足した池田政権は、所得倍増計画を掲げ経済成長によって国内分裂を収拾しつつ、米国をはじめとした自由主義陣営諸国との協調を最優先する外交を進めた。(8) つまり、池田外交の基本路線は、①自由主義陣営の一員の地位の確立、②経済成長、③国内融和であったといえ、対共産圏外交は周辺的な課題にならざるを得なかったのである。

以上をまとめれば、池田政権の対共産圏外交は、「収縮」の局面にあったにもかかわらず「拡大」を見せたということになろう。この「収縮」の中での「拡大」はどのように説明できるだろうか。

また、池田政権期は国際政治構造が変動する時期でもあった。一九六二年一〇月に生じたキューバ・ミサイル危機をきっかけに中ソ対立が激化・公然化する一方、米ソ関係は緊張緩和に進む。つまり、米国対中国・ソ連という対立構図が米国・ソ連対中国とのそれに変わっていくのである。この国際環境の変化は、日本の対共産圏外交にいかなる影響を与えたのだろうか。

以上の問題意識に基づき、本章は次のような構成をとって議論を進めていく。まず第一節では、一九六〇年の安保闘争とそれに対する中ソの干渉を確認しつつ、池田政権の外交路線のなかに共産圏諸国を位置づける。

第二節では、池田政権発足後のソ連、中国との経済関係の進展を検討する。大型経済使節団・河合ミッションのソ連への派遣、中国とのLT貿易協定の締結という中ソとの経済的接近を象徴する一九六二年の出来事を中心として、比較考察を試みる。

第三節では、キューバ危機をきっかけとした中ソ対立の激化・公然化と米ソ緊張緩和といった国際環境の変容を前提として、一九六四年前後の日ソ経済協力の進展と日中貿易の停滞を検討する。六四年、ミコヤンの二度目の訪日によって日ソ経済関係がいっそうの進展を見せる一方、日中貿易はプラント輸出における日本輸出入銀行(輸銀)の融資が停止されるといった事態となる。国際環境の変容はこのような相違にいかなる影響を与えていたのかを分析する。

そして最後にそれまでの考察を踏まえて、池田政権期の対共産圏外交の特質を抽出したい。結論を先取りすれば、池田政権の対共産圏外交は「政経分離」による「経済外交」を中心に展開された。これはいいかえれば、非政治的な領域における国益を表面上は非政治的な方法で追求することによって、最も冷戦に関わる対共産圏外交を「非冷戦化」するという高度に政治的な試みであり、いわば「非冷戦外交」として理解できよう。そして対共産圏外交の「収縮」の局面での「拡大」は、「非冷戦外交」によってもたらされたのである。

一　池田政権と共産圏

1　安保改定とソ連・中国(9)

池田政権の外交政策は、前岸政権の安保改定の帰結に大きく制約された。したがって、ここでは安保改定・安保闘争とそれへの中ソの干渉を振り返っておきたい。

一九五七年二月に成立した岸内閣の最大の政治課題は、日米安全保障条約の改定であった。五一年に調印された日米安保条約（旧安保条約）には、米国による日本の防衛義務が明記されておらず、また、日本における大規模の内乱および騒擾《じょう》を鎮圧するために日本国政府の明示の要請に応じて米軍を使用できるとする、いわゆる内乱条項が存在するといった片務性があった。岸はこれを是正し、安保条約をより対等なものにすることを目指した。[11]

しかし、安保改定は、国会の内外に激しい反対運動を引き起こしてしまう。そのきっかけは、一九五八年一〇月に突如として提出され結局は廃案になった警察官職務執行法（警職法）改正案であった。警察官の職務権限を強化する改正法案は、戦前の国家主義への回帰の懸念を国民に喚起し、激しい反対運動を招いた。[12]同法案は五八年一一月、審議未了で廃案になったものの、警職法反対運動は安保改定反対運動につながっていく。

安保改定は、日本と米国との軍事的な関係を強化し、日本が米国の戦争に巻き込まれるのではないかという不安を国民にもたらしてしまう。そこには日本が米国に従属しているという意識から生じる反米ナショナリズムも存在した。また、元A級戦犯であり、警職法改正で戦前への回帰の姿勢を見せた岸が推進する安保改定は、国民に危険なイメージを抱かせた。一九六〇年五月一九日、国会の内外で反対運動が盛り上がるなか、岸は改定安保条約（新安保条約）の自由民主党による単独採決を強行した。そして強行採決という岸の強引な政治手法が、安保改定反対運動をいっそう高揚させた。

安保改定は日本と自由主義陣営の盟主である米国との関係のあり方を規定するものであり、対外的には国際冷戦への日本の関わり方を問うものであった。そしてそれゆえ、米国と対立する共産主義陣営のソ連や中国もこれに干渉してきた。[13]

中国政府は、警職法改正反対運動を機に岸政権の批判を開始し、安保条約の解消を求めた。[14]中国政府は日本社会党を取り込み、一九五九年三月には、訪中した浅沼稲次郎・日本社会党書記長が、北京の政治協商会議大礼堂で「アメリカ帝国主義は日中人民共同の敵」であると発言した。[15]中国はこの「浅沼発言」を契機として岸批判、安保改定批判をさらに強め、一九六〇年五月九日には天安門広場で安保闘争を支援する一〇〇万人集会が開かれた。(16) 中国は、安保闘争が親米的な岸政権に打撃を与え、それがひいては「アメリカ帝国主義」を突き崩すことを期待した。すなわち中国は、安保改定反対運動を中国自身の反米闘争に利用しようとしたのである。(17)

他方、ソ連政府は新安保条約調印後の一九六〇年一月二七日、日本政府に対して激しい抗議を行った。グロムイコ(Andrei A. Gromyko)・ソ連外相は、門脇季光駐ソ連大使に対して、極東の平和を阻害する安保改定は黙認できないとの覚書を手渡した。(18) 二月二四日、ソ連は再び対日覚書を出し、新安保条約が、ソ連や中国および他のアジア諸国に向けられたものであり、「この地域の情勢を紛糾せしめ、国際緊張除去への道に、新たな障害をつくりだすものである」と批判した。(19) さらに四月二二日には第三次対日覚書を出し、日ソ共同宣言で約束した平和条約締結後の北方領土二島返還について、日本領土からの全外国軍隊の撤退を条件として付け加えた。(20) ここでの「全外国軍隊の撤退」とはすなわち米軍の撤退を意味しており、ソ連は北方領土問題を梃子に日米離間をはかろうとしたのである。

以上のようにソ連と中国は、日米関係を軍事的に強化しうる安保改定に強く反発し、さらに日本国内の安保反対派に働きかけることによって日米関係に楔を打ち込もうとしたのであった。

一九六〇年六月一〇日には、来日が予定されていたアイゼンハワー(Dwight D. Eisenhower)米大統領に先んじて訪日した大統領報道官ハガティ(James Hergarty)が羽田で反対派に取り囲まれるという事件(ハガティ事件)が起こり、一五日、国会前でのデモ隊と機動隊の衝突で死者を出し、アイゼンハワーの訪日が中止になるという事態となる。結局、岸は新安保条約成立後、一連の騒動の責任をとる形で退陣した。米国をはじめとした自由主義陣営諸国は、安保闘争を見て、日本が中立化してしまうのではないかという懸念を抱いた。

2 池田外交の基本路線と共産圏

岸の退陣後、自由民主党総裁は池田勇人となった。池田政権は一九六〇年七月一九日に成立した。池田政権が直面したのは、安保闘争による国内の政治的分裂と自由主義陣営諸国からの信用の失墜であった。

池田は「寛容と忍耐」「低姿勢」を掲げ、所得倍増を打ち出し、政治から経済への「チェンジ・オブ・ペース」をはかった。池田はまず国内に政治的な分裂を招きそうな日米安保と憲法九条の問題を棚上げし、「経済のことはこの池田にお任せください(21)」と国民の目を経済に向けさせた。自民党は一九六〇年九月に発表した新政策で所得倍増を掲げ、一二月、国民所得倍増計画が閣議決定された。池田政権は高度成長のムードを作り出し世相を大きく転換させたのである。

外交についていては、池田は、首相就任早々日本が中立政策をとらないことを明言し、自由主義陣営から信頼され、共産圏諸国から畏敬されるように外交を進めていくことを表明した(22)。池田政権は、米国をはじめとした自由主義陣営諸国からの国際信用を回復することを優先課題として掲げたのであった。ただし、池田は岸政権の通産相時代に「日本が米国を引っぱって共産圏諸国との友好関係を進めるべきである(23)」とも述べていた。そして共産圏諸国のなかで池田が重視したのは、ソ連よりもむしろ中国であった(24)。つまり池田自身は自由主義陣営の一員という前提の下で共産圏諸国との関係改善に意欲的であり、必ずしもイデオロギー的な反共姿勢をとっていたわけではなかった。

以上のことから、池田外交の基本路線は、①自由主義陣営の一員の地位の確立、②経済成長のための国際環境の整備、そして③国内融和であったと概括できる。この中に共産圏諸国はどう位置づけられるだろうか。

対共産圏外交は①と③に抵触する。自由主義陣営の一員として国際信用を回復するということと共産圏諸国との関係改善は両立し難かった。米国が、日本の中立化や共産圏への接近を懸念していたし、さらに、共産圏との関係改善は国内の左翼勢力を伸張させるとともに右翼勢力の反発を招き、国内の政治的分裂を再燃させる可能性もあったからだ。特に日本政府が警戒していたのはソ連や中国が日本国内の左翼勢力へ与える影響、いわば間接侵略であった。たとえば、一九六一年六月の池田訪米の際の準備資料には次のように記されている。そこでは、ソ連は「日米の離間、米軍事基地の撤廃、政府と国民の疎隔を画策するという従来の態度を持続」し、日本国内の「反米勢力の育成強化」を策し、「いわゆる安保反対勢力の他、保守派の一部をも含む対ソ貿易拡大論者、北洋漁業の関係者、更にはソ連との文化、技術交流を要望する分子等」に攻勢をしかけると分析されていた。そして、その上で日本の対ソ政策の基本政策は、領土問題をめぐって「殊更にソ連と事をかまえることは、現実的な態度とはいえ」ず、「隣接する大国としてのソ連との間に貿易の増進等可能な範囲で友好善隣関係を維持することが望ましく、徒らにこれを刺戟ないし挑発することなく、冷静に両国の関係を調整してゆくべきである」とされた。特に日米安保条約は「日本防衛体制の根幹」であり、それに亀裂を入れようとするソ連の策動や、「内政干渉、宣伝、撹乱工作等のおそれある動き」は、断固これを排除すべきであるとされた。そして、「左翼勢力がソ連に乗ずるすきを与えないように国内体制を強化、整備し」、「ソ連をしていやしくも日本組みし易しという錯覚を起こさしめぬことに努めるとともに、国内世論をも常にその線に沿って指導してゆくべきものと考」えられたのである。[25]

他方、中国についてはやや様相は異なる。こうした間接侵略への日本政府の懸念はあったものの、日本国民にはその歴史的経緯から中国に対して親近感を持つものが多くあり、日中関係の打開を望む国民的ムードがあった。日本政府の基本方針は、自由主義陣営の一員として台湾との外交関係を維持しつつ米国と協調しながら、最終的には国交正常化を目指し、「政治的性格を有しない」友好関係を増進していくというものであった。[26] 中国との関係においては、米中対立の制約とともに台湾との関係のそれも大きかったのである。

以上を要するに、自由主義陣営の一員の地位を確立することを最優先課題とした池田政権にとって、積極的に対共産圏外交を進めるのは困難であり、また、対共産圏外交の推進は国内の政治的分裂に影響するおそれもあった。つまり、安保闘争後の国内外の制約のなかで、対共産圏外交は「収縮」の局面にあったといえよう。そのような状況下、池田政権の対共産圏外交の基本路線は、国内の左翼勢力の伸長を抑えつつ、同政権が掲げる「所得倍増」のために可能な範囲、いいかえれば自由主義陣営の一員という枠内で貿易等の経済関係は進展させていくというものとなるのである。

二　日ソ・日中経済関係の進展――一九六二年

1　大型経済使節団・河合ミッションのソ連への派遣

日ソ国交回復後、日ソ関係は領土問題ではなく、むしろ漁業や貿易など実務的な関係を中心に推移した。[27]安保改定をめぐって日ソが対立の色を強めていた時期にさえ三カ年貿易協定が調印され、日ソ貿易は拡大していった。日ソ間には「政経分離」の原則がむしろ中国よりも貫徹していたといえよう。池田政権発足後もソ連は引き続き領土問題を梃子に日米離間を試みるが、経済関係は進展していく。

一九六一年八月、東京でソ連見本市が開催され、ソ連共産党ナンバー2であるミコヤン第一副首相が訪日する。[28]ミコヤンは池田と会談し、フルシチョフ（Nikita S. Khrushchev）・ソ連首相の書簡を池田に手渡した。フルシチョフは書簡において、日米軍事同盟が日ソ友好を妨げ、外国軍隊の一掃が日ソ両国の善隣関係を増進させると説き、[29]引き続き領土問題を持ち出して日本を米国から引き離そうとした。

その後も、領土問題と日米安保に関してフルシチョフと池田は書簡を往復した。池田は、フルシチョフをして「外国にも吉田［茂］さんと同じような手紙好きの男がいるものだな」とあきれていたという。[30]しかし、徐々に領土問題は日ソ間の話題としては後退していき、[31]代わって浮上するのが「経済協力」[32]である。こうしたソ連の変化には次の三つの理由があった。[33]第一にソ連の経済的苦境である。この頃ソ連では成長率の低下が見られ、技術支援やクレジットを得るために日本など先進工業国との貿易拡大を必要とした。第二にシベリア開発である。ソ連が日本と共同してシベリア開発を行うという経済戦略はちょうどフルシチョフ期に始まった。[34]そして第三に中ソ対立である。[35] 一九五六年のフルシチョフのスターリン批判を契機に中ソ関係はイデオロギーや安全保障政策をめぐって対立を深め、中ソ同盟は六〇年には実質的に破綻していた。[36]

一九六二年八月、訪ソ大型経済使節団が派遣される。河合良成・小松製作所社長を団長としたこのミッションは「ボリショイ・ミッション」(大きなミッション)と呼ばれた。[37] ソ連に対する経済使節団の派遣について、日本国際貿易促進協会会長の山本熊一と日ソ東欧貿易会会長の北村徳太郎の間で、それぞれ同種の計画が別個に進められていた。その後高碕達之助が仲介に出てこの計画を一本化した。高碕は漁業代表として訪ソ中にソ連側と連絡した結果、ソ連側からは前連邦商業会議所の名で視察団を受け入れることに同意する旨の回答があった。[38] 高碕は後にも見るように日中貿易にも尽力した政治家・実業家であったが、社会主義国との貿易を考える際に、その国のイデオロギーではなく地理的にどれだけ近いかを問題とし、中国であれソ連であれ、日本と近いのであれば積極的に経済的交流を図るべきだとする考えを持っていた。[39] こうして使節団が結成されたが、これは外務省いわく「純然たる民間の企画によるもの」であった。[40] 使節団はモスクワでミコヤンやフルシチョフといったソ連政府要人と会談し、[41] 訪ソ中に九六〇〇万ドルの船舶の輸出契約とサハリン木材の八カ年長期輸入契約を締結した。[42]

ただし、河合ミッションは財界の「一部、先進的な有志」[43] によるものであり、財界主流派・経済団体連合会(経団連)は消極的であった。[44] 経団連はミッションの帰国後ではあるが、経団連としては「河合ミッションには関知しない」との声明を発表している。[45] 財界主流派が消極的だったのは、米国に配慮していたからであった。実際、一九六〇年代初頭、出光興産のソ連石油輸入に対する外資系石油会社からのいやがらせがあり、それは六一年末、米国防省が出光興産からのジェット燃料の買付けを停止するという事態にまで至っていた。[46]

以上のように河合ミッション派遣は、あくまでも民間主導、いいかえれば「政経分離」で行われたものである。しかしながら、民間、財界の傍流といえども、大型経済ミッションの派遣は日ソの接近とも見ることができ、日本政府は米国がこのミッションをどう見るかについて気にしていた。小坂善太郎外相は、一九六二年五月三一日、河合ミッションについてライシャワー（Edwin O. Reischauer）駐日米国大使と会談している。小坂は、「民間の大物ミッション」の訪ソに対しての米国内の世論や経済界の反響についてライシャワーの見解を求めた。ライシャワーは、「米側に若干の不満はあるかも知れぬが、それほどシリアスな反響はないものと想像する」と答えたものの、パイプラインのような「戦略的にソ連を強化するような開発」にクレジットを出すことについては当然大きな反響を呼び起こすであろうと警鐘を鳴らすことも忘れなかった。(47) そしてむしろ「問題となるのは中共向け延払の件である」と述べた。(48) 延払いは事実上の援助になるからである。また小坂は、河合ミッションについてワシントンの意見を問い合わせてくれるようライシャワーに依頼した。

六月一二日、小坂とライシャワーは再度会談した。ライシャワーは、河合ミッションについてのワシントンの意見を小坂に伝えた。米国政府としては日本が「送油管の敷設について積極的な対ソ援助をするというような対ソ経済政策の大きな変更」をしようということでないかぎり干渉しないが、日本政府が河合ミッションに「祝福を与える」ことには問題があるとした。(49)

以上の小坂とライシャワーのやりとりから二つのことが指摘できる。第一に、日本政府は河合ミッションの「民間性」を強調していたこと、第二に、米国政府は、日本がソ連と経済関係を深めるよりも、中国とそれを深めることを問題視していたということ、第三に、日本とソ連の経済関係の進展は、あくまでも民間ということであれば米国は許容できるということである。

河合は帰国後の九月一〇日、ライシャワーと会談している。ライシャワーは河合に対して、共産圏との貿易に頼りすぎたり、国内に共産圏諸国との貿易への過大な期待感を生み出したりすることの危険性を伝えた。(50)

一九六二年末には、北大西洋条約機構（NATO）と米国による日本の対ソ大径鋼管輸出の差し止めもあり、(51) 日ソの経済的接近は、当然ではあるが米国の許容する範囲で行われたといえよう。

2　日中LT貿易協定の締結[52]

一九五八年の長崎国旗事件以来、日中貿易は断絶し、また前節に見たように安保闘争の際には、中国は激しい岸批判を行い日本に対する対決姿勢を見せた。しかし、池田政権が発足すると、友好貿易というかたちで日中貿易が再開される。友好貿易とは、中国側が友好商社として指定した商社とのみ貿易を行うというものであった。日中貿易の再開に際して最初に動きを見せたのは中国政府であった。一九六〇年八月に訪中した日中貿易促進会専務理事・鈴木一雄が周恩来と会談した際、周は日中貿易再開の条件としていわゆる「貿易三原則」を提案した[53]。「貿易三原則」は、貿易をはじめとする日中間の諸協定は「政府間協定」を原則としつつも、日本政府がこれに応じられない場合は、「民間契約」と「個別配慮」による民間貿易を可能にするというものであった[54]。

このような中国の対日政策変更の背景には、中ソ対立と大躍進政策の失敗があった[55]。一九五九年半ばには、ソ連は、中国に原子爆弾のサンプル提供を約束した一九五七年の国防新技術協定を一方的に破棄し、一九六〇年七月には中国に派遣していた技術者の引き揚げを始めた。こうした中ソ対立の進展および大躍進政策の失敗は中国経済に打撃を与え、農業、工業生産の再建のための対外資源の確保が急務となったのである[56]。友好貿易における中国政府の狙いは、対日貿易を通じて経済界から取り込みを図り、日本側に「政経不可分」を受け入れさせるよう圧力を加えることにあった[57]。

友好貿易のもとで日中貿易は進展したが、池田政権は友好貿易における中国の政治的影響力に懸念を抱くようになる[58]。中国側が指定する「友好商社」のなかには日本共産党と密接な関係を持つ企業もあったし[59]、中国側が「政経不可分」原則の下で日中貿易に参画する業者を選定することは、日中貿易における日本側の主導権の喪失を意味したからである[60]。こうして池田政権は新たな日中貿易のあり方を模索するようになる。

日中貿易体制の見直しは一九六一年前半から始まり、六二年八月、ようやく新たな構想が岡崎嘉平太の案（岡崎構想）で固まった。岡崎構想は、日中貿易の調整業務を業界単位の企業グループが担うことによってより中国側が受け入れやすい貿易形態を提示しようとするものであった。六二年九月、松村謙三が岡崎構想を携えて訪中した。松村は周恩来と会談し、周は岡崎構想を受け入れた[61]。

続いて一〇月二六日、高碕達之助が訪中し、一一月九日、高碕と廖承志によって「日中総合貿易に関する覚書」が調印された。この貿易協定は廖と高碕の頭文字をとってLT貿易協定と呼ばれた。LT貿易協定の締結によって、日本側からは鋼材、化学肥料、農薬、プラントを輸出し、中国側より石炭、鉄鉱石、大豆などを輸入する長期総合貿易が実施されることになり[62]、日中貿易は大いに進展することとなる。

LT貿易協定が締結される過程で、米国は日中接近に懸念を示した。ベトナムへの介入を進めるケネディ(John F. Kennedy)政権は、東南アジアへの中国の影響力の拡大を警戒していたのである[63]。池田首相は、米国の対日懸念を緩和しようとし、宮澤喜一経済企画庁長官を通じて、ライシャワー大使に対して米国は日中貿易の見通しについて過度に心配すべきではないとの伝言を送った。池田政権は、米国側に日中貿易の本格的拡大や、中国政府への政治的接近の意図を持たないことを伝え、米国の懸念を払拭しようとしたのである[64]。

こうしてLT貿易協定の締結によって、日中経済関係は進展を見たが、それは対米配慮のもとに自由主義陣営の一員という立場と整合性を持ち、中国の政治的介入の色彩が濃い友好貿易から、それを排除し、日中貿易を政府の統制下に置くという政治的意図を含んでいたのである。

3 「政経分離」による「経済外交」

以上の一九六二年前後の日ソ、日中の経済関係の進展に大きな影響を及ぼしたのは、財界の意向であった。ソ連に対しては石油、石炭といった天然資源やシベリア開発といった魅力があり、また中国に対してはその歴史的経緯から親近感を抱く財界人もいた[65]。だが、この時期に中ソとの経済関係を進展させることを希望した企業の経営者たちは、総じて中国とソ連を市場として重視していたといってよい。一九五五年から始まった日本の高度成長は余剰生産を生み出し、市場の必要性が高まっていたが、米国は国際収支の悪化のためドル防衛政策をとり保護主義的になっており、東南アジアは発展途上で市場としてあまり期待できなかった。さらに西欧諸国は欧州経済共同体（ＥＥＣ）を結成し、域外製品を差別し内向きの姿勢を見せていた。このような状況で中国やソ連は輸出市場として魅力的に映ったのである。(66)こうした海外市場の追求は、所得倍増計画を推進する上での、「経済外交」のあり方とも合致していた。(67)つまり日本と中ソとの経済関係の進展は、経済成長を目的とする「経済外交」の一部分を成していた。中ソとの経済関係の拡大の結果、日本の輸出に占める共産圏向けの割合は、六四年には五・八％になり、ＥＥＣ向けの五・五％を上回った。(68)

そして、民間主導による経済関係の進展すなわち「政経分離」が共産圏との経済関係の進展を欧米諸国、特に米国に受け入れさせる論理であったことはいうまでもないだろう。特に自由主義陣営からの国際信用の回復を目指していた池田政権はこれを強調したといえよう。小坂が河合ミッションを「あくまでも民間によるもの」としてライシャワーに対して強調し、またＬＴ貿易について池田が宮澤を通じて政治的接近の意図はないことを米国側に伝えていたのはすでに見た通りである。日本政府は、米国からの干渉をかわすことによって、ソ連・中国との経済関係の拡大を下支えしていたのである。

他方で、「政経分離」は、対中貿易に秘められていた政治的意図を隠す機能を果たしていた。池田は六億人を擁する隣国との関係を正常なものにしたいと考えていたし、また中ソ対立の状況下で貿易によって中国を西側に引き寄せることによる中ソ離間を構想していた。(69)

以上のように池田政権は政治＝政府間関係と経済関係を分離し、民間経済関係を政府が下支えする形でソ連・中国との関係を進展させた。それは池田政権の掲げる所得倍増にも沿うものであった。ソ連と中国に対する「政経分離」による「経済外交」は、対共産圏外交を非政治化する、いわば「非冷戦外交」の試みであったといえよう。

また、この時期すなわち政権前半期の日ソ・日中の経済関係の進展は、中ソ対立を背景として中国、ソ連双方からのアプローチによってもたらされた。中ソ双方から望まれた日本はいわゆるスイング・ポジションにあったといえるが、必ずしも日本はその状況を利用して自ら有利にことを進めたわけではない。むしろ日本は、中ソ双方からのアプローチに対して受け身的に対応していた。国内外の制約によって日本政府の動ける範囲は限られていたし、またすでに中ソ対立は認識されていたが、この時点では中ソの決定的な決裂はないと思われていた(70)ためであろう。

三　日ソ経済協力の進展と日中貿易の停滞——一九六四年

1　キューバ危機後の国際環境の変化

河合ミッション派遣からおよそ二カ月後の一九六二年一〇月、ソ連がキューバに中距離核ミサイル基地を建設しているのを米国の偵察機が発見し、キューバ・ミサイル危機が勃発する。米ソ全面核戦争一歩手前という状況となったが、ソ連がキューバから核ミサイル基地を撤去するというかたちで危機は収束した。このキューバ危機をきっかけに中ソ対立の深刻さが認識されていく。

中国共産党は、キューバ危機におけるソ連の対応を「投降主義におちいった」として激しく非難し、フルシチョフはこれに激怒した(71)。ソ連もまた一九六二年一二月のソ連最高会議や、一一月から一二月にかけてのブルガリア、ハンガリー、イタリアなどの共産党大会で中国を批判した(72)。ここに至って中ソ対立は公然化することとなる。さらに六三年以後、五九年の中ソ国防協定の破棄やソ連の技術者引き揚げが明るみに出(73)、世界は中ソ対立の深刻さを認識するようになる。キューバ危機直後の一九六二年一一月頃には、外務省は「当分の間は中ソ関係は和解でも決裂でもない釈然としない状態が続くであろうが、長い目で見れば両者の対立が深化することは充分考えられる[74]」として、中ソの決裂についてまだ半信半疑であったが、六三年になると「基本的な問題についての中ソ離隔は甚だしいので容易に妥結する見通しはない[75]」として、中ソ対立の深刻さをより認識するようになっていく。

中ソ対立の激化と対照的にキューバ危機を機に米ソは緊張緩和に進み、一九六三年には部分的核実験禁止条約（PTBT）が米英ソによって調印された。こうして第二次世界大戦後の東アジアの国際政治を規定していた米国対中国・ソ連という大国間の対立構図は、米国・ソ連対中国のそれに変わっていくのである。このような米ソ緊張緩和と中ソ対立の激化・公然化という国際環境の変化は、日本の対共産圏外交にいかなる影響を与えたのだろうか[76]。

2　ミコヤン・ブーム――日ソ経済協力の進展

中ソ対立と米ソ緊張緩和は日ソ経済関係のさらなる進展をもたらした。一九六四年五月、国会の招待によりソ連最高会議議員訪問団が来日し、その団長としてミコヤン第一副首相が二度目の訪日を果たす[77]。訪問団の団長としてミコヤンが来日することが外務省に伝えられたのは、来日の約二週間前の五月一日であった[78]。このような急な来日決定は、同月、南漢宸を団長とする中国経済友好団の訪日を見てのものであるとの観測もあり、中ソによる日本獲得競争の観を呈していた[79]。

ミコヤンは池田首相、大平正芳外相、財界要人と会談して親善ムードを盛り上げ、特に経済界では「ミコヤン・ブーム」「ミコヤン旋風」といわれるほどであった。前回のミコヤン訪日や河合ミッションでは「我関せずとそっぽを向いて[80]」慎重的だった財界主流派も、今回は対ソ経済交流に積極的な態度を示した。これまで対ソ貿易では表面に出たことがなかった三井、三菱、住友の財閥系三グループが競ってミコヤンとの歓迎懇談会を組織し[81]、さらに五月二五日には経団連と日本商工会議所（日商）が歓迎昼食会を開催した[82]。そして日ソ双方が日ソ貿易の拡大を提案し、尿素製造設備や合成アンモニア工場等の大型契約が結ばれた。このように財界主流派の態度が一八〇度転換したのは、米ソ関係が対決から緊張緩和に急展開したことによる。[83] また、財界には、中ソ関係が悪化しつつあるので米国としても日本の対ソ接近をある程度黙認するのではないかとの期待もあったという。[84] 国際環境の変動が財界に影響を及ぼしたのである。

五月一四日、ミコヤンは池田と会談した。会談自体は儀礼的なものであったが、ミコヤンはフルシチョフの書簡を手渡した。今回のフルシチョフの書簡は「日ソ両国の関係は好ましい方向に発展しているが、これを更に発展させる可能性がある」と述べ、「池田総理の都合のよい時期に、公式或いは非公式にソ連を訪問されたい」として池田の訪ソを歓迎する意向を公式に表明するなど友好的、前向きのものであった。[85] 同日、ミコヤンは大平外相とも会談した。大平はミコヤンに対して、天候をたとえに出して日本とソ連の近接性を示した。ミコヤンはこれに対して、ソ連は天候を支配することはできないが、「政治的な天候なら支配するように大いに努力しましょう」と述べ、[86] 友好的な態度を示した。

日本政府も以上のようなソ連の対日態度の変化を感じ、その背景に米ソ接近ムードと中ソ対立の激化という国際環境の変化と、日本の経済力を利用しようとする意図があると見ていた。[87] しかしながら、ソ連からの熱心なアプローチに対して、池田は必ずしも積極的に応じたわけではなかった。結局ミコヤン来訪によって、領土問題や日ソ航空連絡問題など「期待された具体的な懸案の解決は特に見られなかった」。[88] すでにこの時期、中ソ対立は決定的であり、池田は中国への刺戟を避けるべく、ソ連のアプローチに対して慎重に対応したのである。[89]

池田政権期の日本外交において、対中国外交と対ソ連外交は必ずしも有機的に結びつけられていたとはいい難い。池田自身は対中外交に力を入れる一方、ソ連に対しては消極的であったし、政権前半期は中ソ対立の深刻さは外務省にも認識されていなかった。しかし、この時期になると日本が中ソ対立に巻き込まれる懸念が生じ、池田政権は中ソ等距離的な姿勢をとるようになる。すなわち、ここに逆説的に対中外交と対ソ外交の有機的連関が生まれたといえよう。池田政権の中ソ等距離的な姿勢は、中ソ対立に巻き込まれることを回避した、いわば池田政権期の「全方位外交」[90]であった。

3　プラント輸出への輸銀融資問題――日中貿易の停滞

日ソ経済関係がさらなる進展を見せたのと対照的に、LT貿易協定の締結をピークとして、日中経済関係は停滞に向かう。中国との関係に影響を与えたのは、キューバ危機後の中ソ対立と米ソ協調といった大国間関係の変化よりも、むしろ台湾の反発とそれに連動した日本の国内政治であった。

LT貿易協定による倉敷レーヨンのビニロンプラントの中国への輸出とそれへの日本輸出入銀行（輸銀）の融資に対して、台湾は強く反発した。一九六三年六月三〇日、ビニロンプラントの輸出契約が調印され、八月二〇日、池田政権は輸銀の融資による延払い輸出を承認した。池田は、日中貿易が中国を西側に引きつける政治的手段になり得ると考えていた[91]。これに対して国府は素早く反応し、八月二二日に駐日大使が大平外相に対し抗議を伝え、同日蔣介石が吉田茂に抗議の電報を宛てた[92]。しかし、池田は国府の要求を拒絶した。こうして中国への輸銀融資が外交問題化していくなか、一〇月七日、当時中国油圧式機械訪日団の通訳として来日していた周鴻慶がソ連大使館に駆け込んだ（周鴻慶事件）。周は台湾への亡命を希望したが、その後中国に帰るといいだし、結局日本政府は周を中国に帰す決定を下した[93]。池田は、輸銀融資問題についても周鴻慶事件についても台湾に対して冷淡な対応をとった。周鴻慶事件によって国府はますます日本に対する態度を硬化させ、外交官の召喚、政府買付けの停止といった措置に出、さらには対日断交も辞さない姿勢を見せた[94]。

こうした台湾との緊張の高まりは、自民党内新台湾派の動きを活発化させた。一九六四年に入り、池田は、日台関係の悪化が七月に控えた総裁選へもたらす悪影響を懸念し始めた[95]。池田は状況を打開するため二月、吉田に訪台を要請した。吉田は蔣介石との会談で延払いに不賛成であると述べ、それ以後、台湾の対日姿勢は急速に緩和した[96]。しかし、その後も池田政権は輸銀融資による大日本紡績のビニロンプラント輸出に意欲を見せ、再び台湾の態度を硬化させた。最終的に輸銀融資問題は「本年中には、日本輸出入銀行を通ずる大日本紡のビニロンプラントの対中輸出を認める考えはない」との六四年五月七日付吉田書簡によって決着することとなる。[97] 池田自身は、輸銀融資による対中輸出を認めないのは「本年中」すなわち一九六四年度中であり、その翌年度以降は再び輸銀による融資を承認するつもりであった。[98] 池田は一定程度の対中貿易の拡大には積極的であり、台湾の抗議は行き過ぎであると感じていた。[99] しかし、その後池田は病に倒れ、後を継いだ佐藤栄作政権は輸銀による融資を認めなかった。[100] こうして台湾の反発と日台間系の悪化が日本の国内政治へもたらした影響によって、日中貿易は停滞することとなった。ここに対中外交の「非冷戦化」の限界があったのである。

その後一九六五年に米国の北爆開始によってベトナム戦争が本格化し、日中関係に対する米中対立の制約はさらに厳しくなる。さらに六六年、中国で文化大革命が始まるなかで日中関係は悪化していく。他方で、ソ連との経済交流はいっそう進み、一九六五年六月には富士製鉄社長・永野重雄を団長とする日本鉄鋼代表団が、同年八月には経団連副会長・植村甲午郎を団長とした政府派遣の経済使節団が訪ソし、日ソ経済委員会が設置されるに至る。米国・ソ連対中国という構図の中で、日本はソ連寄りになっていくのである。

おわりに

これまでの検討から、本章では池田政権の対共産圏外交を「非冷戦外交」として意義づけたい。

池田政権の対ソ・対中外交は主に「政経分離」による「経済外交」によって展開された。貿易拡大や投資、資源確保、また国交のない中国については経済関係そのものの保持といった中長期的な国益が、財界を中心とした民間主導で追求され、日本政府はそれを下支えした。そして、対共産圏外交がこのようなかたちになったのには冷戦という構造的な要因があった。特に安保闘争後、自由主義陣営の一員としての国際的地位を回復し、国内の融和と安定を優先しなければならなかった池田政権にとって、対外的にも国内的にも冷戦の構造的制約は大きかった。冷戦下で自由主義陣営の一員としての地位の確立を目指す日本が、ソ連との領土問題の解決、中国との国交正常化といった戦略的な外交を行うことは著しく困難であった。対共産圏外交は「収縮」の局面にあったのである。だが、池田政権は中ソとの経済関係を推進し、「拡大」した。そして、それは対共産圏外交を「非冷戦化」すること、すなわち経済という非政治的な領域における中長期的な国益を、「政経分離」という表面上は非政治的な方法によって追求することで可能となったのである。池田政権の対共産圏外交は、米国の同盟国としてともに冷戦を戦うというよりは、むしろ冷戦という制約の間隙を縫って「非冷戦化」しながら国益を追求するというものであった。とするならば、冷戦は、日本外交の「対象」としてではなく、日本外交を制約する「構造」あるいは「所与条件」として存在したといえよう。

むろん、このような「非冷戦外交としての対共産圏外交」という構図が、池田政権に特有のものなのか、戦後全体、少なくとも冷戦期の日本外交に共通したものなのかは検討の余地があろう。また、日本外交にとって冷戦とは何だったのかを再考する必要もあろう。これらのやや大きな問題は以後の課題としたい。

（1）「経済外交」というコトバの多義性については、山本満『日本の経済外交―その軌跡と転回点』日経新書、一九七三年、高瀬弘文「『経済外交』概念の歴史的検討―戦後日本を事例に」『広島国際研究』第一九巻（二〇一三年一一月）。

（2）樋渡由美『戦後政治と日米関係』東京大学出版会、一九九〇年、鈴木宏尚『池田政権と高度成長期の日本外交』慶應義塾大学出版会、二〇一三年など。

（3）宮城大蔵『戦後アジア秩序の模索と日本―「海のアジア」の戦後史一九五七～一九六六』創文社、二〇〇四年、金斗昇『池田勇人政権の対外政策と日韓交渉―内政外交における「政治経済一体路線」』明石書店、二〇〇八年、吉次公介『池田政権期の日本外交と冷戦―戦後日本外交の座標軸一九六〇―一九六四』岩波書店、二〇〇九年など。

（4）添谷芳秀『日本外交と中国　１９４５－１９７２』慶應義塾大学出版会、一九九五年、井上正也『日中国交正常化の政治

史』名古屋大学出版会、二〇一〇年、神田豊隆『冷戦構造の変容と日本の対中外交—二つの秩序観一九六〇—一九七二』岩波書店、二〇一二年など。
(5) 代表的な研究として田中孝彦『日ソ国交回復の史的研究—戦後日ソ関係の起点 一九四五〜一九五六』有斐閣、一九九三年。
(6) 池田外交の反共的性格を強調した研究として、吉次『池田政権期の日本外交と冷戦』。
(7) 坂本義和「日本における国際冷戦と国内冷戦」『坂本義和集3 戦後外交の原点』岩波書店、二〇〇四年。
(8) 鈴木『池田政権と高度成長期の日本外交』。
(9) 本項の記述は、鈴木『池田政権と高度成長期の日本外交』、第一章が基になっている。
(10) 「日米安全保障条約(一九五一年九月八日)」細谷千博・有賀貞・石井修・佐々木卓也編『日米関係資料集一九四五—九七』東京大学出版会、一九九九年、一三五—一三六頁。
(11) 岸信介・矢次一夫・伊藤隆『岸信介の回想』文藝春秋、一九八一年、二二三—二二四頁。
(12) 安保闘争については、信夫清三郎『安保闘争史—三五日間政局史論』世界書院、一九六一年、保阪正康『六〇年安保闘争』講談社現代新書、一九八六年、George R. Packard, III, *Protest in Tokyo: The Security Crisis of 1960*, Princeton: Princeton University Press, 1966 などを参照。
(13) 安保改定に対する中ソの反応については原彬久『戦後日本と国際政治—安保改定の政治力学』(中央公論社、一九八八年)に詳しい。また中国については岡部達味『現代中国の対外政策』東京大学出版会、一九七一年、ソ連については斎藤元秀「日米安保条約とソ連の対日政策」『法学研究』第五三巻第五号(一九八〇年五月)も参照。
(14) 岸政権期の中国の対日認識の研究として、杉浦康之「中国の『日本中立化』政策と対日情勢分析—岸信介内閣の成立から『岸批判』展開まで」『法学政治学論究』第七〇号(二〇〇六年九月)がある。
(15) 浅沼稲次郎「アメリカ帝国主義は日中人民共同の敵」『月刊社会党』一九五九年五・六月合併号。
(16) NHK取材班『NHKスペシャル戦後五〇年 その時日本は 第1巻 国産乗用車・ゼロからの発進/六〇年安保と岸信介・秘められた改憲構想』日本放送協会出版、一九九五年、二八一頁。
(17) 同書、二八二頁。
(18) 「日米新安保条約および歯舞、色丹引渡しに関するソ連政府の対日覚書(一九六〇・一・二七)」斎藤眞・永井陽之介・山本満編『戦後資料日米関係』日本評論社、一九七〇年。

(19)「三五・二・二四　ソ連政府、日米新安保条約に関し第二次対日覚書（参照資料－38）」内閣官房内閣調査室編『安保改定問題の記録（資料編）』一九六一年二月、五三七頁。
(20)「三五・四・二二　ソ連政府、日米新安保条約に関し第三次対日覚書（参照資料－66）」内閣官房内閣調査室編『安保改定問題の記録（資料編）』、五三八—五四〇頁。
(21) 読売新聞昭和時代プロジェクト『昭和時代　三十年代』中央公論新社、二〇一二年、二二五頁。
(22)『朝日新聞』一九六〇年七月二〇日。
(23)『朝日新聞』一九六〇年一月五日夕刊、神田『冷戦構造の変容と日本の対中外交』、三一頁。
(24) 伊藤昌哉『池田勇人とその時代—生と死のドラマ』朝日文庫、一九八五年、二一〇—二一二頁。
(25)「（総理訪米資料）東西関係」一九六一年四月三〇日、外務省外交記録『池田総理訪米加関係一件』（以下、『池田訪米関係』）（リール A'0361）。
(26) 外務審議官「（総理訪米資料）中国問題（案）」一九六一年四月三〇日、外務省外交記録『池田訪米加関係』（A'0361）。
(27) 日ソ間の漁業問題を扱った研究として山内康英『交渉の本質—海洋レジームの転換と日本外交』東京大学出版会、一九九五年、村上友章「『国境の海』とナショナリズム—日ソ間昆布採取協定と高碕達之助」『国際政治』第一七〇号（二〇一二年一〇月）がある。
(28) ミコヤン訪日に際し、通産省周辺ではミコヤンを日本に招待してはどうかという声もあったが、池田は必ずしも積極的でなかった（東欧課「ミコヤン訪日に関する会談録」一九六一年三月一六日（外務省情報公開二〇一五—〇〇一二七））。
(29)「日米安保・領土・核実験等に関する池田勇人首相・フルシチョフ・ソ連首相往復書簡」一九六一年八月一二日、東京大学東洋文化研究所田中明彦研究室『データベース「世界と日本」』（http://www.ioc.u-tokyo.ac.jp/~worldjpn/）〔二〇一五年一一月二六日最終アクセス〕。
(30) 久保田正明『クレムリンへの使節—北方領土交渉一九五五—一九八三』文藝春秋、一九八三年、二二四頁。
(31) 一九六三年の書簡を最後にフルシチョフは、共同宣言そのものに言及することをしなくなり、ソ連と日本の間には、領土問題は存在しないという態度をとるようになる（長谷川毅『北方領土問題と日露関係』筑摩書房、二〇〇〇年、七二頁）。
(32)「経済協力」というコトバは「経済援助」の意味で用いられることが多いが、日ソ関係の文脈において使用される際には、単に貿易の拡大だけではなく投資や資源開発も含めた幅広い経済交流を指していた。

(33) Peggy L. Falkenheim, "Continuity and Change in Soviet Policy toward Japan, 1964 to 1969," Ph. D. dissertation, Columbia University, 1975, Chapter 2.
(34) しかし、シベリア開発が本格化するのはブレジネフ（Leonid I. Brezhnev）時代（一九六四―八二年）であった（日ソ・日ロ経済交流史出版グループ編『日ソ・日ロ経済交流史―ロシア・ビジネスに賭けた人々の物語』東洋書店、二〇〇八年、二八頁）。
(35) 中ソ対立については菊地昌典・袴田茂樹・宍戸寛・矢吹晋『中ソ対立―その基盤・歴史・理論』有斐閣、一九七六年、毛里和子『中国とソ連』岩波新書、一九八九年、Lorenz M. Luthi, *Sino Soviet Split: Cold War in the Communist World*, Princeton: Princeton University Press, 2008 などを参照。
(36) 毛里『中国とソ連』、六六頁。
(37) 河合ミッションについては木村昌人「日本の対ソ民間経済外交―訪ソ経済使節団（一九六二年）を中心に」『法学研究』六三巻二号（一九九〇年三月）がある。
(38) 使節団派遣決定までの経緯は、法眼発重光宛「訪ソ経済使節団について」一九六二年三月一九日、外務省外交記録『本邦経済使節及び視察団ソ連派遣関係　河合経済使節団（昭和三七年）』（以下、『河合経済使節団』）（E'.2.5.1.5–1）。なお、山本は元外交官、北村は元衆議院議員の閣僚経験者である。
(39) 松岡信之「高碕達之助における経済自立主義―実業家出身政治家の思想と行動」明治大学政治経済学研究科博士論文、二〇一三年度、八三頁。また、高碕の対ソ経済外交については村上「『国境の海』とナショナリズム」。
(40) 小坂発朝海宛、第一〇八六号「訪ソ経済視察団に関する件」一九六二年五月三一日、『河合経済使節団』（E'.2.5.1.5–1）。
(41) 『週刊朝日』一九六二年九月八日号、河合良成『フルシチョフ首相との三時間―私の訪ソ手記』講談社、一九六四年。
(42) 日ソ・日ロ経済交流史出版グループ編『日ソ・日ロ経済交流史』、五三頁。
(43) 同右。
(44) 木村「日本の対ソ民間経済外交」、二二一―二二二頁。
(45) 喜入亮『日ソ貿易の歴史』にんげん社、一九八三年、七六頁。
(46) 同右、七三頁。
(47) 外務省経済局「訪ソ民間経済使節団および中共向け延払許与の件に関する小坂外務大臣・ライシャウアー米大使会談議事録」一九六二年五月三一日、『河合経済使節団』（E'.2.5.1.5–1）。

(48) 同右。
(49) 外務省経済局「訪ソ経済使節団に関する件」一九六二年六月一二日、『河合経済使節団』(E'.2.5.1.5–1)。
(50) エドウィン・O・ライシャワー、ハル・ライシャワー、入江昭監修『ライシャワー大使日録』講談社、一九九五年、一〇二頁。
(51) 喜入『日ソ貿易の歴史』、七三頁。
(52) LT貿易協定の締結に関しては添谷『日本外交と中国』、井上『日中国交正常化の政治史』、木村隆和「LT貿易の軌跡―官製日中「民間」貿易協定が目指したもの」『ヒストリア』第二一六号(二〇〇九年八月)などの研究の蓄積があり、本項の記述はこれらに多くを負うものである。
(53) 井上『日中国交正常化の政治史』、二三六頁。
(54) 古川万太郎『日中戦後関係史』原書房、一九八八年、一九二―一九四頁、井上『日中国交正常化の政治史』、二三六頁。
(55) 添谷『日本外交と中国』、一二五頁。
(56) 同右。
(57) 井上『日中国交正常化の政治史』、二三六頁。
(58) 同右、二四三―二四四頁。
(59) 添谷『日本外交と中国』、一三一頁。
(60) 井上『日中国交正常化の政治史』、二四三―二四四頁。
(61) 同右、二四八―二五二頁。
(62) 同右。
(63) 松岡完『一九六一ケネディの戦争―冷戦・ベトナム・東南アジア』朝日新聞社、一九九九年、六六―六七頁。
(64) 井上『日中国交正常化の政治史』、二五五頁。
(65) 戦後の対共産圏貿易を担ったのは、日本国際貿易促進会(国貿促)、日ソ貿易会(後、日ソ東欧貿易会)といった民間の貿易促進団体であった。これらの団体には高碕、石橋湛山ら国会議員経験者も名を連ね、その意味で政治性を帯びていた。また、国貿促は日中貿易業務が中心であったが、日ソ貿易業務も行っており、日ソ・日中貿易双方にかかわる政治家、財界人もいた(添谷『日本外交と中国』、六七―七七頁、喜入『日ソ貿易の歴史』、第三章)。
(66) 「〈座談会〉ソ連・中国貿易の将来性―河合良成、鈴木一雄両氏に聞く」『世界』(一九六二年一一月号)、古川『日中戦後関

係史』、二〇二頁、喜入『日ソ貿易の歴史』、一〇〇頁。
(67) 鈴木『池田政権と高度成長期の日本外交』、第二章。
(68) 『通商白書』一九六五年度版、四〇頁。
(69) 吉次『池田政権期の日本外交と冷戦』、八八—八九頁、欧亜局「池田総理訪欧の際の会談要旨」一九六二年一二月、外務省外交記録『池田総理欧州訪問関係一件』(リール A'0363)。ただし、これも欧州諸国首脳に対して対中貿易を受け入れさせるレトリックであるということを差し引く必要がある。
(70) 吉次『池田政権期の日本外交と冷戦』、一一四—一一五頁。
(71) 菊地ほか『中ソ対立』、一六九頁。
(72) 同右。
(73) 毛里『中国とソ連』、六六頁。
(74) 「大平大臣訪英の際の会談要領」外務省外交記録『大平外務大臣欧米訪問関係一件』(リール A'0357)。
(75) 「最近の中ソ関係」一九六三年日付なし(外務省情報公開二〇一五—〇〇二〇七)。
(76) 中ソ対立は日本国内の革新勢力の分裂をもたらした。日本共産党は自主路線をとるようになり、ソ連から離れていく。代わってソ連が頼りにしたのは日本社会党であった。社会党内も新中派と親ソ派に分裂していくが、ソ連は社会党とのパイプを太くし、一九六四年七月、成田知巳書記長を団長とする社会党代表団がソ連を訪問する。社会党が日ソ友好親善運動の一環として重視したのは、日ソ友好貿易を党の指導下で推進することだった。そして社会党傘下に日ソ貿易委員会がつくられ、その後、日ソ友好貿易協会、そして七四年には日ソ貿易協会となる(名越健郎『クレムリン秘密文書は語る—闇の日ソ関係史』中公新書、一九九四年、一三六—一四二頁、原彬久『戦後史のなかの日本社会党—その理想主義とは何であったのか』中公新書、二〇〇〇年、第六章)。
(77) 「島外務事務次官・在京ヴィノグラードフソ連大使会談録」一九六四年五月一日(外務省情報公開二〇一五-〇〇一二八)。
(78) 「〈匿名座談会〉保守・革新をゆさぶる中ソ対立」『世界週報』(一九六四年五月二六日号)、一〇頁。
(79) Christopher W. Braddick, *Japan and the Sino-Soviet Alliance, 1950–1964: in the Shadow of the Monolith*, Oxford: Palgrave, 2004, Chapter 5.
(80) 喜入『日ソ貿易の歴史』、七七頁。
(81) 同右、七八頁。

(82) 鈴木啓介『財界対ソ攻防史―一九六五―九三年』日本経済評論社、一九九八年、二九頁。
(83) 喜入『日ソ貿易の歴史』、七八頁。
(84) 鈴木『財界対ソ攻防史』、三〇頁。
(85) 『わが外交の近況(外交青書)』第九号(一九六五年七月)(http://www.mofa.go.jp/mofaj/gaiko/bluebook/1965/s40-3-7.htm)〔二〇一五年一一月二六日最終アクセス〕、神田『冷戦構造の変容と日本の対中外交』、一四七頁。
(86) 東欧課「大平大臣・ミコヤン会談録」日付なし、外務省外交記録『ミコヤン第一副首相訪日関係』(以下、『ミコヤン訪日関係』)(リール A'0326)。
(87) 欧亜局「仏、英、ソ各国首脳の訪日について」一九六四年六月一日、『ミコヤン訪日関係』(A'0326)。
(88) 同右。
(89) 神田『冷戦構造の変容と日本の対中外交』、一四八頁。
(90) 若月秀和『「全方位外交」の時代―冷戦変容期の日本とアジア　一九七一~八〇年』日本経済評論社、二〇〇六年。
(91) 井上『日中国交正常化の政治史』、二六〇頁。
(92) 添谷『日本外交と中国』、一九六―一七〇頁。
(93) 同右、一七〇頁。
(94) 井上『日中国交正常化の政治史』、二六三頁。
(95) 同右、二七一頁。
(96) 同右、二七六頁。
(97) 添谷『日本外交と中国』、一七一頁、井上『日中国交正常化の政治史』、二八六頁。
(98) 添谷『日本外交と中国』、一七二頁。
(99) 国分良成・添谷芳秀・高原明生・川島真『日中関係史』有斐閣、二〇一三年、九三頁。
(100) 添谷『日本外交と中国』、一七二頁。

第五章

ベトナム戦争終結期の米国の東南アジア秩序構想
——一九六九—一九七五年

手賀　裕輔

はじめに

一九六九年から一九七五年にかけて、アジアは大きな国際的変動に立て続けに見舞われた。一九六九年、長引くベトナム戦争に苦しむ米国は、五四万名以上に膨らんだ駐留米軍の段階的撤退に踏み切った。ベトナム戦争の泥沼化は、米国のアジア戦略の再検討をもたらし、アジア駐留米軍の兵力削減が実行され、同盟国に大きな衝撃を与えた(1)。これら米国のコミットメントの再検討過程と連動するかたちで生じたのが、米国、中国、ソ連の大国間関係の再編であった。一九七二年の米中和解と米ソデタントによって、米国は、朝鮮戦争以来敵対関係にあった中国との接近と世界規模で冷戦を戦うソ連との関係改善を果たした。これによってアジアで大国間の直接衝突が起きる可能性は大幅に低下し、地域の緊張は緩和した(2)。こうした変化を背景に、米国は一九七三年にベトナム和平を実現した。ただし、米軍撤退後和平は急速に崩壊し、一九七五年にベトナム共和国（南ベトナム）は崩壊することとなった(3)。

この時期、米国はアジアにおける数多くの国際的変動に対応すべく二つのドクトリンを宣言している。一九六九年のニクソン・ドクトリンと一九七五年の新太平洋ドクトリンである。本章では、この二つのドクトリンに反映された米国のアジア秩序構想、なかでも米国のコミットメントが最も劇的に変化した東南アジア地域に対する秩序構想に着目する。米国は対外コミットメントを整理縮小する一方で、いかにして超大国としての信頼性を維持するかという難問に一貫して取り組むことになった。

本章では、一九六九年から一九七五年にかけて、米国が東南アジアへのコミットメントの再定義を迫られるなかで、どのような地域秩序構想を描いていたのか、またその構想を実現に移していく過程で上述の問題にどのように対応したのかについて考察する。

従来の研究では以上の問いは等閑視されてきた。この時期を対象とするベトナム戦争研究では、東南アジアは米国にとって関与を縮小し、撤退する対象であり、戦後の地域秩序を構想する対象ではなかったとの前提がおかれている。[4]ベトナム戦争に敗北した米国は、戦後東南アジアへの関心を失い、関与することを放棄したとされているのである。同様のことが、米国のアジア地域主義政策に関する先行研究でもいえる。これらの研究では、トルーマン（Harry S. Truman）からジョンソン（Lyndon B. Johnson）政権期とは対照的に、ニクソン（Richard M. Nixon）・フォード（Gerald R. Ford）政権期以降、米国は冷戦終結に至るまでアジアの地域主義に対して総じて消極的であったと説明される。[5]

また、この時期の東南アジア地域秩序については、東南アジア諸国連合（ASEAN）の成立と発展の文脈で語られることが多い。ここで強調されるのは、ASEANの発展が米国を中心とした大国の政策や思惑には支配されない加盟国の自律的な行動の成果であったとの点である。先行研究が明らかにしているように、ASEANは反共を一つの柱としつつも、米国の冷戦政策の一環ではなく、加盟国間の関係改善と地域環境の安定化を実現するなかで成立し、発展していった。[6]

しかし、米国がニクソン・ドクトリンの宣言以降、東南アジアの将来への関心を失い、ベトナム戦争後の東南アジア地域秩序の形成に何ら役割を果たさなかったという議論には検討の余地が残されている。確かに、米国はベトナムから約五年間で五四万名以上の米軍を撤退させ、最終的に南ベトナムは崩壊した。また東南アジアは、米ソデタントや米中和解によって、それまでの冷戦の最前線としての重要性を低下させた。しかし、デタントが決して冷戦の終焉を意味せず、異なる手段による封じ込めである以上[7]、切迫した重要性は低下したとはいえ、東南アジアへの関与は米国にとって利益であり続けた。また、ベトナム戦争後、「非同盟・中立」を掲げるASEANは東南アジア地域秩序を形成する上で中心的役割を担っていくが、それを目立たないかたちではあるものの、強力に下支えする重要な役割を果たしたのが米国であった[8]。

以下、第一節では、米国の東南アジア秩序構想における、ニクソン・ドクトリンと米中ソ三角外交の意味について分析を行う。第二節では、米国によって構築された東南アジアの地域秩序維持・管理メカニズムの限界について、ベトナム和平の崩壊過程を検討することで考察する。そして第三節では、サイゴン陥落後に発表された新太平洋ドクトリンに具現化された米国の東南アジア政策の変化について説明する。

そこからは、大国間の戦略的関係がその重要性を相対的に低下させた東アジア秩序が浮かび上がり、その下での米国の新たな東南アジア政策の方針が見えてくる。その意味で本章は、同時期の米国の東南アジア政策との関連から日本の東南アジア外交の「拡大と収縮」の構図を明らかにする次章での考察の前提として位置づけられる。

一　ニクソン・ドクトリンと米中ソ三角外交の始動

1　ニクソン・ドクトリン

ニクソン政権の東南アジア秩序構想における重要な方針の一つが、一九六九年七月にグアムでニクソン大統領によって明らかにされた、いわゆる「ニクソン・ドクトリン」である[9]。これは、米国は従来の条約義務と核の脅威に対する保障は提供するが、それ以外の脅威に対してはアジアの同盟諸国が自助努力によって主要な防衛責任を担うべきとの立場を示した原則であった。米国はベトナム戦争に象徴される肥大化したコミットメントを適切な規模に是正し、自動的に米国が地域紛争に巻き込まれることのない、持続可能なかたちに再編したいと考えていた。そのため、米国はアジアの同盟国に対していっそうの負担分担を求め、同時に軍事・経済援助によって各国の強化を図ろうとしたのであった。そして、このニクソン・ドクトリンにとっての試金石と目されたのが、五四万名以上に膨れ上がった南ベトナム駐留米軍の撤退であった[10]。

このニクソン・ドクトリンはより大きな米国の世界戦略の一環であった。ニクソン政権は発足当初から議会の国防予算削減要求と国際環境の変化に対処するため、国家安全保障研究覚書（ＮＳＳＭ）第三号「米国の軍事態勢と勢力均衡」によって軍事戦略の再検討を行った[11]。この検討は、一〇月に国家安全保障決定覚書（ＮＳＤＭ）第二七号「米国の軍事態勢」として結実する[12]。これは、中ソによる同時攻撃への対抗能力を備える戦略（２・１／２戦略）から中ソいずれか一方の攻撃への対抗能力を備える戦略（１・１／２戦略）への転換を決定するものであった[13]。この戦略転換にあたり、アジアでの関与基準を示したのがニクソン・ドクトリンであった。

しかし、国家安全保障会議（ＮＳＣ）スタッフのロード（Winston Lord）が指摘したように、このニクソン・ドクトリンは潜在的な問題を抱えていた。ニクソン政権は、同盟国や友好国の自助努力を奨励し、軍事・経済援助によって間接的支援は行うものの、米軍を直接派兵することには慎重な姿勢を示した。しかし、ニクソン・ドクトリンは、アジアで敵対国による侵略、あるいは外部の大国からの支援を受けた各国内の共産主義勢力の攻撃で同盟国政府が危機に瀕した場合、米国はどこまで関与すべきなのかという問題への解答を示すものではなかった。言い換えれば、これは米国がコミットメントを再編する過程で脆弱な同盟国が崩壊し、超大国としての信頼性が低下する事態をどこまで許容するのかという問題であった[14]。

2　米中和解と米ソデタント

ニクソン・ドクトリンが内包する問題への戦略的対応としての意味を持ったのが、米中ソ三角外交であった。一九六九年三月に中ソ国境地帯の珍宝島（ダマンスキー島）における武力衝突を契機として、中国とソ連は軍事衝突を繰り返し、同年夏にはソ連による中国の核施設に対する空爆が取り沙汰されるまでに事態は深刻化した。ニクソン政権はこの中ソ対立の悪化を戦略的好機ととらえ、朝鮮戦争以来敵対関係が続いてきた中国との接近に踏み切ったのである。ソ連を米国以上の主要敵とみなすようになった中国も米国の接近に応えたことで、一九七一年七月にキッシンジャー（Henry A. Kissinger）大統領補佐官の秘密訪中が実現し、翌年二月にはニクソン訪中によって米中和解が実現する(15)。

他方で米中和解後、米国とソ連の緊張緩和も大きく進展した。一九六九年の武力衝突以降、ソ連は中国の脅威への警戒を強めたが、米中両国の劇的な関係改善に直面すると、ソ連を対象とする米中共謀と孤立への懸念を深めた。そのため、ソ連の指導者は米国とのデタントにそれまで以上に積極的な姿勢を示すようになった。その結果、一九七二年五月に米ソ首脳会談が開催され、戦略兵器制限協定（SALT）、弾道弾迎撃ミサイル（ABM）制限条約、米ソの国際的な行動に関する「基本原則」文書が合意されたのであった(16)。

ニクソンとキッシンジャーは、中国とソ連の二大共産主義国家を伝統的な権力政治の対象としてとらえ直すことで、大国間の勢力均衡外交による「平和の構造」を構築することを目指していた。こうした構想に基づき、米国は中ソ対立を利用して中国とソ連双方と同時に関係改善を果たし、米中ソ関係のなかで「スウィング・ポジション」を確保することに成功した。そして、中国とソ連との頭越しの関係改善によってベトナム民主共和国（北ベトナム）を外交的に孤立させ、ベトナム戦争を終結に導くことが企図された(17)。

米中和解と米ソデタントの交渉において、ベトナム問題は重要議題の一つであった。この過程で明らかとなったのは、中国とソ連がもはやベトナム戦争を米国との主要な対立要因とはみなしておらず、対米関係の改善を優先させる決定を下したという事実であった。一九七二年二月の米中首脳会談において毛沢東主席と周恩来首相は、ベトナム戦争が続いたとしても米中両国はお互いに脅威ではないため、中国には軍事介入する意志はなく、対米関係の改善を進めることをニクソンへ伝えた(18)。また一九七二年五月の米ソ首脳会談は、当時春季大攻勢を発動した北ベトナムへの反撃として米国が大規模な北爆を実行する最中に行われた。ブレジネフ（Leonid I. Brezhnev）書記長がニクソンとの会談を開催したという事実そのものが、ベトナム戦争の動向よりも米国との緊張緩和を重視するソ連の姿勢を何よりも如実に示していた(19)。

こうして中国とソ連が、ベトナム戦争よりも、対米関係の改善を優先させたことによって、米国がアジアで中国、ソ連と直接軍事衝突する可能性は低下し、地域の緊張は大幅に緩和された。この米中ソ三角外交を通じた米国と中ソ両国の緊張緩和は、同盟国が敵対国に侵略され、超大国としての信頼性が危機に瀕する事態を生起させないことによって、ニクソン・ドクトリンが潜在的に抱える問題に対処しようとするものであった。

3　ベトナム和平の成立

ニクソンとキッシンジャーはさらに一歩進んで、大国間の緊張緩和のみではなく、自分たちの望む条件でのベトナム和平を実現し、その後の地域秩序を維持・管理していくためにも米中ソ三角外交を利用しようと試みた(20)。当時ニクソン政権が公約として掲げていた「名誉ある和平」の実現のためには、非共産主義体制の南ベトナムの独立を維持した上で和平を達成することが必要であった。そのためニクソン政権は、米中ソ関係におけるスウィング・ポジションを活用し、中ソ両国に対して南北ベトナムが並存する「二つのベトナム」を受け入れるよう北ベトナムへ影響力を行使することを要請したのである(21)。

米中和解と米ソデタントを成し遂げたニクソンとキッシンジャーであったが、すべてが両者の思惑どおりに運んだわけではなかった。米国の要請に対して、中国とソ連は消極的な対応に終始したのである。中国とソ連が米国の期待どおりの反応を見せなかった要因としては、インドシナをめぐる中ソ対立が存在したと推察される。中国とソ連は相互への均衡行動として対米関係改善を追求した。しかし、それと引き換えに北ベトナムの抗米救国戦争を見捨てれば、北ベトナムとの関係悪化は免れず、相手国への傾斜を招いてしまう恐れがあった。また、中ソ両国が主張する社会主義のイデオロギー的正統性を守るためにも、北ベトナムとの関係維持は必要であった(22)。

とはいえ、米中和解と米ソデタントによりアジアの戦略環境が大きく変化したことは明らかであり、ベトナム戦争はもはや米ソ、米中関係改善の障害ではなかった。一九七二年三月に北ベトナムが南ベトナムに対する春季大攻勢を発動すると、ニクソン政権はソ連と中国が事実上これを黙認するなかで、長期的かつ大規模な空爆作戦を断行し、最終的には北ベトナムを和平交渉に応じさせることに成功した。その結果、一九七三年一月には非共産主義の南ベトナム政府を維持したかたちでのパリ和平協定が成立することになった。ただし、この協定では南ベトナムの独立を維持するとの米国の要求が受け入れられた一方で、南ベトナム領内に残留する北ベトナム軍の存在が事実上黙認されており、非常に脆い基礎の上に立つ和平といわざるをえなかった(23)。

二　米中ソ三角外交の限界とベトナム和平の崩壊

1　米中ソ三角外交の停滞

前節で考察したように、米中ソ三角外交を管理することを通じて、アジアの平和と安定を維持し、米国の超大国としての信頼性が低下する事態を生じさせないことが、米国のアジア戦略にとって肝要であった。ただし、ベトナム和平成立後、米中・米ソ間の緊張緩和は全体としては維持されたものの、徐々に停滞しはじめる。

米中関係はソ連という共通の脅威を背景に緊密化したが、対ソ政策をめぐり徐々に摩擦を深めていった。キッシンジャーは一九七三年二月の訪中後には中国を「暗黙の同盟国」と呼ぶほど重視するようになり、中国も両国の首都に連絡事務所の設立を認める大きな譲歩を行った(24)。しかし米中間でソ連政策をめぐる立場の根本的な齟齬が明らかになるにつれて、摩擦が表面化していく。中国は米国に対して積極的な協調姿勢を見せたが、これは高まるソ連の脅威に米国も共同で対抗して欲しいとの強い期待の裏返しであり、中国にとって米国のデタントはソ連への宥和以外の何物でもなかった(25)。

それに対して、米国の基本方針はソ連に対抗するための米中提携ではなく、あくまでも中国とソ連双方と良好な関係を維持することでスウィング・ポジションを保持することにあった。そのため、中国の要請に応じてソ連との対決姿勢を強めることはできなかった。それに加えて、米国内のウォーターゲート事件をめぐる政治的混乱とそれにともなうニクソンの大統領辞任も相俟って、一九七五年一二月のフォード大統領の訪中時には、両国の国交樹立へ向けたモメンタムは失われ始めていた(26)。

他方で、一九七二年のニクソンのソ連訪問後、翌年六月にはブレジネフが米国を訪問したことで首脳会談が制度化され、米ソ関係に「交渉の時代」が到来したと喧伝された(27)。しかし、米ソ間には、「デタント」の解釈をめぐり根本的な認識の相違が存在したため、摩擦が顕在化する。米国はデタントが超大国間の核兵器管理のみならず、第三世界への介入抑制も意味すると理解していた。これに対して、ソ連はデタントが核兵器管理のみに適用されるものであり、第三世界への介入や援助とは切り離されると理解していた(28)。ソ連は第三世界での対立が米ソ間の戦略的関係を悪化させるとは考えなかったため、インドシナや中東など第三世界での活動を抑制することはなく、その結果デタントの動揺を招くことになった(29)。さらには、米国内でジャクソン・ヴァニク修正条項に象徴されるリベラル派と反共保守派によるデタント批判が高まったことで、米ソ関係からいっそうの柔軟性が失われることとなった(30)。

こうして、一九七五年には米ソ関係から一九七二年当時の楽観主義は失われていた。一九七四年六月から七月のニクソンのソ連訪問や一一月のフォードのウラジオストク訪問時の首脳会談では、辛うじて第二次戦略兵器制限交渉（SALTⅡ）が継続された。しかし、ソ連が第三世界への介入をやめず、米国内からの批判も激しさを増したことで、米ソデタントは徐々に不安定化しようとしていた(31)。

2　米中ソ三角外交による和平維持と限界

米中ソの大国間ゲームと連動はするが異なる次元で、米国は米中ソ三角外交の力学を利用し、ベトナム和平の維持と東南アジア地域の安定を実現しようと試みた。一九七三年一月のパリ和平協定によって生まれた和平は、南ベトナムの独立を維持する一方で、北ベトナム軍の南部残留を事実上黙認する非常に脆弱なものであった。そのため、ニクソンとキッシンジャーは、深刻な対立を抱える中国とソ連の地政学的不安を刺激することで、和平維持と東南アジアの地域秩序管理のための協力を引き出そうと試みたのであった。

ニクソン政権は、ソ連に対して北ベトナムとともに南ベトナムも並存する「二つのベトナム」を維持するための協力を求めた。例えば一九七三年六月のブレジネフとの首脳会談において、ニクソンはインドシナ問題を中東と並ぶ最も深刻な問題と認識しており、和平を維持するためには、北ベトナムの自制が不可欠であると主張した。さらにニクソンは、ソ連製兵器で武装した北ベトナム軍の協定侵犯が続けば、国内からの批判によりデタントを維持することが難しくなると警告したのであった(32)。

他方で、米国は中国に対して「二つのベトナム」を維持するために北ベトナムに対する影響力行使を要請することに加えて、隣国カンボジア中立化へ向けた協力を求めた。ニクソン政権はカンボジアを北ベトナムの影響力を排除した中立国とすることで、ラオス、カンボジアを経由して南北ベトナムを結ぶ兵員・物資の輸送路ホー・チ・ミン・ルートを遮断しようとした(33)。これによって、南ベトナム領内に残留する北ベトナム軍を「衰弱化」させようとしたのである。キッシンジャーは一九七三年二月の訪中以降、一九七〇年の政変で放逐され中国に亡命したシハヌーク（Norodom Sihanouk）をカンボジアに復帰させ、親米派のロン・ノル（Lon Nol）政権と共産主義勢力クメール・ルージュ（Khmer Rouge）とともに連合政府を設立するとの構想実現へ向けた協力を中国へ求めた(34)。

しかし、以上のような米中ソ三角外交の力学を利用したベトナム和平維持の試みは、必ずしも米国の期待した結果をもたらさなかった。ソ連は深まる中国との対立を前に、対中包囲網を強化し、南方から圧力を加えるために、大規模な援助を通じてむしろ急速に北ベトナムとの関係を緊密化させた(35)。他方で中国に関しては、ソ連と北ベトナムの接近を懸念し、これを牽制するためにもカンボジア中立化構想に前向きな姿勢を示すと米国政府内では期待された(36)。しかし実際には、中国が米国とシハヌークとの仲介役を務めることに積極的な姿勢を示すことはなかった(37)。中国はソ連と関係を急速に深める北ベトナムを牽制する必要性を認めるようになっていたが、カンボジアで提携相手として選んだのはクメール・ルージュであった。以上のようなソ連と中国の行動は、ベトナム和平成立時と同様に、インドシナをめぐる中ソ対立の論理に規定されていたと推論される。中ソによるインドシナを含む東南アジアを舞台とした影響力拡大競争は活発化しており、この力学を米国が統御することは難しかったのである(38)。

3　南ベトナムの瓦解

ベトナム和平を維持する手段として、ニクソン政権が大国間外交と並んで重視したのが、軍事力の行使であった。ニクソンの言葉を借りれば、和平を守るために重要なのは「協定文書の文言自体ではなく」、「協定の履行を強制する米国の決意」なのであった(39)。ニクソンは協定の脆弱性を十分理解しつつも、協定を成立させたことで、北ベトナムが協定を侵犯した場合に軍事行動をとるための国内的、国際的正当性を獲得することができたと考えていた(40)。

ただし、ニクソン政権にとって地上軍の派兵は不可能であった。五年間かけてようやく南ベトナムからの米軍撤退を完了した米国政府が、再びインドシナに地上軍を派兵することを有権者や議会が認めるとは考えられなかった。そこで、ニクソンは空爆作戦を中心とした軍事行動によって、北ベトナムの協定侵犯を抑止し、違反が生じた場合には制裁を加える態勢を整えるよう軍部へ指示した。空爆を主体とする軍事行動によって、国民からの政治的反発を最小限に抑えつつ、北ベトナム軍と南ベトナム解放民族戦線（ＮＬＦ）へ効果的な打撃を加え、和平を維持することを意図したのであった[41]。

しかし、間もなくこの空爆による抑止と制裁の試みさえも国内の支持を得られないことが明らかとなる。連邦議会は、一九七三年八月一五日以降議会の承認を得ないインドシナでの一切の軍事活動を禁止するイーグルトン修正法を可決した。また同年一一月には、大統領の拒否権発動を覆すかたちで戦争権限法が可決された。これにより、大統領が武力行使を行う場合、議会へ四八時間以内に報告し、六〇日以内に承認を得られない場合は、三〇日以内に撤退せねばならなくなった。この上さらにウォーターゲート事件にともなう政治的混乱も加わり、ニクソン政権と後継のフォード政権がインドシナで軍事行動を起こすことは著しく困難となった[42]。

一九七五年三月、北ベトナムが南北ベトナム統一を目指す大攻勢を開始すると、フォード政権の対応は限定的なものにとどまらざるをえなかった。フォード政権は連邦議会に対して約一〇億ドルの南ベトナム向け緊急軍事・経済援助を要請したが、これが認められることはなかった。北ベトナムの攻勢に対してサイゴン周辺に兵力を集中させるという南ベトナムの後退戦略は失敗に終わり、主要都市が次々と陥落すると、フォードは四月後半の演説でいち早く、ベトナム戦争は「米国に関するかぎりはすでに終了した」と宣言したのであった[43]。こうして、同年四月三〇日サイゴンは陥落し、一九七六年七月には南北を統一したベトナム社会主義共和国が成立した。

三　サイゴン陥落後の米国のASEAN重視政策

1　サイゴン陥落とASEAN諸国の「米国離れ」

（1）サイゴン陥落の衝撃

一九七五年四月のサイゴン陥落を含むインドシナ全域の共産化は、ASEANを構成する東南アジアの非共産主義諸国に大きな衝撃を与えた。これらの諸国にとって、サイゴン陥落は東南アジア最強の軍隊を保持する革命国家ベトナムの誕生を意味しており、地域に大きなパワーシフトをもたらす変化であった。ベトナムがインドシナの覇権国となり、近隣諸国に対して拡張主義的行動をとる可能性や各国内の共産主義勢力に対する支援活動を活発化させることが憂慮されたのである(44)。

こうしたベトナムの台頭と密接に連動するかたちで、ソ連と中国が東南アジアを舞台とした影響力拡大競争を繰り広げたことで、地域情勢の流動化には拍車がかかることになった。ソ連はベトナム戦争後期より中国包囲網の一環として北ベトナムへ接近しており、中越間に領土紛争が生じたことも相俟ってソ越両国の関係は緊密化していた。さらに、ソ連はベトナムを通じてラオスへも影響力浸透を図り、フィリピンとも大幅な関係改善を実現したのであった(45)。他方で、中国もソ連とベトナムを牽制するために、カンボジアとの関係強化を進めた。また米中和解後、中国は一九七四年五月のマレーシアを皮切りに、翌年三月にフィリピン、同年六月にタイと次々に国交正常化を果たし、各国政府との関係改善を実現した(46)。

ベトナムの勝利と中ソの活動積極化とは対照的に、東南アジアにおける米国の影響力は相対的に低下し、コミットメントの信頼性も疑問視されるようになった。ニクソン・ドクトリンの発表と米中和解という大きな国際環境の変化のなかで、米国のコミットメントへのASEAN諸国の信頼は動揺し、サイゴン陥落によってさらに低下した。南ベトナムの瓦解を目の当たりにした東南アジア諸国は、自国が危機に陥った際に、果たして米国はコミットメントを履行してくれるのかとの強い不安を感じることになったのである。さらに、ベトナムでの敗戦によって、米国が東南アジア全域から軍事的プレゼンスを完全に撤退させてしまうことも憂慮された(47)。

(2) タイとフィリピンの「米国離れ」

ASEAN諸国のうち最も顕著な「米国離れ」を見せたのは、米国の緊密な同盟国タイとフィリピンであった。タイは一九六九年のニクソン・ドクトリン発表以降、ベトナムからの撤退を進めるニクソン政権との間で政治的摩擦を深めたが、一九七三年一〇月のタノーム(Thanom Kittikachorn)政権崩壊後に成立した文民政権は、駐留米軍の段階的削減を要求するようになった(48)。インドシナの安定を維持する上での在タイ米軍基地の役割を重視した米国は、二万七〇〇〇名の駐留米軍を一万名まで段階的に削減する計画を策定し、これに対応した(49)。

しかし一九七五年三月、クークリット(Kukrit Pramoj)政権は突如一年以内の全米軍の撤退要求を米国に突きつけた。この直後にサイゴンが陥落したこともあり、この要求はフォード政権に強い衝撃を与えた。フォード政権内部では、このタイの決定の背後には、タイ北東部で活動する共産主義勢力への支援を強めていた北ベトナムの圧力が働いていると認識されたため、懸念は強まった。フォード政権は急遽タイ政策を再検討し、タイ政府との交渉を開始したのである(50)。

このタイとの交渉は、米国が想定していたよりも厳しいものとなった。当初米国は、撤退期限の一九七六年三月三一日以降も、三〇〇〇名規模の部隊と情報収集施設の維持をタイ政府が容認すると考えていた。しかし、途中最終撤退期限が四カ月延期されはしたものの、クークリット政権は二七〇名の軍事顧問団を除く全米軍の撤退を要求して譲らなかったため、フォード政権としてもこれを受け入れざるをえなかった(51)。

同盟国フィリピンも、タイと同様にサイゴン陥落によって米比相互防衛条約の信頼性に不安を覚えた。フィリピン政府は、米国政府のコミットメントが米国民や議会によって覆されうるものであれば、在比米軍が自国の安全を必ずしも保障しないのではないかと疑問視するようになったのである。[52] 他方米国にとっては、タイに続き在比米軍の削減や基地返還を迫られた場合、東南アジアとインド洋地域での米軍の作戦能力が大きく制約される事態は避けられず、焦燥感を募らせた。[53]

こうして、一九七六年四月から米比間で米軍基地協定の改定交渉が開始された。主な争点は第一に、相互防衛条約の適用範囲をめぐる問題であった。フィリピンは中国やベトナムなど近隣諸国と領有権争いを抱えていたリード堆やスプラトリー（南沙）諸島を条約の適用範囲に含め、米国のコミットメントを明確化するよう要求したのである。[54] 第二の争点が、在比米軍基地の使用費支払いをめぐる問題であった。これは、フィリピン国内で高まるナショナリズムや第三世界からの対米従属批判を受け、マルコス（Ferdinand E. Marcos）大統領がフィリピンの主権尊重のために米国に要求したものであった。[55]

フィリピンの要求に対して米国も妥協案を提示したものの、交渉は長期化し、結局フォード政権中に妥結することはできなかった。米国はフィリピンに対して、条約の適用範囲に関しては曖昧さを維持しつつも、実質的には基地使用費を意味する五年間で総額一〇億ドルの軍事・経済援助案を提示した。[56] しかし、マルコスは最終的に次期カーター（Jimmy Carter）政権との交渉を望み、妥協を拒んだため、交渉を妥結することはできなかった。[57]

これら以外のＡＳＥＡＮ諸国も同様に、米国のコミットメントに対する不安を募らせていた。なかでも、米国が東南アジア地域で指導的役割を担うべき中心的国家と位置づけたインドネシアは、サイゴン陥落に非常に敏感に反応した。スハルト（Suharto）大統領は、共産主義の脅威の源泉として狂信的なイデオロギーの浸透力を問題視していた。そのため、ベトナムがＡＳＥＡＮ各国内の共産主義勢力との連携や支援活動を活発化させることで、各国の政治体制が不安定化することを最も懸念したのである。こうした危機的状況で米国が東南アジアへの関心を失い、撤退する可能性をインドネシアは最も憂慮したのであった。[58]

2「非同盟・中立」のASEANとの協調

(1) 米国によるコミットメントの再保障

米国のコミットメントを不安視する東南アジア諸国への再保障のために、フォードは一九七五年一二月、中国訪問の帰路にインドネシアとフィリピンを訪問した。その後ハワイで発表されたのが、米国の新たなアジア太平洋政策の基本方針である「新太平洋ドクトリン」であった[59]。ここでフォードは、サイゴン陥落により一時的に後退したが、米国は今後も太平洋国家としてアジア太平洋地域への関与を継続することを約束したのである。その要として地域の最重要同盟国日本との関係強化を図り、同時に中国との戦略的関係を発展させていくことを謳った[60]。本章の観点から注目すべきは、フォードがASEAN諸国との対話を重視する姿勢を打ち出した点である。ベトナム戦争期、米国にとって東南アジアとはもっぱらインドシナを意味したが、米国のASEAN重視姿勢は、南ベトナム瓦解により米国にとって非共産主義体制をとるASEAN諸国の地域における重要性が急速に高まったことを如実に物語っていた。

この新太平洋ドクトリンを体系化する作業として、一九七六年一月、NSSM二三五「アジア太平洋地域における米国の利益と目的」の検討が開始された[61]。この検討で、米国の最重要目的は、敵対国、あるいは敵対国の連合によってアジア太平洋地域が支配される事態を阻止することに置かれた[62]。前述したように、米中ソ三角外交は徐々に停滞しはじめており、とくに米ソ関係には綻びが見られるようになっていた。また、東南アジアではベトナムが勝利を収め、中国とソ連は影響力を競い合っていた。これと対照的にASEAN諸国は米国のコミットメントの信頼性を不安視し、「米国離れ」を見せていた。そのため、米国は地域における圧倒的優越の獲得ではなく、敵対国による地域的覇権の阻止を最重要目的としたのであった[63]。

様々な問題はあったが、NSSM二三五の答申書は、米国が十分にこの目的を実現することができるとの結論を下した。米ソ関係には徐々に不確実性が増していたが、東南アジアはもはや冷戦の焦点ではなく、米国がアジアで中ソと直接衝突する恐れは少なかった。さらに、ベトナム、中国、ソ連が今後五年以内に東南アジアの覇権を握る可能性も低いと判断された。そのため、米国は圧倒的な優位を得られなくとも、現状維持によって敵対国による地域的覇権を阻止することができると判断されたのである。ただしその前提として、強力な日米同盟および安定した中国との戦略的関係と並んで、ＡＳＥＡＮ諸国との協調関係を構築する必要があった。サイゴン陥落後の東南アジアで、非共産主義体制を維持し、地域協力を進めるＡＳＥＡＮ諸国と協調することで、米国は過剰なコミットメントを避けつつ、地域の平和と安定を保つことができるからであった。

その一環として、フォード政権は東南アジアの最重要国家と位置づけるインドネシアとの間で、共同協議委員会を設立し、社会経済・安全保障問題についての定期的な協議を開始した。これは、一九七五年七月の訪米時にスハルトが提案し、同年一二月のフォードのジャカルタ訪問時に正式に合意されたものであった。この協議でインドネシアは共産主義の脅威に対抗するために、ＡＳＥＡＮ各国が「国民的強靭性」を強化することで、地域全体の強靭性を高めることの必要性を説いた。スハルトによれば、そのためには経済発展による生活水準の向上こそが重要であり、米国の援助が不可欠であった[64]。インドネシアは、共同協議委員会の設立を通じて、米国の関与を制度化しようとしたといえるだろう。フォード政権もこれに応え、一九七六・七七会計年度に無償軍事援助一三〇〇万ドル、有償軍事援助二三〇〇万ドルに加え、経済援助一億ドルを供与することを約束した[65]。

急速な「米国離れ」を見せたフィリピンとタイへの再保障も、米国にとって重要課題であった。前述のとおり、フォード政権はフィリピンとの基地協定交渉を任期中に妥結できなかった。しかし注目すべきは、米比両国ともに在比米軍基地を維持することを望ましいと考える点では早くから立場が一致しており、この点は争点ではなかったことである[66]。フォードのマニラ訪問時に発表された米比共同声明においても、両国は西太平洋に米国がプレゼンスを維持することを利益とみなし、在比米軍基地が戦略的に重要であることを再確認している[67]。

また、タイも突如在タイ米軍の完全撤退を要求したことで、「米国離れ」を印象づけた。しかしながら、タイ政府は米軍撤退を要求する一方で、引き続き米国との協調関係の継続を望み、とくに軍事能力の強化支援を求めた[68]。これに対して、フォード政権も米軍撤退後もタイ政府が独立と非共産主義体制を維持し、米国との友好関係を継続していくことが長期的に見て米国の利益となると考えた。そのため、米国はタイが共産主義国家や米国との関係を調整することを妨害せず、軍事・経済援助についても継続するとの決定を下したのであった[69]。

以上の過程からも明らかなように、ASEAN諸国もまた米国のプレゼンスを歓迎した。組織としてのASEANは一九六七年の成立後、一九七一年の「東南アジアを平和・自由・中立地帯とする宣言」(ZOPFAN構想)を経て、外部勢力の干渉を排除するために相互協力を緊密化させていた[70]。さらに、ASEAN諸国は中国、ソ連、ベトナムへの接近や米軍撤退要求など、「米国離れ」の動きを見せ、自立化志向を強めていると見られていた。しかし、NSSM二三五の分析によれば、ASEANが重視する「中立」や「非同盟」は、地域に切迫した脅威が存在せず、大国間関係が安定してはじめて実現するものであった。こうした安定的で平和な地域秩序を実現するためには、米国のプレゼンスが事実上不可欠であると考えられた。実際にASEAN諸国は米国との関係維持を求め、米国もこれを受け入れたのであった[71]。

(2) ASEANの「非同盟・中立」の尊重

NSSM二三五で提示されたASEAN重視政策の特徴の一つは、米国は「非同盟・中立」を重視するASEANの立場を、過度の関係緊密化によって損なうべきではないとした点にあった。ASEAN諸国は、米国のプレゼンスと援助を地域の平和と安定のために必要としていた。ただし、これはあくまでも「中立」や「非同盟」の枠内で行われることが前提であった。ASEAN諸国は、国内で高まるナショナリズムの反発や中ソの支援を受けた国内の共産主義勢力を刺激する事態は望ましくないと考えていたのである。このように、ASEAN諸国は米国のコミットメントを必要としながらも、過度に緊密な対米関係はむしろ国内体制や地域を不安定化させると認識していた。以上がNSSM二三五の分析であった(72)。

米国にとっても、ASEANが「非同盟」と「中立」を維持することは望ましかった。短期的に見て、中国やソ連、ベトナムが東南アジアで覇権を獲得する可能性は低かったが、サイゴン陥落によって米国の影響力が低下したことは否定できなかった。こうした状況で、万が一新たな危機が生じた場合、米国が直接的な軍事関与を行う余裕はなかった。また、これまで考察してきたように、米中ソ三角外交の力学を利用して、地域秩序を管理する試みに限界があることも明らかであった。米国に残された選択肢は、ナショナリズムに基づく自立化志向を強めるASEAN諸国が掲げる「非同盟」と「中立」を尊重することで、地域の平和と安定の維持を実現することであった(73)。

以上のような基本方針は、ASEAN各国との関係再構築の過程からもうかがえる。米国はインドネシアとの共同協議委員会設立の過程で、インドネシアの「非同盟・中立」のイメージに最大限配慮し、目立たない方法で援助を供与する方針をとった。また、フィリピンとの基地協定交渉においても、米国はフィリピンの主権を尊重し、実質的には基地使用費を意味する包括的な軍事援助案を提示した。さらに、一九七六年二月にASEANによって発表されたASEAN協和宣言と東南アジア友好協力条約の締結に対して、フォード政権はこれを歓迎しつつも、ASEANの立場に配慮し、目立たないかたちで支持を伝えるにとどめたのであった(74)。

おわりに

以上考察してきたように、一九六九年のニクソン・ドクトリンから一九七五年の新太平洋ドクトリンの発表にかけて、米国は東南アジアへのコミットメントの整理縮小と超大国としての信頼性の維持をどのように両立させるかという問題への対処を迫られた。

一九六九年、米国はニクソン・ドクトリンを宣言し、長期化するベトナム戦争から撤退し、アジアへのコミットメントを再編する方針を打ち出した。ニクソン政権は、同盟国や友好国の自助努力を奨励し、米国の支援を間接的なものにとどめることで、負担を軽減しようとした。しかし、ニクソン・ドクトリンは潜在的問題を抱えていた。それは、敵対国による侵略や外部勢力に支援された共産主義勢力によって同盟国政府が危機に瀕した場合、米国はどこまで関与すべきなのかという問題であった。

この問題への戦略的対応としての意味を持ったのが、米中ソ三角外交であった。ニクソン政権は、中ソ両国との関係改善によりアジアの緊張を緩和することで、同盟国が危機に瀕する事態が生じる可能性を大きく低下させたのである。これは、米国がコミットメントを縮小する一方で、超大国としての信頼性を維持することを可能にする戦略であった。こうした大国間の緊張緩和の下で、一九七三年のパリ和平協定も実現した。

しかし一九七三年から一九七五年にかけて、米中、米ソの緊張緩和は全体としては維持されていたものの、徐々に停滞しはじめた。また、米中ソ三角外交の力学を利用して、東南アジア地域の秩序を維持・管理する米国の政策も限界に直面する。米国は中ソの地政学的不安を利用し、両国にベトナム和平維持のための協力を要請した。しかし、中ソ両国はインドシナをめぐる対立もあり、米国の期待どおりの反応は見せなかった。さらに、米国政府は議会によって和平維持のために軍事力を行使する能力を大幅に制約されてしまった。こうして、一九七五年四月北ベトナムの攻勢により南ベトナムは瓦解することとなった。

サイゴン陥落後、ベトナムが台頭し、中ソが活動を積極化させるのとは対照的に、米国のコミットメントに対するＡＳＥＡＮ諸国の信頼は大きく失墜し、「米国離れ」が見られた。こうした状況のなかで、米国を太平洋国家と位置づけ、アジア太平洋地域へのコミットメントの継続を約束したのが一九七五年一二月の新太平洋ドクトリンであった。なかでも着目すべきが、日米同盟、中国との戦略的関係と並び、ＡＳＥＡＮ重視の姿勢が明確化された点であった。米国は、非共産主義体制をとるＡＳＥＡＮ諸国との関係を東南アジア政策の中心と位置づけ、関係の再構築を図ったのである。

米国のASEAN重視政策の特徴は、軍事的プレゼンスの維持や積極的な援助を約束する一方で、「非同盟・中立」を標榜するASEANの立場を最大限尊重するという点にあった。米国にとって、自立化志向を強め、大国の干渉を排除した東南アジアの中立化を目指す、ASEANを中心とする地域秩序は望ましいものとみなされた。なぜなら米国にとって、超大国としての信頼性が低下する危機を避けられるのと同時に、過剰なコミットメントを避け、低コストで地域の平和と安定を維持することが可能になるためである。以上のような理由から、米国はASEAN諸国との関係を着実に深めながらも、ASEANの掲げる「非同盟・中立」を尊重し、その地域秩序形成を目立たないかたちで、しかし着実に後押しする政策を採用するに至ったのである。その米国外交は、続いて第六章が考察するとおり、ベトナム戦争終結後の日本の積極的な東南アジア外交も後押しすることとなる。

（1）吉田真吾『日米同盟の制度化―発展と深化の歴史過程』名古屋大学出版会、二〇一二年。劉仙姫『朴正煕の対日・対米外交―冷戦変容期韓国の政策、一九六八―一九七三年』ミネルヴァ書房、二〇一二年。
（2）Jussi M. Hanhimäki, *Flawed Architect: Henry Kissinger and American Foreign Policy*, New York: Oxford University Press［OUP］, 2004.
（3）George C. Herring, *America's Longest War: The United States and Vietnam, 1950–1975*, New York: McGraw Hill, 2002.
（4）Jeffrey P. Kimball, *Nixon's Vietnam War*, Lawrence: University Press of Kansas, 1998, pp. 87–176.
（5）李鍾元「東アジアにおける冷戦と地域主義―アメリカの政策を中心に」鴨武彦編『世紀間の世界政治』第三巻、日本評論社、一九九三年、一八六―二三九頁。曺良鉉『アジア地域主義とアメリカ』東京大学出版会、二〇〇九年、一九九―二一四頁。
（6）山影進『ASEAN―シンボルからシステムへ』東京大学出版会、一九九一年。大庭三枝『重層的地域としてのアジア』有斐閣、二〇一四年、五九―九六頁。
（7）Jussi M. Hanhimäki, "Conservative Goals, Revolutionary Outcomes: the Paradox of Détente," *Cold War History*, 8–4, November 2008, pp. 503–512.
（8）宮城大蔵「米英のアジア撤退と日本」波多野澄雄編『冷戦変容期の日本外交―「ひよわな大国」の危機と模索』ミネルヴァ書房、二〇一三年、四五―七九頁。高杢健「ヴェトナム戦争の終結とASEAN」『国際政治』第一〇七号（一九九四年九月）、九七―一一四頁。

（9） Richard Nixon, "Informal Remarks in Guam with Newsmen," July 25, 1969, Doc. 279, *Public Papers of the Presidents: Richard M. Nixon*［*PPP: Nixon*］, *1969*, Washington, D.C.: Government Printing Office［GPO］, 1971, pp. 544–546.

（10） Richard Nixon: "First Annual Report to the Congress on United States Foreign Policy for the 1970's," February 18, 1970, Doc. 45, *PPP: Nixon, 1970*, Washington, D. C.: GPO, 1971, pp. 116–190.

（11） NSSM 3, "U.S. Military Posture and the Balance of Power," January 20, 1969, Box H-127, National Security Council Institutional Files［NSCIF］, Nixon Presidential Materials［NPM］, National Archives Ⅱ, College Park, Maryland［NA］.

（12） NSDM 27, "U.S. Military Posture," October 11, 1969, Box 126, NSCIF, NPM, NA.

（13） Response to NSSM 3, "U.S. Military Posture and the Balance of Power: General Purpose Force Section," September 5, 1969, Box 23, NSCIF, NPM, NA.

（14） Memo, Lord to Kissinger, "The Nixon Doctrine for Asia: Sone Hard Issues," n.d., Doc. 54, *Foreign Relations of the United States, 1969–1976*［*FRUS*］, Vol.1, Washington, D.C.: GPO, 2003.

（15） 石井修『覇権の翳り―米国のアジア政策とは何だったのか』柏書房、二〇一五年、一三二―一九七頁。

（16） Vladislav M. Zubok, *A Failed Empire: The Soviet Union in the Cold War from Stalin to Gorbachev*, Chapel Hill: University of North Carolina Press, 2007.

（17） 添谷芳秀『日本外交と中国１９４５～１９７２』慶應通信、一九九五年、一八八―一九九頁。緒方貞子（添谷芳秀訳）『戦後日中・米中関係』東京大学出版会、一九九二年、二九―六八頁。

（18） Memorandum of Conversation［Memcon］, Nixon and Mao, February 21, 1972, Box 87, President's Office Files［POF］, White House Special Files［WHSF］, NPM, NA.

（19） Memcon, Nixon and Brezhnev, May 24, 1972, Box 487, National Security Council Files［NSCF］, NPM, NA.

（20） 本項に関する詳細な考察は、手賀裕輔「米中ソ三角外交とベトナム和平交渉、一九七一―一九七三―『名誉ある和平』と『適当な期間』の狭間で」『国際政治』第一六八号（二〇一二年二月）、一一七―一三〇頁。

（21） Memcon, Nixon and Zhou, February 22, 1972, Box 87, POF, WHSF, NPM, NA; Memcon, Nixon and Brezhnev, May 26, 1972, Box 487, NSCF, NPM, NA.

（22） Lorenz Lüthi, "Beyond Betrayal: Beijing, Moscow, and the Paris Negotiations, 1971–1973," *Journal of Cold War Studies*, 11–1（Winter 2009）, pp. 57–107.

（23）“Agreement on Ending the War and Restoring Peace in South Vietnam,” January 27, 1973, *The Department of State Bulletin*, Vol. LXVIII, Washington, D.C.: GPO, 1973, pp. 169–188.

（24）Memo, Kissinger to Nixon, “My Asian Trip,” February 27, 1973, Box 98, Henry A. Kissinger Office Files［KOF］, NSCF, NPM, NA.

（25）Memcon, Kissinger and Mao, February 17–18, 1973, Box 98, KOF, NSCF, NPM, NA.

（26）Memcon, Ford and Deng Xiaoping, December 2, 1975, Box 2, Kissinger Reports on USSR, China, and Middle East Discussions Files［KRF］, National Security Adviser［NSA］, Gerald Ford Library, Ann Arbor, Michigan［GFL］.

（27）Memcon, Nixon and Brezhnev, June 18, 1973, Box 75, KOF, NSCF, NPM, NA.

（28）Memcon, Kissinger and Brezhnev, October 21, 1973, Box 76, KOF, NSCF, NPM, NA.

（29）大嶽秀夫『ニクソンとキッシンジャー――現実主義外交とは何か』中央公論新社、二〇一三年、四二―七〇頁。

（30）Noam Kochavi, “Insights Abandoned, Flexibility Lost: Kissinger, Soviet Jewish Emigration, and the Demise of Détente,” *Diplomatic History*, 29–3 (June, 2005), pp. 503–530.

（31）Memcon, Ford and Brezhnev, November 23, 1974, Box 1, KRF, NSA, GFL.

（32）Memcon, Nixon and Brezhnev, June 18, 1973, Box 75, KOF, NSCF, NPM, NA.

（33）水本義彦「ヴェトナム和平協定とラオス、一九六九―一九七三年―キッシンジャー＝レ・ドク・ト交渉を中心に」『国際政経』第一六号（二〇一〇年一一月）、四七―七二頁。

（34）Memcon, Kissinger and Zhou, February 16, 1973, Box 98, KOF, NSCF, NPM, NA.

（35）Stephen J. Morris, “The Soviet-Chinese-Vietnamese Triangle in the 1970s: The View from Moscow,” Priscilla Roberts ed., *Behind the Bamboo Curtain: China, Vietnam, and the World Beyond Asia*, Stanford: Stanford University Press, 2006, pp. 405–431.

（36）Briefing Book: Visit to the PRC, February 1973, “Cambodia,”n.d., Box 98, KOF, NSCF, NPM, NA.

（37）Note, PRC to USG, July 18, 1973, Box 381, Policy Planning Council, Director’s Files, 1969–1977［Winston Lord Files: WLF］, Lot Files, Record Group［RG］59, NA.

（38）Nicholas Khoo, *Collateral Damage: Sino-Soviet Rivalry and the Termination of the Sino-Vietnamese Alliance*, New York: Columbia University Press, 2011, pp. 78–102.

（39）Memo, Haig to Nixon, "The President's Meeting with the Joint Chief's of Staff," November 30, 1972, Box 858, NSCF, NPM, NA.

（40）Conversation, 825–6, December 16, 1972, White House Tapes［WHT］, Nixon Presidential Library, Yorba Linda, California［NPL］.

（41）Conversation, 823–1, December 24, 1972, WHT, NPL.

（42）Dominic Sandbrook, "Salesmanship and Substance: The Influence of Domestic Policy and Watergate," Fredrik Logevall, Andrew Preston ed., *Nixon in the World: American Foreign Relations, 1969–1977*, New York: OUP, 2008, pp. 85–103.

（43）Gerald R. Ford, "Address at the Tulane University Convocation," April 23, 1975, Doc. 208, *Public Papers of the Presidents: Ford*［*PPP: Ford*］, *1975*, Washington, D.C.: GPO, 1976, pp. 568–573.

（44）Memo, Kissinger to Ford, "Philip C. Habib's Trip to Southeast Asia," June 13, 1975, Box 1, Presidential Country Files for East Asia and the Pacific, NSA, GFL.

（45）Memo, Lord to Kissinger, "The USSR and Asia," July 8, 1975, Box 353, WLF, Lot Files, RG 59, NA.

（46）平川幸子『二つの中国と日本方式―外交ジレンマ解決の起源と応用』勁草書房、二〇一二年。

（47）Memo, Finn to Lord, et al., "The US and Southeast Asia," July 16, 1975, Box 12, NSC East Asian and Pacific Affairs Staff Files, NSA, GFL.

（48）水本義彦「ニクソン政権のベトナム政策とタイ、一九六九―一九七三」『コスモポリス』No. 8、（二〇一四年三月）、一五―二五頁。

（49）NSDM 286, "Long-Term US Military Force Levels in Thailand," February 7, 1975, Doc.397, *FRUS*, Vol. E–12.

（50）Paper, "NSSM 225: Review of U.S. Policy Toward Thailand, Summary," n.d., Doc.409, *FRUS*, Vol. E–12.

（51）NSDM329, "U.S. Military Operations and Intelligence Activities Based in Thailand," May 5, 1976, Doc.423, *FRUS*, Vol. E–12.

（52）Telegram, Amembassy Manila to DoS, "Philippines 'Reassessing' Security Arrangements with US," April 14, 1975, Doc. 334, *FRUS*, Vol. E–12.

（53）Memo, Barnes to Scowcroft, "U.S.-Philippine Base Negotiations," May 28, 1976, Box 40, NSCIF, GFL.

（54）Memo, Barnes to Scowcroft, "Marcos-Robinson Meeting August 6, 1976 and Philippine Negotiating Strategy," August 6, 1976, Doc. 349, *FRUS*, Vol. E–12.

（55）伊藤裕子「ベトナム戦争期の比米関係とフィリピンの戒厳令」和田春樹ほか編『東アジア近現代史通史　ベトナム戦争の時代』岩波書店、二〇一一年、三七五頁。

（56）Memo, Scowcroft to Ford, "Breakthrough in Philippine Base Negotiations," December 3, 1976, Doc. 359, *FRUS*, Vol. E–12.

（57）Telegram, DoS to Amembassy Manila, "Philippine Base Negotiations," December 4, 1976, Doc. 360, *FRUS*, Vol. E–12.

(58) Memcon, Ford and Suharto, July 5, 1975, Doc. 126, *FRUS*, Vol. E–12.

(59) Gerald Ford, "Address at the University of Hawaii," December 7, 1975, Doc. 716, *PPP: Gerald R. Ford, 1975*, Washington, DC: GPO, 1977, pp. 1950–1955.

(60) 長史隆「米中接近後の日米関係―アジア太平洋地域安定化の模索一九七一―一九七五」『立教法学』第八九号（二〇一四年三月）、一四九―一八三頁。

(61) ベトナム和平成立後の一九七三年二月、ＮＳＳＭ一七一「米国のアジア戦略」の検討が開始され、同年八月にＮＳＤＭ二三〇として結実した。その内容は基本的に前述のＮＳＤＭ二七の踏襲であった。

(62) 以下、ＮＳＳＭ二三五答申書に関する記述に関しては、Response to NSSM235, "US Interests and Philippine Bases - Section Ⅰ," n.d., Box 17, NSCIF, GFL.

(63) Andrew J. Gawthorpe, "The Ford Administration and Security Policy in the Asia-Pacific after the Fall of Saigon," *The Historical Journal*, 52–3 (2009), pp. 697–716.

(64) Telegram, Amembassy Jakarta to DoS, "Ford-Suharto Meeting," December 6, 1975, Doc. 141, *FRUS*, Vol. E–12.

(65) Memcon, Kissinger and Malik, "US-Indonesian Consultations," June 29, 1976, Doc. 162, *FRUS*, Vol. E–12.

(66) Memo, Lynn and Scowcroft to Ford, "Key Issues in Our Base Negotiations with the Philippines," n.d., Box 40, NSCIF, GFL.

(67) Gerald R. Ford, "Joint Communiqué Following Discussion with President Marcos of the Philippines," December 7, 1975, Doc. 713, *PPP: Ford: 1975*, pp. 1946–1947.

(68) Telegram, DoS to Amembassy Bangkok, November 29, 1975, Doc. 412, *FRUS*, Vol. E–12.

(69) NSDM 327, "U.S. Policy Toward Thailand," April 21, 1976, Doc. 421, *FRUS*, Vol. E–12.

(70) 山影『ＡＳＥＡＮ』一六〇―一六六頁。

(71) Response to NSSM235, "US Interests and Philippine Bases – Section I," n.d., Box 17, NSCIF, GFL.

(72) Ibid.

(73) Memo, Finn to Lord, et al, "The US and Southeast Asia," July 16, 1975, Box 12, NSC East Asian and Pacific Affairs Staff Files, NSA, GFL.

(74) Memo, Barnes to Scowcroft, "Proposed Presidential Message to the ASEAN Summit," February 20, 1976, Box 1, Presidential Country Files for East Asia and the Pacific, NSA, GFL.

第六章

ポスト・ベトナム期の東南アジア秩序と日本外交——一九六九—一九八〇年

昇　亜美子

はじめに

一九七〇年代の東南アジアは、パックス・アメリカーナの退潮を背景として、「ニクソン・ドクトリン」の発表、米中接近、米ソデタント、パリ和平協定の締結、サイゴン陥落などを経て、ポスト・ベトナム期と呼ばれる秩序再編成の時期に入っていく。

ポスト・ベトナム期に入ろうとする日米の東南アジアへ向けるまなざしは対照的であった。米国にとっての課題は、いかに最良の方法で同地域における負担を減らすかであった。一九七五年以降、東南アジアはアイゼンハワー（Dwight D. Eisenhower）政権以降の米国の政策決定者にとって初めて国家安全保障上死活的な地域とはみなされなくなり、その関心はむしろ経済的なものに移行していく(1)。これに対して、七〇年代半ばの日本は、米中接近後のアジアにおける「冷戦構造解体」という認識の下(2)、東南アジア地域に対する新たな外交的アプローチを積極的に模索していた。そこには、経済的摩擦からもたらされた反日運動の高まりを受けての反省もあった。その意欲が結実したのが、一九七七年の「福田ドクトリン」であった。

本章では、「ニクソン・ドクトリン」から新冷戦が本格化するまでの一九六九年から一九八〇年の間の秩序変動期に積極化した日本の東南アジア外交を、同時期の米国のアジア外交との関連に着目して考察する。五百旗頭真は、「日米関係の深化」と「外交地平の拡大」は必ずしも対立するものではないと指摘する(3)。特にフォード(Gerald R. Ford)政権期以降は、基本的に良好な日米関係を維持しながら、文字どおり「外交地平の拡大」を試みた日本の東南アジア外交は、新冷戦が勃発すると収縮を余儀なくされた。そのことと米国の東南アジア外交はどのように関連していたのだろうか。

こうした日米両国内の東南アジア外交の関係性を分析する上で、両国の政策決定者が、東南アジア地域政策の構築において、大国間関係を重視するのか、域内諸国間の協力や域内諸国の発展を重視するのかという立場の違いが存在したことが、重要な分析視角となる。本章では、前者を「大国間アプローチ」、後者を「リージョナリスト・アプローチ」と呼ぶ。

大国間アプローチとは、東南アジア地域秩序を米中ソの勢力均衡という枠組みで理解する立場である。東南アジアにおける地域紛争は米中ソの競合の反映であるとみなされる。これに対してリージョナリスト・アプローチとは、東南アジア諸国の動きを米中ソ大国間関係から独立したものとして認識する立場である。東南アジア諸国の行動を規定するものは地域的強靭性（レジリエンス）とナショナリズムであり、大国からの独立性は高いとみなされる(4)。

以下で見るように、米国政府内のリージョナリスト・アプローチは、ナショナリズムや経済開発の側面などを重視し、米国の冷戦戦略とは一線を画する傾向にあった外務省アジア局を中心とする日本政府の立場ときわめて親和性の高いものであった(5)。したがって、米国政府がリージョナリスト・アプローチをとる時には、日本の東南アジア外交は拡大の動きを見せた。米国政府が大国間アプローチに軸足を移すと、時に日米間では摩擦が表面化し、日本の東南アジア外交は縮小傾向を示すのである。

こうした東南アジア政策をめぐる日米間のダイナミズムを明らかにすることを通して、以下の二点が期待できる。第一に、戦後日本の東南アジア外交政策における冷戦要因と、そこからある程度独立した一貫した戦略（理念）を明らかにすること、第二に、対中外交に比して学術的関心を集めることが少ない、ポスト・ベトナム期の米国の対東南アジア外交の実態を解明することである（ただし、ニクソン（Richard M. Nixon）政権とフォード政権については、第五章が詳しく論じているため、概略にとどめる）。そこから、日本外交の拡大と収縮という本書の共通テーマに関する示唆も導くことができるだろう。

なお、この時期の日本の対東南アジア政策に関する代表的な先行研究として、若月秀和とアンドレア・プレセロ（Andrea Pressello）のものがある。若月は、一九七〇年代の日本外交を「全方位外交」という一貫した視角で分析するなかで、対東南アジア外交を位置づけている。(6) また、一次史料を用いて、ベトナム戦争後の日本の東南アジア政策について分析したプレセロは、新冷戦下で日本は、「西側の一員」としての立場を維持しつつ、ベトナムへの関与政策を継続するという「二軌道外交」をとったと議論する。(7) 本論文は、これらのすぐれた先行研究の知見を参照しつつ、日本と米国の東南アジア政策の相互関係という異なる分析視角を用いて議論を進める。

米国の東南アジア政策に関する先行研究においては、ベトナム戦争研究を除くと、一九七〇年代を対象とした研究は限定的である。特にフォード政権期については、期間が短く、またキッシンジャー外交として一括りに解釈されることが多いことから、外交政策全般についての研究が少ない。そのなかで、マヤグエース号事件とポプラ事件を事例研究としてフォード政権のアジア・太平洋に対する安全保障政策を分析したアンドリュー・J・ゴーソープ（Andrew J. Gawthorpe）は、フォード政権のアジア・太平洋政策は、ニクソン政権時代と異なり、超大国間競争の視角だけでは理解できないと指摘する。(8) 同論文は、両方の事例について、フォード政権は地域政治の文脈でとらえようとし、ソ連や中国が関与しているグローバルな共産主義のプロットとして理解しなかったと議論している。同論文のこの解釈は、本章の、フォード政権の東南アジア政策をリージョナリスト・アプローチととらえる議論を補強するものである。またカーター（James Carter）政権の米越国交正常化交渉過程について分析したスティーブン・ハースト（Steven Hurst）は、対越国交正常化を推進するヴァンス（Cyrus Vance）国務長官らの世界観をリージョナリスト、ブレジンスキー（Zbigniew Brzezinski）大統領補佐官の立場をグローバリストと定義しており、本章のリージョナリスト・アプローチと大国間アプローチの分析視角はこれを参照している。(9)

一　ベトナム戦争終結に向けた米国の東南アジア政策と日本外交

1　「ニクソン・ドクトリン」と域内協力への期待

ニクソン政権は、ベトナムからの撤退という公約を達成するために、アジアにおける米国の関与を限定的にする「ニクソン・ドクトリン」を発表し、ベトナム戦争の「ベトナム化」を進め、さらに米ソデタントと米中接近を実現することで米国に有利な形での戦争終結を目指すという戦略をとった。

「ニクソン・ドクトリン」の核であるアメリカの負担軽減をどのような手段で達成させるのかについては、当初から一つの答えが用意されていたわけではなかった。ただ、米国の直接介入の機会を限定した結果として、域内の非共産主義諸国によるこれまで以上に大きな責任分担が期待されていることは明確であった。このドクトリンの核となる考え方が最初に示された一九六九年七月のグアムでの発言の中で、ニクソン大統領は、五年か一〇年先には独立した自由主義アジア諸国が集団安全保障を目指すべきであると述べている。(10)このように、域内の自助努力を奨励するという観点から、アジアにおける域内協力の促進も積極的にとらえられていると見てよいだろう。

ジョンソン（Lyndon B. Johnson）政権も、アジア開発銀行（ＡＤＢ）の推進やアジア太平洋協議会（ＡＳＰＡＣ）の支援など、アジアにおける域内協力の醸成を促進した。米国の負担軽減と友好国への責任の移譲という基本的姿勢においては、「ニクソン・ドクトリン」と共通していたものの、その主眼は、米国の封じ込め政策の補完への期待にあり、「上からのリージョナリズム」としての枠を超えるものではなかった[11]。これに対して、「ニクソン・ドクトリン」が目指すのは、域内諸国への責任を移譲しつつ米国はそこから距離を置こうとするものであり、暗黙的ながらリージョナリスト・アプローチの側面を持っていたといえよう。

だがニクソン政権当初、米中ソ大国間関係と、域内諸国への責任の移譲という異なるレベルの政策をどのように調整するかという点は明らかでなかった。ロバート・リトワック（Robert S. Litwak）によれば、「ニクソン・ドクトリン」におけるパワーの移譲や米国の役割の縮小といったレトリックにもかかわらず、ニクソンとキッシンジャー（Henry A. Kissinger）大統領補佐官は周辺地域における政治的帰結を決定する上でのローカル・アクターの重要性を著しく過小評価し、米中ソ三角関係の重要性を過大評価しており、このことが対ソデタント政策の失敗の一つの要因でもあった[12]。対中関係改善と「ニクソン・ドクトリン」が同時進行したわけではなかったことも、この二つの政策の相互補完関係を難しくしていた。ニクソン政権の関心は、域内協力の促進から米中接近や米ソデタントという大国関係による緊張緩和に移っていったと考えられる。

2　「ニクソン・ドクトリン」に対する日本の呼応

ニクソン政権は、域内諸国への責任分担奨励の過程で、地域大国である日本がほかのアジア諸国と協力しながらより大きな経済・政治的役割を果たすことを期待していた。こうしたニクソン政権の期待と日本自身の意欲が相俟って、日本が東南アジア地域の政治安全保障問題で初めて主導的な役割を果たしたのが、一九七〇年三月のカンボジア政変後の紛争状態について議論するために同年五月にインドネシアのジャカルタで開かれた一一カ国の外相会議であった[13]。

アジア会議あるいはジャカルタ会議と呼ばれることになったこの外相会議は五月一六日に開会した。日本政府の立場は、同会議が共産側との対決および政治的ブロック化の印象を与えることを回避したいというものであった。そのため、会議後に発出されるコミュニケの文案の調整の過程で、軍事的措置の可能性に言及するなどの強硬路線を提案していたオーストラリア、ニュージーランド、タイなどの案を退け、穏健な内容でまとめるために努力し、成功した[14]。

ニクソン大統領はアジア会議における日本とインドネシアのイニシアティブを高く評価し、同会議は「カンボジアの独立と中立を維持するための効果的な集団的な取組みであり」、「最近起こったことの中で最良のものの一つである」とさえ表現した[15]。一九七一年のニクソン政権の外交教書でも、「ニクソン・ドクトリン」の文脈で望ましいとされるアジア地域主義の効果的な例としてアジア会議が挙げられ、東南アジアの和平のために共同行動をとることができる能力を示したと言及された[16]。

3　米中接近と日本の東南アジア政策

米中和解への動きの本格化にともない、ニクソン政権の関心は中国とソ連とそれぞれ関係改善をすることに重心を置く大国間アプローチへと移行していった。外交教書の記述を見ても、一九七〇年、七一年には冒頭で「ニクソン・ドクトリン」に触れ、各国の国力強化とともに、地域協力枠組みの進展について望ましい成果としてかなりの紙幅を割いて述べている。これに対し、七二年、七三年の外交教書においては、中ソ両国との緊張緩和が冒頭の項目となり、「ニクソン・ドクトリン」や地域協力についての言及はあるものの、やや軽い扱いとなっている[17]。

米中和解、米ソデタントによる国際関係の緊張緩和は、日本の外交当局者にとって、米国の冷戦戦略からの行動の自由が拡大し、東南アジアでより積極的な外交を展開する契機であるとの認識をもたらした。一方で、ベトナム戦争終結に向けたニクソン政権の外交政策において単独主義的な決定が目立ったことから、東南アジア政策をめぐる日米間の利益の相違が顕在化するという新しい事態が起こった。具体的に日米間で摩擦が生じたケースの例として、日越国交正常化問題がある。日本は米中接近以降、これまで法的に外交関係を有していなかったベトナム民主共和国（北ベトナム）との国交正常化への動きを強めた。米軍撤退後のポスト・ベトナムの時代の国際関係において、北ベトナムの立場が著しく強くなるのは避けられないため、新しい情勢下に置かれた東南アジア、特にインドシナにおける日本の外交を再構築し、日本の国益を擁護するためには、少しでも早く外交関係を設立する必要があると考えられたのである(18)。

こうした日本側の動きに対し、米ソデタントと米中和解により北ベトナムの孤立化をはかる戦略を進めていたニクソン政権は率直に反対した。日本は、一九七二年二月には非公式ながら戦後初めてハノイに外交官を派遣し、日越関係改善について協議した。だが、正式な国交正常化交渉の開始は、米国への配慮から、一九七三年一月に調印されたパリ和平協定の北ベトナムによる遵守情況を考慮し、同年七月二五日まで待たなければならなかった(19)。国交樹立が達成されたのは、同年九月二一日のことであった。

二　サイゴン陥落

1　日本の東南アジア政策

日本政府にとってサイゴン陥落は、時期の早さについては想定外であったものの、これ自体が日本外交全般に与えた影響は限定的であった。そもそも、ベトナム戦争進行中から、日本政府内においては、ベトナムが中ソからある程度独立した存在であるとのリージョナリスト・アプローチがとられていたからである。たとえば、後に沖縄返還交渉への考慮から対米支持を強めていく佐藤栄作首相も、一九六五年一月の訪米時には、ジョンソン大統領に対して、ベトナム問題解決のために「民心を安定せしめ民心の支持を得る方向に努力されることを希望する」と発言したり、マクナマラ（Robert McNamara）国防長官に対して、ホー・チミン（Ho Chi Minh）北ベトナム国家主席はナショナリストであり、「チトーと似たところがあるのではないか」というなど、アメリカとは異なる独自の見方を披瀝している。[20] また外務省アジア局には、北ベトナムや南ベトナム解放民族戦線はイデオロギーというよりもナショナリズムに基づいた民族独立の戦いをしているとの見方が強かった。[21] さらに一九六〇年代後半からパックス・アメリカーナの変容が日本外交の見直しを迫り、その過程で北ベトナムとの国交正常化などの従来以上に積極的な外交が模索されていたのであった。

東南アジア政策担当者には、サイゴン陥落により、むしろ日本外交拡大の余地が広がったという積極的な印象が強く持たれたようである。[22] たとえば当時南東アジア第二課長であった長谷川和年は、ベトナム戦争の終結によって、日本の外交政策に従来からあった制約要因の一つがなくなり、東南アジア政策の企画実施について、日本は非常に自由になったと感じたと述べている。[23] 七五年七月に開かれた、アジア・太平洋地域大使会議では、「今後東南アジアにおいては『大国離れ』ともいうべきナショナリズムの高揚が予想される」として、域内の問題の本質がナショナリズムにあるとの見方が強化された。[24]

こうした視座は、サイゴン陥落後の東南アジア地域情勢が比較的安定したものであるとの認識に支えられていた。七五年五月にアジア局がまとめた「インドシナ情勢のアジアへの影響」と題する文書は、インドシナをめぐる紛争は、すでにパリ協定の段階で大国間が合意した枠組みのなかで局地化されたものとして方向づけられており、この意味ではサイゴン陥落が米中、米ソの間のグローバルな緊張緩和に直接重大な影響を与える可能性は一応排除することができるとの冷静な受け止め方を示している。[25] また同文書は、インドシナ諸国の共産化が東南アジア諸国連合（ASEAN）諸国に与える影響については、短期的にも長期的にも、組織的浸透が大規模に行われる可能性は少ないとの認識を明らかにしていた。[26]

ようやく長きにわたる戦火が収まったかに見えたベトナムに対し、日本政府は積極的な外交を展開する。ベトナム情勢悪化を受けて、米国政府からの要請もあり七五年三月に一時中断していたベトナムとの無償資金協力交渉は、同年六月に再開され、一〇月に七五年度分として八五億円の無償援助が取り決められ、ハノイに日本大使館が開設された。一九七六年二月から三月にかけて、有田圭輔外務審議官を団長とする政府事務当局訪越団がハノイを訪問し、アジア局は改めてサイゴン陥落後の日本の対北ベトナム外交の考え方をまとめた。そこでは、七五年以降、北ベトナムがインドシナ地域において指導的地位を確立し、東南アジアの国際政治構造の上において無視すべからざる影響力を確保することになったとの見方が示された。そして、北ベトナムが、基本的には中ソからの「自主独立」の外交路線を堅持しようとしているように見受けられるとの認識が明らかにされている。そして、日越関係の発展は、その自主独立路線を奨励する効果を期待できると述べている(27)。七六年七月には南北ベトナムが統一してベトナム社会主義共和国が成立し、同年九月には日本から五〇億円の無償協力が供与された。

一方、外務省による機構としてのASEANへの評価は、七六年二月の第一回ASEAN首脳会議後大きく高まり、ASEANを地域機構として認知してその連帯強化を支援することを日本の対東南アジア外交の中核に据えるという方向性が固まった。

こうして、一九七六年一一月の時点で、外務省による日本の対東南アジア政策の具体的施策は、「対東南アジア政策（案）」という文書においておおむね次のようにまとめられるに至った(28)。

1. 非共産諸国の政治的安定への貢献
　① 二国間援助及び貿易
　② ASEAN育成
2. インドシナ諸国の自主独立性誘導
　① 米国との国交正常化促進
　② 対日依存の醸成

3．非共産諸国とインドシナ諸国間の協調関係助成
①　相互イメージの改善
②　両地域間経済協力プロジェクトの推進
③　東南アジア開発閣僚会議の再開
4．東南アジアの政治的安定を可能とする国際環境形成への努力
5．対日信頼感と親近感の増大

この文書は、サイゴン陥落後の東南アジアの現状について、「第二次大戦後初めて東南アにおいてイデオロギーが戦闘的な役割を果すことをやめ、域内各国が夫々独自の指導理念に従いつつも、国内の安定と経済発展という平和的な共通の課題達成のために進み始めた」と述べ[29]、日本がリージョナリスト・アプローチに基づいた積極的な貢献を行うことへの強い意欲を示している。

2　東南アジア政策をめぐる日米協力と米国のアジア政策

ニクソン政権期の日米関係が二つの「ニクソン・ショック」などにより緊張したのとは対照的に、フォード政権は対日関係の修復に力を入れ[30]、日米関係は改善と安定を見せた[31]。一九七四年一一月のフォード大統領の来日は、米国大統領としての初めての訪日であるとともに、フォードにとっては大統領就任後の北米地域以外への初の外遊でもあった[32]。七五年三月にキッシンジャー国務長官が準備した文書も「対日関係は過去一〇年間で最良である」と述べ、「フォード大統領の訪日は戦後期の日米関係を終わらせ、より対等なパートナーシップへの扉を開いた」と評価していた[33]。

サイゴン陥落は日米関係にどのような影響を及ぼしたのであろうか。米国は、日本の受け止め方については、

他のアジア諸国に比べて冷静であり、北ベトナム優勢のインドシナに順応して経済商業的利益を追求できると確信していると見ていた。ただし、インドシナ情勢の悪化により、日本国内では、日本の核拡散防止条約批准への疑念と韓国に対する米国の安全保障コミットメントへの懸念が多少もたらされたと観察していた。[34]日本側では、外務省首脳が「米国が同盟関係を広げすぎたということも考えられ、日本としても、米国にもたれかかりすぎることを改める必要がある」と述べるなど、[35]「米国離れ」の機運がなかったわけではないが、ASEAN諸国の反応が比較的穏やかだったことも手伝い、落ち着いていった。むしろ、野党を含めた世論やメディアの間に目立っていた反米感情を一気に和らげることとなり、[36]長期的には両国関係の安定化に資することになったのである。

本書第五章で詳細に論じられるように、サイゴン陥落後、フォード政権は、米国が引き続き太平洋国家として、アジア・太平洋地域の安定促進に積極的役割を果たす決意であることを強調した。その基本的な情勢認識は、インドシナ陥落によって急激に米中ソ大国間の均衡が変わることはなく、東南アジア地域において当面一定の安定が続くだろうというものであった。[37]緊張の源は、共産主義ではなく、地域的あるいは領土紛争からもたらされると見られた。[38]そして米国は、域内の傾向に配慮しつつ、軍事力よりも、外交的・経済的手段を用いながら、より柔軟な戦術をとる必要があるとされた。[39]このように、フォード政権の対東南アジア政策は、リージョナリスト・アプローチをとることにより、米国の過度の関与を回避しようとするものであったと評価できるであろう。機構としてのASEANへの評価は修辞的なものにとどまり、インドシナ諸国との関係樹立の可能性は残しつつも、ベトナム戦争への鮮明な記憶から喫緊の課題としておらず、相当時間がかかるという姿勢であった。[40]

インドシナ諸国共産化後の日本の東南アジア地域に対するアプローチをめぐっては米国側と協議がされており、日本側はフォード政権の同地域への積極的関与を促していた。一九七六年六月に訪米した三木武夫首相はフォード大統領に対し、米国のASEAN支援を促すとともに、ASEANをベトナムに対抗するための潜在的な反共ブロックと考えるべきではないと述べた。続いて三木は、ベトナムはもっぱら国内建設に関心を抱いており、冒険的な対外政策をとるとは見られないこと、この方向性が確実になるかどうかは、ベトナムとASEAN諸国の関係発展と地域情勢の展開にかかっていると述べた。[41]

日本は、ベトナムが自主路線を歩むためには、米国との国交正常化の早期実現が望ましいと考えていた。米国がハノイに対する拒否の姿勢を続ければ、ベトナムが後ろ盾として中ソへの依存を深めざるを得ないからである。外務省文書「対東南アジア政策（案）」も、日本が東南アジアに対する関心の持続の必要性を米行政府、議会、マス・メディアに機会あるごとに強調すべきであると提言している。[42]

フォード政権側はこうした日本側の認識を、「米国を含む西側とハノイの間の仲介役として自身を位置づけたいとの希望」と理解していたようである。[43] そして、日本自身の積極的なインドシナへの関与は、米国の利益に関する限りプラスであると認識していた。それは、①日本がハノイを穏健化する影響力を及ぼすかもしれない、②現在日本はインドシナからの経済支援の要請を負担しており、これは米国の利益と一致する、③日本は北ベトナムとの交渉について克明に事後報告をしており、また戦闘中行方不明米兵問題を米国に代わって取り上げようとしている、④ベトナムの国連代表権問題や北ベトナムとの国交正常化など日米で対応が異なる問題はあるが、日本の米国に対する圧力は強くなく、政策の違いがより広い日米関係を危険にさらすことはなさそうである、などの理由からであった。[44] 前述の三木・フォード会談においては、キッシンジャー国務長官が、「米国としては、ベトナムは今後攻撃的な外交政策をとるだろうと評価している」と述べ、ASEAN諸国に対しては経済支援とともに、在比米軍基地をめぐるフィリピン政府との新たな協定や軍事支援の必要性を強調するなど[45]（フォードも同意）、ベトナムへの評価や重視する手段については日本政府と必ずしも一致していたわけではない。しかし、日本の対東南アジア政策が米国の国益を根本的に損なうとはみなされなかったのである。

三　新たな東南アジア秩序を求めて

1　カーター政権の東南アジア政策

ヨーロッパと日本の経済大国化や第三世界の存在感の増大という、国際環境の多極化の潮流の中で、カーター政権初期の外交政策は、①防衛予算の削減、韓国からの米軍撤退、海外への武器売却と軍事支援の削減、周辺地域において軍事的に巻き込まれることの回避などの、コミットメントの縮小、②北大西洋条約機構（NATO）同盟諸国への防衛予算増額の奨励、第三世界地域での影響力の大きい主体への接近などの、負担移行、③ソ連とのデタントと軍備管理の継続、中国、ベトナム、アンゴラ、キューバとの国交正常化といった、ライバル国との関係改善に焦点を当てるものであった(46)。このようにカーター政権初期の基本的な外交理念はこれまでの政権以上に明確な脱冷戦路線であり(47)、リージョナリスト・アプローチに支配されていたといえるだろう。

東南アジア政策については、ASEANに対してもベトナムに対しても、フォード政権時と比較してより積極的な姿勢が見られた、まずアジア政策全般を見てみると、一九七七年六月にヴァンス国務長官が「米国のアジアにおける役割」と題するアジア・ソサエティでの演説の中で、以下の五つの柱を明らかにしている。米国は、①従来どおりアジア・太平洋国家であり続ける、②引き続きアジア・太平洋地域の平和と安定に貢献するうえで主要な役割を果たす、③相互関係と相互尊重に基づいて、アジア諸国と正常で友好な関係を求める、④米国と太平洋地域との経済的相互依存の増大を認識しつつ、太平洋地域全体での貿易と投資の相互拡大を追求する、⑤アジアにおける人々の人権状況改善に影響力を行使する(48)。ASEANについては、米国との経済関係の増大を強調し、加盟国それぞれとの関係のみならず、ASEAN側が望めば、機構として取り扱っていくことを歓迎すると述べた。特に、初めての公式の米国・ASEAN閣僚会議が同年中に開催されることに言及し、こうした協議が米国の東南アジアにおける地域取り組みへのより強固な支援の基礎を築くことを望んでいると強調した。また、ベトナムとの国交正常化交渉を開始したことにも触れ、米国の立場については、戦闘中行方不明米兵の遺骨返還についての両国間での協力の進展、ベトナムへの渡航制限解除、外交関係成立後の禁輸措置解除の申し入れ、ベトナムの国連加盟への賛意などについて言及した(49)。

米越国交正常化推進の中心となったのは、ヴァンス国務長官とホルブルック(Richard Holbrook)東アジア・太平洋問題担当国務次官補であり、国務省主導で進められた(50)。ヴァンスは、ベトナムは中ソのいずれにも過度な依存をしないよう均衡を模索していると見ていた。またヴァンスは、第三世界を超大国間の競争の観点から見るべきではなく、そのナショナリズムや独立と多様性を尊重し、米国は経済支援など抑制的な関与にとどめるべきであると考えていた(51)。ホルブルックは、ベトナムに隣国特にタイとの関係改善を促すことを重要と認識していた(52)。カーター政権初期の対東南アジア政策を主導したヴァンスやホルブルックの立場はリージョナリスト・アプローチであり、日本の外務省の方針と近いものであった。

七七年前半には、米越国交正常化への期待が高まる。三月のウッドコック委員会(Woodcock Commission)の訪越を経て、五月初頭にはホルブルックが率いる代表団がパリを舞台にベトナム側との交渉を開始した。だが、米側の立場は国交正常化に援助供与などの条件をつけないというものであり、パリ和平協定で約束されたとして大規模な復興援助供与を正常化の前提条件として主張するベトナム側との溝は大きかった。同年六月と一二月の協議においても、両者は合意に達することはできなかった。

2 「福田ドクトリン」と米国の反応

東南アジア政策をめぐる、福田政権とカーター政権の協議は、一九七七年三月の福田赳夫首相訪米の際に行われた。日本側は、在韓米軍撤退問題だけでなくポスト・ベトナム期の米国のアジア政策全般、具体的にはアジア・太平洋地域におけるアメリカのプレゼンスについて大きな関心を有していた。二一日の会談において福田は、日本がベトナムと外交関係を樹立し経済協力を提供していることは、ASEANと中国の緩衝地帯としてベトナムを位置づけようとする上で有益であるとの考えを明らかにした(53)。さらに福田は米国とインドシナとの関係発展が望ましいとも主張した(54)。これに対してカーターは、米国が基本的な対アジア政策を維持することを確認し、米国にとっての、日本、オーストラリア、フィリピンとの強固で伝統的な関係の重要性を強調するとともに、ASEAN諸国との関係改善と、ベトナム、中国との国交正常化を強く望んでいると述べた(55)。これについて日本の外交当局は、カーター新政権のアジア政策が初めて明確に示されたとして評価している(56)。

ポスト・ベトナム期の日本の対東南アジア政策としてまとめあげられたのが、一九七七年八月に福田赳夫首相がASEAN諸国を訪問した際にマニラで行ったスピーチで、後に「福田ドクトリン」として知られるようになる三原則である。第一に、日本は平和に徹し軍事大国にはならない、第二に、東南アジア諸国との間に、広範な分野において、心と心の触れ合う相互信頼関係を築く、第三に、ASEANの連帯と強靭性強化の自主的努力に協力し、また、インドシナ諸国との関係の醸成をはかる。これは、カーター政権の対東南アジア政策と軌を一にするものであった。

カーター政権は、「福田ドクトリン」を高く評価していた。福田のASEAN諸国訪問直後のヴァンス国務長官の訪日のために準備された覚書においては、日本の対東南アジア協力の新時代への基礎が築かれたことを祝福し、日本の援助や投資のイニシアティブを歓迎する旨が述べられている(57)。さらに、「米国のASEANにおける利益は（日本と）類似しており、日本の利益を支援する」ことが明言されている(58)。

四　新冷戦の幕開け

1　米中国交正常化の進展と米越国交正常化の停滞

米越国交正常化交渉が進展しない一方で、ソ連の第三世界における拡張主義が明確になるにつれ、カーター政権内での対中ソ戦略が転換しはじめる。「アフリカの角」でのソ連の影響力の行使に対して警戒感を強めたブレジンスキー大統領補佐官らは、一九七八年初頭には、ソ連に対抗する手段として米中国交正常化をますます重視するようになり、米越国交正常化はこれを阻害するとして反対を強めた。ソ連とのグローバルな競争という観点から、米中関係を重視する大国間アプローチをとるブレジンスキーの認識において、米越関係は「周辺的問題」に過ぎなかった。[59] ベトナムはソ連の代理人であり、中越対立も米中ソ関係の勢力均衡の文脈で理解されたのである。五月に訪中したブレジンスキーは「ベトナムの支配するインドシナ連邦の創設には反対である」と述べ、ベトナムによる「地域覇権」設立反対の中国側の立場に理解を示した。[60] 中越対立において、米国はどちらにも与しない等距離外交の姿勢を保つことが最も望ましいと考え、また、中国は米越国交正常化に必ずしも反対していないと見るホルブルックら国務省当局者と、ブレジンスキーは対立を深めていった。[61]

ベトナムは七八年一月に、カンボジア、中国とそれぞれ関係が悪化したことを背景に、米国からの援助供与を前提条件から取り下げ、対米国交正常化を促進する決定をし、[62] 七月のファン・ヒエン（Phan Hien）外務次官の訪日中にその考えを明らかにした。[63] ブレジンスキーは国務省のベトナムへの積極的な反応に大きな懸念を抱き、カーター大統領に対し七月に、「（米越国交正常化は）中国の懸念を呼び起こし、より重要な課題である対中国交正常化を間違いなく複雑にしてしまう。あなた（大統領）は、ベトナムか中国のどちらかを選択せねばならず、米国にとっては中国が比較にならないほど重要なのである」との覚書を書き送った。[64] 九月には、国連総会の機会を使い、ホルブルック国務次官補とグエン・コ・タック（Nguyen Co Thach）越外務次官の会談が実現した。二七日の第二回会談の場でタックは初めて米側に直接的に、経済援助を国交正常化の前提条件にしない意思を明らかにし、米越両者は、国交正常化の実現に原則的に合意したのであった[65]。しかし、ブレジンスキーらの説得を受けたカーターは、対中関係に鑑み、一〇月半ば、対越国交正常化を性急に進めないことを決め、一一月半ばには、ヴァンスに対して、難民問題についてベトナムを非難するように指示した[66]。その後カーターは、一二月一五日に、対中国交正常化を翌年一月一日に行うことで合意したと発表した。

それからわずか一〇日後、ベトナムがカンボジアに侵攻した。越カおよび中越関係の悪化に対し、ブレジンスキー、ヴァンス、ブラウン（Harold Brown）国防長官ら政府首脳は、①ベトナムへのすべての援助国に対し、同国がカンボジアから軍撤退をするまで援助供与することを阻止する、②ソ連に対し、ベトナムに軍事基地を求めたりカムラン湾を利用したりしないように抑制的な行動を求める、③中国に対し、ベトナムに対する軍事行動は、国際社会でベトナムを孤立させようというわれわれの努力を台無しにするものであると伝える、との方針で合意した[67]。カーター大統領は七九年一月に訪米した鄧小平副首相に対して、現状ではベトナムとの国交正常化を進めるつもりはないと述べる一方で、ベトナムに対する軍事行動を見合わせるように繰り返した[68]。だが、そうした中国の行動が米中関係に悪影響を及ぼすとの明確な意思は示されず、結局のところうわべだけの反対にとどまったのである。二月一七日に中国がベトナム侵攻をした後のカーター政権の反応も抑制されたものであった。ブレジンスキーが主張する対ソ関係を考慮した米国の中国重視の立場は揺るがず、中越対立における米国の立場は明らかに中国寄りであった。

2　インドシナ情勢の悪化と日本の対インドシナ政策

一方日本は、一九七八年に入り、ベトナムとカンボジアの関係悪化が伝えられるようになっても、「福田ドクトリン」に沿った対東南アジア政策を促進しようとし、その前提条件である、ベトナムのナショナリズムの強さとソ連からの自主独立路線を強調する傾向にあった[69]。日本は同年八月には日中平和友好条約に調印したが、ソ連との間でも友好関係を模索しており、ブレジンスキーのような、ソ連に対して「中国カード」を利用するという発想は希薄であった[70]。

七八年四月には、ベトナム政府との間で、旧南ベトナム政権の債務継承交渉が決着を見た。七八年度の経済援助として、四月には四〇億円の無償援助、七月には一〇〇億円の円借款供与の交換公文が締結された。六月のベトナムの経済相互援助会議（COMECON／コメコン）加盟を「意外」と受け止めた日本側に対し[71]、七月のファン・ヒエン越外務次官訪日は安心材料を与えることとなった。ヒエンは、コメコン加盟にもかかわらずベトナムは自主独立路線を貫くことや、「福田ドクトリン」はベトナムの外交政策とも一致しており、高く評価する旨を明確に述べたのである[72]。

ヒエン次官に対して日本側からは、園田直外相が中ソ対立の激化に懸念を示しつつ今後の日本の対越援助供与は自主独立路線を前提としていると強調するなど、ベトナムのソ連への傾斜をくい止めるために対越援助を利用しようという意図があることは明らかであった[73]。さらに、有田外務次官からは、日本の有償援助資金を利用してベトナムが近隣諸国、たとえばタイから物資を買いつけることは、越・タイ相互の協力関係強化に役立つため望ましいと伝えられるなど、インドシナ諸国とASEANの関係改善を促進しようとする意図もあった[74]。

日本側には、対越援助の継続といった日越二国間問題のみならず、米越・中越・越カ間におけるある種の仲介的役割を果たしたいという意欲もうかがえる。ヒエンとの会談において園田外相は、「越・中・ソ・ASEAN・日本が話合うことが望ましい」と述べ、また、中越間や越カ間の緊張緩和のために「わが国としてやれることがあれば何でもやる用意がある」と伝えている。具体的に園田は訪中の機会に、中国に対して、ベトナムの自主独立路線を見守るように進言するとの考えを明らかにした[75]。ヒエンが日本側に対して、第三国が中越を仲介する調停を提供することに反対しないと示唆したことも、日本側の意欲を後押しした[76]。

一一月三日にはソ越友好協力条約が締結された。外務省はこれに対し、同条約のベトナムに対する拘束力は弱く、「自主独立路線を転換したと見るのは時期尚早で、むしろ中国に対する政治的牽制が大きなねらいではないか」との分析を行い、これまでどおりの経済協力を続けるとの方針を明らかにした(77)。一二月にはベトナムのグエン・ズイ・チン（Nguyen Duy Trinh）副首相兼外相が来日した。日本側は、カンボジア紛争の平和的解決と自主独立外交の維持を事実上の条件として、七九年度分の経済援助として、有償資金協力一〇〇億円、無償資金協力四〇億円の供与の意図表明を行った(78)。

チン外相訪日からほどなく行われたベトナムのカンボジア侵攻は、日本外務省に衝撃を与えた。七九年一月一八日には長谷川孝昭駐ベトナム大使に対して本省から、カンボジア情勢に関連しての日本の対越経済協力について以下の方針が伝えられた(79)。ＡＳＥＡＮ諸国また国内からの批判を考慮しなければならないが、他方、対越援助凍結を公言すれば、ベトナムとの関係を著しく傷つけ、対越長期政策の観点から問題を残すほか、援助再開のきっかけをつかむことが難しくなる。したがって、交換公文を締結済みの七八年度援助については実施する一方で、七九年度分の交換公文締結については、情勢の推移を慎重に見守りつつ決定することとする。

中国のベトナム侵攻後、日本政府は対中制裁措置などは考慮しなかったものの(80)、「中越双方が平和的な方法で速やかに事態を収拾する」ことを求める外相談話を発表するなど、中越紛争において、中越両国のいずれにも加担しない姿勢を示そうとした(81)。中越・中ソ対立から距離を置くことで、将来的にインドシナ問題を日本が仲裁する能力が最大化されるとの期待が日本側には持たれていたのである(82)。

七九年六月に南東アジア第一課が作成した文書においては、左記のとおり日本の東南アジア政策について述べられており、インドシナ情勢の悪化後も、「福田ドクトリン」が追及した基本路線をアジア局が放棄していなかったことがわかる。

わが国の東南アジア外交政策はＡＳＥＡＮ諸国及びビルマとの友好協力関係を強化するとともにヴィエトナムをはじめとするインドシナ諸国との対話を維持しつつインドシナ諸国とＡＳＥＡＮ諸国との平和共存関係の樹立を側面から支援し、もつて東南アジア全体の平和と安定に寄与することに重点をおいている。[83]

3　カンボジア問題をめぐる日米の対応

ベトナムのカンボジア侵攻と親越政権の樹立は、一九九一年一〇月にパリで和平協定が調印されるまで、「カンボジア問題」として、東南アジアの地域安全保障問題の中核であり続けると同時に、グローバルなレベルでの米中ソ関係にも影響を及ぼした。

一九七九年九月に米国は、国連において民主カンプチアに議席を与えるというＡＳＥＡＮと中国の立場を支持した。それはヴァンス国務長官にとっては苦渋の選択であった。民主カンプチアの議席保持に賛成票を投じれば、ポル・ポト（Pol Pot）政権を支持したとみなされる。かといって反対票を投じれば、中国とＡＳＥＡＮの立場に逆らうことになるだけでなく、ベトナムのカンボジア侵攻を正当化することも意味したからである。[84]一方、ブレジンスキー大統領補佐官にとっては、反ソという共通目的のための米中戦略関係を強化するという観点から、カンボジア問題における米国の中国支持の必要性は明白であった。[85]

カーターに代わって一九八一年にレーガン（Ronald Reagan）が大統領に就任すると、グローバルな文脈から東南アジアの戦略的重要性はより高く位置づけられた。ヘイグ（Alexander Haig）国務長官はあらゆる機会をとらえてベトナムをソ連の代理人と呼んだ。[86]ホルドリッジ（John H. Holdridge）東アジア・太平洋問題担当国務次官補は議会の公聴会の証言で、ベトナムは東南アジアにおけるソ連の隠れ蓑であり、同地域に対するソ連の脅威は、アフガニスタン、アフリカ、中東、中米など世界中に見られるソ連の脅威の一部を成すものである、と述べた。[87]米国政府は、カンボジア問題解決が米越国交正常化の前提条件であると明確に示し、両国の正常化は一九九五年まで実現しなかった。

このように、米国はカンボジア問題において、米中ソ大国間関係の文脈においては明らかに中国側に立ってソ連を非難したが、ポスト・ベトナム以降の、東南アジアの安全保障問題への直接的介入を回避するという方向性は維持されており、中ソ両国と比して、その関心は低水準にとどまった。[88] かくして米国の態度は「ASEAN諸国のイニシアティブに従う」という消極的なものに終始してきた。[89] 国務省のASEAN重視の姿勢は、ASEAN諸国特にタイの安全保障の確保が米国の国益にかなうこと、また、ASEANがアジア・太平洋地域の経済発展の要になりつつあるという重要性から、一貫して維持された。[90] ところが、ASEANと中国の間で利益が異なる場合は、米国は対中関係をより大きく考慮したと考えられる。一九八一年七月の国連主催の「カンプチアに関する国際会議（ICK）」において、ASEANがクメール各派の武装解除と暫定政府の設置を含む政治解決案を準備した際、北京はこれを強く拒絶した。その際、米国のホルドリッジや東アジア・太平洋問題担当国務次官補代理のジョン・ネグロポンテ（John Negroponte）は、ASEAN各国の代表部を回って、中国の立場を受け入れるよう圧力をかけたのである。[91] このように、カーター政権末期以降の米国の東南アジア政策は、基本的には大国間アプローチをとりつつも、ASEANが地域協力の要として無視し得ないまでに成長するなかで、リージョナリスト・アプローチの視角も持たざるを得なかった。

一方、日本政府特に外務省アジア局は一貫して、カンボジア問題を中ソ・中越・米ソ対立から切り離し、ベトナムとASEANの対話を促進しようとする姿勢を維持していた。いいかえれば、「福田ドクトリン」で謳われた日本の東南アジア外交政策を維持したいとの熱意は根強かった。先述のとおり、対越経済援助を凍結したものの、これを早期再開するという姿勢は崩さず、七九年九月および一一月末には具体的な準備が進められた。[92] 後者については、一二月五日からの大平正芳首相の訪中において、対中経済協力を約することに鑑みて、対中・対越援助を公平に行いたいという意図からの援助実施の再検討であり、中越対立においてできる限り中立の立場を保ちたいという姿勢がうかがえる。[93] 米国側はこれに鋭く反応した。国家安全保障会議（ＮＳＣ）が駐日米国大使館を通じて、日本政府高官に対して、援助再開は米国で完全に誤解され、米国政府最高レベルによる公の批判を招くであろうとの「強いメッセージ」を送ったのである。結局、一二月三日に日本側は、援助再開は延期し、カンボジア情勢を慎重に見極めつつ考慮するとの返答を米側に行っている。[94]

こうして日本政府が対越援助凍結解除をする方針で検討を続けるなか、ソ連のアフガニスタン侵攻が起き、グローバルなレベルでの米ソデタントは完全に終焉を迎えることになった。外務省は、対越援助の実施時期を考えるにあたり、「アフガニスタン情勢は直接関係してくるとは考えておらず、又政府としてアフガニスタン問題をめぐる対ソ連制裁と対越援助方針を結びつける考えもない」との対外応答要領を作成しており、「西側の一員」としての対ソ政策と対インドシナ政策を切り離そうという姿勢がうかがえる。[95] だが結局日本政府は、一九八〇年三月初頭には、七九年度の対越援助実施は見合わせることとして、次年度において引き続き実施の時期を検討していくことを決定した。[96] 外務省が明らかにした援助実施断念の理由は、カンボジアの不安定な軍事情勢、ベトナムにおけるソ連軍の恒久基地化の可能性、およびカンボジアへのベトナム軍の行動に対するＡＳＥＡＮ各国の反発、などであった。[97]

カンボジア問題をめぐる日本の立場は、「西側の一員」として米国の意図に拘束されつつ、ＡＳＥＡＮとの協調路線を維持しようとするものであった。日本は、七九年一一月に、外国軍の即時撤退やカンボジアの民族自決、主権・領土保全の尊重などを内容とする国連決議案をＡＳＥＡＮとともに提出したのを皮切りに、ＡＳＥＡＮの唱えるカンボジア問題の「包括的政治解決」を支持した。しかし八一年度末には日本政府は、米国やＡＳＥＡＮの反応が好意的でなかったにもかかわらず、限定的ではあるもののベトナムに対する人道援助（三〇〇〇万円相当の医薬品）を供与した。[98] 正式な政府援助再開の条件についても、櫻内義雄外相は、八二年六月のＡＳＥＡＮ拡大外相会議の場で、「ベトナムが話し合いに真剣に応ずる姿勢を示せば、再開を検討することができる」と柔軟な姿勢を示した[99]。その後も人道援助供与の他、八四年一〇月のグエン・コ・タック外相訪日と日越外相会談、八五年一〇月の安倍晋太郎外相とヴォー・ドン・ザン（Vo Dong Giang）外務担当国務大臣会談が実現するなど、対越対話は重視された[100]。八五年一一月に南東アジア第一課が作成した文書「カンボディア問題を中心とするインドシナ情勢についての考え方」に明らかなとおり、外務省の「基本課題（理想）」は、「福田ドクトリン」で謳われたインドシナ諸国とＡＳＥＡＮ諸国の平和共存による東南アジアの平和・安定の確立であり続けたのである[101]。

おわりに

ベトナム戦争の終結は、日本の東南アジア外交を拡大させる契機となった。田中角栄政権は、一九七三年一月のベトナム和平の成立を「国際政治、国際経済が転換期を迎え、東西問題が終結に向かう」ととらえ、この情勢認識を背景として、日本が従来以上に「平和の創造にすすんで責務を果たすべき」であるという意気込みを示した[102]。七五年のサイゴン陥落により、インドシナの戦火が収まるかに見えたことは、軍事紛争継続中は憲法九条の制約により果たせる役割が限定的であった日本の外交政策の選択肢を増やすと思われた。

しかし、本章で見たとおり、東南アジア地域への日本の「外交的地平の拡大」は、米国の東南アジア政策と関連していた。すなわち、米国の東南アジア政策がリージョナリスト・アプローチをとる時に、日本の東南アジア外交が「拡大」する傾向にあったのである。その反面、米国の大国間アプローチが前面に出ると、日本の自由度は制限されることとなった。

ニクソン政権初期には、「ニクソン・ドクトリン」に基づき、アジア域内の中小国へのパワーの移譲が模索され、日本がカンボジア問題をめぐるアジア会議をインドネシアとともに主導したことは、高く評価された。しかしその後、ニクソン政権の関心は、米中ソ大国間の勢力均衡による秩序に移っていった。米国の国益に資する大国間の均衡を壊しかねない日本の北ベトナムへの接触はニクソン政権にとって許容できるものではなく、日本は正式な国交正常化交渉開始を、パリ和平協定締結まで待たなければならなかった。

フォード政権と初期のカーター政権は、楽観的な地域情勢認識の下、ＡＳＥＡＮおよびインドシナ諸国それぞれとの関係改善に前向きな姿勢を見せた。この時期には、日米で東南アジア情勢に関する認識の一致度が高かったため、日本が表明した「福田ドクトリン」も米国で高く評価された。しかしカーター政権後半にインドシナ情勢の悪化と中越対立の深刻化が明らかになる中で、ブレジンスキー大統領補佐官を中心に、米ソ対立を重視する視角が再び強まり、新冷戦と呼ばれる状況が現れる。新冷戦開始後は、米中関係を重視するカーター政権と、依然としてベトナムのソ連からの自主独立の傾向を強調する日本の間で、特に対越援助政策をめぐる立場の相違が明確になったのである。

一九八〇年代末から中ソ・米ソ対立が解消され、アジアにおける冷戦が終結するのを背景として、ようやくカンボジア問題は解決へと向かった。こうして再び大国間関係から地域ダイナミズムが切り離されるなか、日本はカンボジア和平プロセスで中心的役割を果たした。その過程で日本は、国連安全保障理事会常任理事国による和平プロセスを推進しようとする米国に対し、カンボジアの各派対立の現実を反映した日本・タイのイニシアティブへの理解と支援を求めた。それは、大国間アプローチをとる米国をリージョナリスト・アプローチへと引き寄せようとする動きでもあり、日本の東南アジア外交の強みが発揮されたものと評価できるだろう。(103)

こうしたポスト・ベトナム期の日本の東南アジア外交の姿勢には、かなり明確な一貫性が見られる。その中核は、冷戦的イデオロギーよりもナショナリズムと経済開発がこの地域の問題の本質であるととらえ、非軍事的手段をもって、政治的体制にかかわらず域内諸国の国家建設を支援し、また、インドシナ諸国とＡＳＥＡＮ諸国の協調的関係を促進するというものであった。日本は、米越、中越、越カ、中ソ関係の安定が不可欠であることから、これらの対立する二者の間で可能な限り中立的立場を維持し、また米越、中越などの間で仲介的役割も目指す意欲を示したのである。本章の分析視角に照らせば、政治指導者あるいは外務省内の部局によって多少の温度差はあるものの、日本の東南アジア外交に関する姿勢としては、全般的にリージョナリスト・アプローチの側面が強かったといえるだろう。

（1）Robert J. McMahon, *The Limits of Empire: The United States and Southeast Asia since World War II*, New York: Columbia University Press, 1999, p. 184.
（2）アジア局「総理の東南アジア諸国訪問用発言参考資料〈総理訪亜資料〉」一九七三年一二月（「田中総理東南アジア訪問関係（一九七四・一）」A'-1-5-1-16、外務省外交史料館所蔵）。
（3）五百旗頭真編『戦後日本外交史　第三版補訂版』有斐閣アルマ、二〇一四年、一八八頁。
（4）Steven Hurst, "Regionalism or Globalism? The Carter Administration and Vietnam," *Journal of Contemporary History*, 32-1 (January, 1997), pp. 83–84.
（5）当該時期の日本の東南アジア政策に対する世論、政治家の関心は高くなく、政策の企画立案にあたっては、政府特に外務省アジア局に相当程度のフリーハンドが与えられていた。したがって本章の日本側の分析対象は主として外務省アジア局である。河野雅治『和平工作―対カンボジア外交の証言』岩波書店、一九九九年、六―七頁、中村武氏へのインタビュー、二〇一一年一月一六日、東京、谷野作太郎氏へのインタビュー、二〇一五年一〇月九日、東京。
（6）若月秀和『「全方位外交」の時代―冷戦変容期の日本とアジア　１９７１―８０年』日本経済評論社、二〇〇六年。
（7）アンドレア・プレセロ「ヴェトナム戦争後の東南アジア秩序と日本」宮城大蔵編『戦後アジアの形成と日本』中央公論新社、二〇一四年。
（8）Andrew J. Gawthorpe, "The Ford Administration and Security Policy in the Asia-Pacific after the Fall of Saigon," *The Historical Journal*, 52-3 (2009), p. 698.
（9）Hurst, "Regionalism or Globalism?" pp. 83–84.
（10）"Informal Remarks in Guam with Newsmen," July 25, 1969, *Public Papers of the Presidents: Richard Nixon, 1969*, Washington D.C.: U.S. Government Printing Office, 1971, pp. 544–556.

（11）李鍾元「東アジアにおける冷戦と地域主義―アメリカの政策を中心に」鴨武彦編『講座世紀間の世界政治3　アジア国際秩序―脱冷戦の影響』日本評論社、一九九三年、二一九頁。ジョンソン政権の地域主義政策については、曺良鉉『アジア地域主義とアメリカ―ベトナム戦争期のアジア太平洋国際関係』（東京大学出版会、二〇〇九年）に詳しい。

（12）Robert S. Litwak, *Détent and the Nixon Doctrine: American Foreign Policy and the Pursuit of Stability, 1969–1976*, Cambridge: Cambridge University Press, 1986, p. 92.

（13）Amiko Nobori, "Japan's Southeast Asian Policy in the Post-Vietnam War Era: The Jakarta Conference, Economic Aid to Indochina Countries, and Diplomatic Normalization with North Vietnam," *Global Security Research Institute Working Papers*, No. 21（October 2007）.

（14）後宮大使（タイ）発外務大臣宛て電信「アジア諸国会議」一九七〇年五月一一日（開示文書（写）〇四-四六二-七〇、外務省外交史料館所蔵）。

（15）Minutes of Washington Special Actions Group Meeting, June 15, 1970, *Foreign Relations of the United State*［hereafter *FRUS*］, *1969–1976, Volume VI, Vietnam, January 1969–July 1970*, Document 326.

（16）"Second Annual Report to the Congress on United States Foreign Policy," *Public Papers of the Presidents of the United States: Richard Nixon, 1971*, Washington D.C.: U.S. Government Printing Office, 1972, p. 273.

（17）"First Annual Report to the Congress on United States Foreign Policy for the 1970's," *Public Papers of the Presidents of the United States: Richard Nixon, 1970*, Washington D.C.: U.S. Government Printing Office, 1971, pp. 116–190; "Second Annual Report to the Congress on United States Foreign Policy," *Public Papers of the Presidents of the United States: Richard Nixon, 1971*, pp. 219–345; "Third Annual Report to the Congress on United States Foreign Policy," *Public Papers of the Presidents of the United States: Richard Nixon, 1972*, Washington D.C.: U.S. Government Printing Office, 1974, pp. 194–346; "Fourth Report to the Congress on United States Foreign Policy," *Public Papers of the Presidents of the United States: Richard Nixon, 1973*, Washington D.C.: U.S. Government Printing Office, 1975, pp. 348–518.

（18）今川幸雄『ベトナムと日本』連合出版、二〇〇二年、八八頁。

（19）昇亜美子「ベトナム戦争と日本の東南アジア外交政策―日越国交正常化を通じて」防衛学会『新防衛論集』第二七巻第三号（一九九九年一二月）。

（20）「第一回ジョンソン大統領・佐藤総理会議要旨」一九六五年一月一二日、「佐藤総理・マクナマラ長官会議」一九六五年一月一三日（「佐藤総理訪米関係　会談関係」A'-444、外務省外交史料館所蔵）。

(21) アジア局ではきわめて脆弱な支持基盤しか持たない南ベトナム政権をアメリカが軍事的手段で支持することに懐疑的な者が多く、論語の言葉を引いて「朽木不可彫也(朽木は彫るべからず)」という表現がよく使われたという。たとえば後宮虎郎アジア局長がバンディ(William Bundy)国務次官補に対する発言においてこの表現を用い、南ベトナム政府は、アジアにおける他の分裂政権である韓国、台湾と比較して最も悲観的な様相を呈していると述べた。アメリカ局北米課「バンディ国務次官補と外務省幹部との会談要旨」一九六四年一〇月一二日(「椎名外務大臣訪米関係一件(一九六四・一二)」A'-362、外務省外交史料館所蔵)。この表現は、一九六八年からアジア局長を務めた須之部量三氏も用いており、同局内で一般的に持たれていた認識だということがわかる。須之部氏インタビュー、一九九八年四月、東京。

(22) Yoshihide Soeya, "Vietnam in Japan's Regional Policy," James W. Morley and Masashi Nishihara eds., *Vietnam Joins the World*, New York: M.E. Sharpe, 1997, p. 177.

(23) 長谷川和年『首相秘書官が語る中曽根外交の舞台裏―米・中・韓との相互信頼はいかに構築されたか』朝日新聞出版、二〇一四年、六二頁。

(24) アジア局「アジア・太平洋地域大使会議討議要旨(その一)―インドシナ関係」一九七五年七月一五日(開示文書(写)〇四-五一一、外務省外交史料館所蔵)。宮城大蔵「米英のアジア撤退と日本」波多野澄雄編著『冷戦変容期の日本外交―「ひよわな大国」の危機と模索』ミネルヴァ書房、二〇一三年、六五頁。

(25) アジア局「インドシナ情勢のアジアへの影響(第2版)」一九七五年五月一日(「インドシナ情勢」二〇一二―一七〇四」外務省外交史料館所蔵)。

(26) 同右。

(27) アジア局南東アジア第一課「わが国の対北越外交の考え方」一九七六年三月一二日、外務省開示文書。

(28) アジア局「五一年度ASEAN地域大使会議討議資料 I 対東南アジア政策(案)」一九七六年一一月(開示文書(写)〇二-九二一-二、外務省外交史料館所蔵)。

(29) 同右。

(30) 渡辺昭夫『アジア・太平洋の国際関係と日本』東京大学出版会、一九九二年、三六頁。

(31) 一九七〇年代後半の日米関係に関する最近の詳細な研究として、武田悠『「経済大国」日本の対米協調―安保・経済・原子力をめぐる試行錯誤、1975~1981年』(ミネルヴァ書房、二〇一五年)を参照。

（32）“Remarks upon Returning from Japan, the Republic Korea, and the Soviet Union,” November 24, 1974, *Public Papers of the Presidents of the United States, Gerald R. Ford: 1974*, Washington D.C.: U.S. Government Printing Office, 1975, pp. 662–663.

（33）Memorandum from Henry A. Kissinger to the President, “Meeting with Our Ambassador to Japan, James D. Hodgson,” undated, National Security Adviser, Presidential Country Files for East Asia and the Pacific, Box 7, Gerald R. Ford Library, Ann Arbor, MI ［hereafter Ford Library］.

（34）Memorandum from Henry A. Kissinger to the President, “Meeting with the Japanese Foreign Minister Kiichi Miyazawa,” undated, National Security Adviser, Presidential Country Files for East Asia and the Pacific, Box 7, Ford Library; Memorandum from Henry A. Kissinger to the President, “Meeting with our Ambassador to Japan, James D. Hodgson.”

（35）『朝日新聞』一九七五年五月一日。

（36）Memorandum from Peter W. Rodman to Secretary Kissinger, June 25, 1975, National Security Adviser, Presidential Country Files for East Asia and the Pacific, Box 7, Ford Library.

（37）調査部企画課「第二二回日米政策企画協議の概要」一九七六年二月、外務省開示文書。

（38）“NSSM 235 - U.S. Interest and Objectives in the Asia-Pacific Region（1 of 2）（1）,” Ford Library Website, http://www.fordlibrarymuseum.gov/library/document/0398/1982323.pdf, Accessed on November 28, 2015. 一九七六年の大統領予備選挙期間中には、フォード大統領はデタントという言葉の使用を差し控えると宣言するに至ったが、実際には在任期間中を通してデタントの理念と政策を放棄したわけではなかった。Gawthorpe, “The Ford Administration and Security Policy in the Asia-Pacific after the Fall of Saigon,” p. 699.

（39）“NSSM 235 - U.S. Interest and Objectives in the Asia-Pacific Region（1 of 2）（1）.”

（40）Ibid.

（41）Memorandum of Conversation, “Prime Minister Miki Call on President Ford,” June 30, 1976, *Declassified Documents Reference System*, Farmington Hills, Michigan: Gale, 2015 ［hereafter DDRS］.

（42）アジア局「五一年度ＡＳＥＡＮ地域大使会議討議資料　Ｉ　対東南アジア政策（案）」。

（43）Briefing Memorandum from Winston Lord to the Secretary, “Highlights of the 21st U.S.-Japan Planning Talks,” February 25, 1976, Japan and the United States: Diplomatic, Security and Economic Relations, Part I, 1960–1976, Digital National Security Archives ［hereafter NSA I］.

（44）Briefing Memorandum from Winston Lord, “Japan’s Foreign Policy Trends,” January 19, 1976, NSA I.

（45）Memorandum of Conversation, “Prime Minister Miki Call on President Ford,” June 30, 1976.

(46) David Skidmore, *Reversing Course: Carter's Foreign Policy, Domestic Politics, and the Failure of Reform*, Nashville: Vanderbilt University Press, 1996, p. 32.
(47) Daniel J. Sargent, *A Superpower Transformed: The Remaking of American Foreign Relations in the 1970s*, New York: Oxford University Press, 2015, p. 233.
(48) Address by the Secretary of State（Vance）before the Asia Society, New York, June 29, 1977, *American Foreign Policy Basic Documents 1977–1980,* Washington D.C.: U.S. Government Printing Office, 1983, p. 912.
(49) Ibid., pp. 913–914.
(50) Cyrus Vance, *Hard Choices: Critical Years in America's Foreign Policy*, New York: Simon and Schuster, 1983, p. 450.
(51) Cyrus Vance, "Meeting the Challenges of a Changing World," May 1, 1979, *Department of State Bulletin*, 79–2027（June 1979）, p. 18.
(52) Hurst, "Regionalism or Globalism?" p. 84.
(53) 東郷大使（米）発外務大臣宛て電信「総理訪米（第一回首のう《ママ》会談）」一九七七年三月二三日、外務省開示文書。
(54) Memornadum of Conversation, Carter and Fukuda et al., March 21, 1977, DDRS.
(55) Ibid.
(56) アジア局地域政策課「日米首脳会談関係発言要領」（一九七七年三月一八日）、外務省開示文書。
(57) Briefing Book, "Secretary's Trip to Japan," August 25, 1977, Japan and the United States: Diplomatic, Security, and Economic Relations, Part II, 1977–1992, Digital National Security Archives.
(58) Ibid.
(59) Zbigniew Brzezinski, *Power and Principle: Memoirs of the National Security Adviser 1977–1981*, New York: Farrar-Straus-Giroux, 1983, p. 197.
(60) Memorandum of Conversation, " Summary of Dr. Brzezinski's Meeting with Foreign Minister Huang Hua," May 21, 1978, *FRUS, 1977–1980 Volume XIII, China*, Document 109.
(61) Brzezinski, *Power and Principle*, p. 228. 安倍大使（国連）発外務大臣宛て電信「米越関係等（トウゴウ・ホルブルック会談）（A）」一九七八年九月二六日、外務省開示文書。
(62) ナヤン・チャンダ『ブラザー・エネミー――サイゴン陥落後のインドシナ』めこん、一九九九年、四五五頁。
(63) 南東アジア第一課「ア東一資料№七八－六七　ファン・ヒエン越外務次官訪日記録」一九七八年七月二〇日、外務省開示文書。

（64）Memorandum from Brzezinski to Carter, July 7, 1978, *FRUS, 1977–1980 Volume XIII, China*, Document 126.

（65）Brzezinski, *Power and Principle*, p. 228.

（66）*Ibid.*

（67）Memorandum from Brzezinski to Carter, January 26, 1979, *FRUS 1977–1980, Volume XIII, China*, Document 197.

（68）Memorandum of Conversation, Carter and Deng Xiaoping et.al., January 29, 1979, Document 205; Oral Presentation by President Carter to Chinese Vice Rremier Deng Xiaopinh, January 30, 1979, Document 206; Memorandum of Conversation, January 30, 1979, Document 207, *FRUS, 1977–1980, Volume XIII, China.*

（69）人見大使（タイ）発外務大臣宛て電信「東アジア政担会議（報告その三：インドシナ）」一九七八年三月二七日、外務省開示文書。

（70）若月秀和「冷戦構造の流動化と日本の模索―一九七〇年代」宮城大蔵編著『戦後日本のアジア外交』ミネルヴァ書房、二〇一五年、一六六頁。

（71）南東アジア第一課「ア東1資料No.七八－六七　ファン・ヒエン越外務次官訪日記録」外務省開示文書。

（72）同右。

（73）同右。

（74）同右。

（75）同右。

（76）Telegram from Embassy Tokyo to Secretary of State, “Fonmin Sonoda Report on His Conversation with Vietnamese Vice Fonmin Phan Hien,” July 6, 1978, Document Number: 1978TOKYO12285, Access to Archival Database, National Archives of Record Administration, College Park, MD.

（77）『朝日新聞』一九七八年一一月八日、『朝日新聞』一九七八年一一月三日。

（78）『読売新聞』一九七八年一二月二〇日。

（79）外務大臣発在ヴィエトナム大使宛て電信「カンボディア情勢に関連してのわが国の対越経済協力」一九七九年一月一八（開示文書（写）〇一－一九九三－一、外務省外交史料館所蔵）。

（80）谷野作太郎著、服部龍二・若月秀和・昇亜美子編『外交証言録　アジア外交―回顧と考察』岩波書店、二〇一五年、六二頁。

(81) 若月『「全方位外交」の時代』二五四頁。
(82) Report, "East Asia Review," February 20, 1979, Japan and the United States: Diplomatic, Security, and Economic Relations, Part III, 1961–2000, Digital National Security Archives.
(83) 南東アジア第一課「ア東一資料No.七九－三八　米越国交正常化問題に関する米側申入れに対する回答」一九七九年六月七日、外務省開示文書。
(84) チャンダ『ブラザー・エネミー』、六一五頁。
(85) Frederick Z. Brown, *Second Chance: The United States and Indochina in the 1990s*, New York: Council on Foreign Relations, 1989, p. 43.
(86) たとえば、一九八一年六月のCBSのテレビ番組での発言や、同年六月のASEAN諸国訪問中の発言など。Secretary Haig Interviewed on "Face the Nation," June 28, 1981, *Department of State Bulletin*, 81–2053（August 1981）, p. 51; *New York Times*, June 18, 1981.
(87) McMahon, *The Limits of Empire*, p. 196.
(88) 黒柳米司「カンボジア紛争終結過程とASEAN諸国―『ポスト・カンボジア』への教訓」岡部達味編『ポスト・カンボジアの東南アジア』日本国際問題研究所、一九九二年、三六―三七頁。
(89) 牟田昌平「米国の対ベトナム政策―米越国交正常化の課題」三尾忠志編『ポスト冷戦のインドシナ』日本国際問題研究所、一九九三年、二五五頁。
(90) Brown, *Second Chance*, p. 44.
(91) チャンダ『ブラザー・エネミー』、六二八―六三三頁。
(92) 佐藤晋「日本の地域構想とアジア外交」和田春樹ほか編『東アジア近現代通史9　経済発展と民主革命　1975－1990年』岩波書店、二〇一一年、八四―八七頁。
(93) アジア局「本年度の対越援助の実施について」一九七九年一一月二九日（開示文書（写）〇一-九四七-二、外務省外交史料館所蔵）。
(94) Secret Memorandum, December 5, 1979, DDRS.
(95) 外務大臣発在ヴィエトナム大使宛て電信「対越経済協力（対外応答要領）」一九八〇年一月九日（開示文書（写）〇一-一九九三-五、外務省外交史料館所蔵）。
(96) 決裁書「対越援助方針」一九八〇年三月三日（開示文書（写）〇一-一九九三-九、外務省外交史料館所蔵）。

(97)『毎日新聞』一九八〇年二月一三日。当時南東アジア第一課長であった中村武氏は、対越援助凍結継続にあたりアフガニスタン侵攻は考慮しておらず、ベトナム軍のカンボジア駐留問題とASEAN諸国への配慮によるものであったと述べている。ASEANの中でも特にインドネシアやマレーシアは日本に対し、たとえ対越援助を再開したとしても、カンボジアからのベトナム軍撤退にはつながらないだろうとして、慎重な対応を求めていた。中村武氏インタビュー。

(98) 稲田十一「対越援助凍結をめぐる日本の政策と外交的意味」三尾忠志編『インドシナをめぐる国際関係—対決と対話』日本国際問題研究所、一九八八年、三三八頁。

(99)『朝日新聞』一九八二年六月一八日。

(100) 南東アジア第一課「ア東一資料八五—三二　カンボディア問題を中心とするインドシナ情勢についての考え方」一九八五年一一月一日（開示文書（写）〇一-六八五-一、外務省外交史料館所蔵）。

(101) 同右。

(102) 第七一回国会における田中内閣総理大臣施政方針演説、一九七三年一月二七日、外務省『わが外交の近況　昭和四八年版（第一七号）』四三二頁。

(103) 当時の東アジア・太平洋問題担当国務次官補リチャード・ソロモン（Richard H. Solomon）は、日本とタイのイニシアティブを「リージョナル・アプローチ」と呼び、両国が一九九〇年六月の「東京会議」前に、米国の支持を取りつけようとしたと回顧している。これに対してソロモンは、日タイ両国に、安保理常任理事国によるプロセスの価値を確信させようとしたという。Richard H. Solomon, *Exiting Indochina: U.S. Leadership of the Cambodia Settlement & Normalization of Relations with Vietnam*, Washington D.C.: United States Institute of Peace, 2000, p. 52.

第三部　冷戦後の新展開

第七章

冷戦後東アジアの秩序変動と日本外交
——パワー・トランジション研究から見る対立の構図と展望

黄　洗姫

はじめに

東アジアにおける中国の台頭と米国の衰退が続く中で、多くの論者は米中のパワー・シフトがもたらした軋轢に注目している。東アジアの現状を説明する先行研究では、主に当該地域における米中間の政策的な動向および対立の様相に関する分析や、日米協力の推進等については一定の研究が蓄積されている[1]。また日米韓関係に関しては、協力の必要性を指摘する研究は多い[2]ものの、三カ国協力の停滞や不安定な現状を国際政治の構造から説明する研究は不十分である。

本章は、パワー・トランジション論の諸研究を用いて東アジアにおける対立の構図を描くとともに、米中間、日中間、そして日韓間の対立が際立つ東アジアの現状が、各国間のパワー関係の変化という構造的な要因に起因することを明らかにする。具体的には、米中関係、日中関係、日韓関係という三層において、それぞれパワー・シフトが起きていることを理論的に考察し、そこにおける秩序変動の力学に促される形で日本外交の役割と地平が拡大していることを指摘する。さらに同時に、既存の秩序に対する不満を増大させる傾向にある中国をめぐる地域情勢や地域諸国の対応が、同盟国関係や日本外交の拡大に一定の制約を課していることも明らかにする。その上で、今後の当該地域の安定に寄与するための日本外交への示唆を引き出したい。

一　分析視角

1　パワーの配分と国際政治(3)

パワー・シフトが多層的に進行している東アジアの秩序変動の姿を理解するために、本章はパワーの配分に着目した国際政治理論を援用する。国家間におけるパワーの配分から国際政治の力学を説明する理論として、勢力均衡論（balance of power theory）が最も広く参照されてきた。勢力均衡論は国家を唯一のアクターとして想定し、同盟締結を国家の普遍的な国力増大の手段とみなした。同理論によると、国家間のパワーの配分が均等な時に国際体制は最も安定するという(4)。しかし、東アジアの現状を説明するには、勢力均衡論はもはや有効性を失ったように見える。大国間のパワーが対等になった際に国際秩序が安定するという仮説は、米中間のパワー・バランスが縮まることで不安定性を増しているようにみえる現在の東アジアの状況を説明できないのである。

一方、オルガンスキー（A. F. K. Organski）が提示したパワー・トランジション論（power transition theory）によると、国際政治システムは各国の異なる産業化速度によりパワーの配分が形成され、国家別のパワーに従ったヒエラルキーが現れる。産業化を通じた国家内部の発展を国力増大の重要手段とみなす同理論によると、国際システムにはヒエラルキーの頂点に立つ支配的国家（dominant power）が主導する国際秩序に満足する国家群と不満を持つ国家群が存在する。この理論では、支配的国家が提供する国際秩序に不満を抱いている国家が急速な経済成長を果たし挑戦勢力として台頭した場合、国際システムの危機が訪れるという。覇権を握っている支配的国家と挑戦国の国力が対等になり、自国に有利な国際秩序を作ろうとする挑戦国の不満が高まった場合、戦争勃発の可能性が高いとパワー・トランジション論は予測する。(5)パワー・トランジション論は中国が台頭した国際システムの変化を論じる理論的根拠を提供してくれた。(6)しかし国家の内部的な発展に注目するパワー・トランジション論は、勢力均衡論が重視していた国際システム内の国家間協力を排除したため、同盟協力により維持される安全保障秩序を分析するには不十分である。

これに対して、アライアンス・トランジション論は、国家の内的能力（internal capability）と外的能力（external capability）を同時に考慮した「調整された総合国力（adjusted national capability、以下総合国力）」を提示する。(7)そこでは、経済成長等に基づく国家の内部的発展と、同盟締結等による他国との協力を反映した外的能力を同時に勘案した国力測定により、国際システム内の変化をより的確に把握することが可能になる。また、パワー・トランジション論が支配的国家と挑戦国家という二国間の争いを分析対象に限定したのに対して、アライアンス・トランジション論は現状の秩序を維持しようとする支配的国家およびその同盟勢力と、現状打破を図る挑戦国家と同盟勢力間の対立を対象とする。同盟締結による国力増大を勘案することで、アライアンス・トランジション論は、産業化以前から現在にいたる国際システム下の国家間関係を説明することを可能にした。とりわけ、アライアンス・トランジション論を近代化以降の東アジアに適用した研究では、支配国家と挑戦国間の総合国力が対等で、挑戦国の不満足度が高い場合、戦争が勃発する可能性が高まることや、(8)同盟関係を考慮した両国間の国力が対等になると戦争が勃発する可能性が四一パーセント増加することが検証された。(9)国家内部からの国力成長と、他国間協力に基づく外的な国力成長を同時に勘案して、国際システムの変化を捉えるアライアンス・トランジション論は、東アジアの現状を理解する有効な分析視角を提供してくれる。

一方、国際システムの頂点に立つ大国間の対立に注目する従来のパワー・トランジション研究を、地域レベルの国家間紛争に適用する研究が存在する。レムキー（Douglas Lemke）は、世界システムのヒエラルキーの下に、地域別のヒエラルキーが存在しており、地域のヒエラルキーの下に覇権国と満足国家、不満足国家が共存すると

図１　国際政治の多層ヒエラルキー

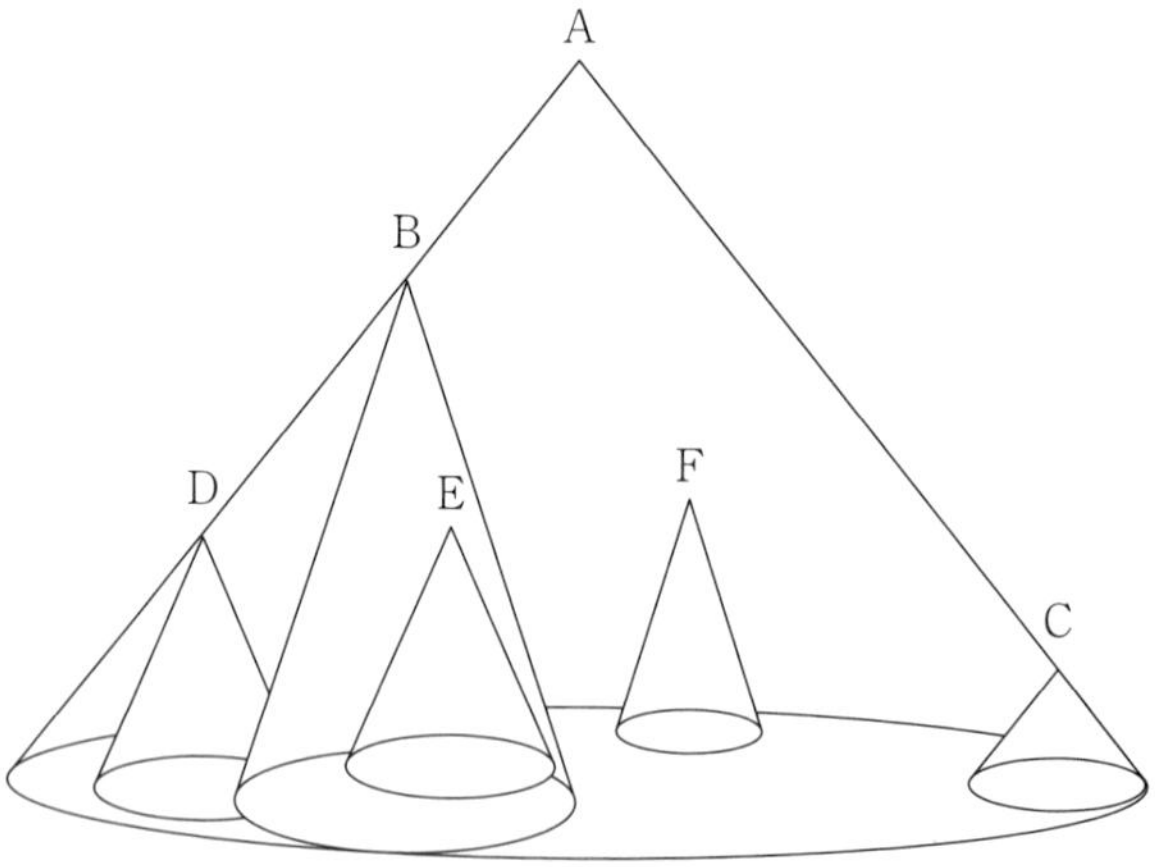

出所：Douglas Lemke, "Small State and War: An Expansion of Power Transition Theory," p. 80.

みなした。彼はこのような国際政治の構造を「多層ヒエラルキー（multiple hierarchy）」と命名した[10]（図１）。多層ヒエラルキー・モデルから見ると、米国を頂点にする世界システム下には多数下位ヒエラルキーが存在しており、東アジアにおいても同様のヒエラルキーが形成されている[11]。このようなローカル・ヒエラルキーにおいても、地域覇権国と挑戦国家間の国力が対等で、挑戦国家の不満足が増加した際に戦争の可能性が増加するという、パワー・トランジションの仮説が成立することが検証されている。

2　変化する東アジアのパワー・パリティ

それではパワー・トランジションの諸研究に鑑みた場合、現在の東アジアはどのように理解できるだろうか。第一に、世界レベルにおいて、そして東アジア地域において、米中間の力関係に転機が訪れているのは明らかである。国際政治におけるパワーの配分を重視する研究は、世界のパワー全体を1とした場合、一国が占める比率を換算した「国力総合指数（Composite Index of National Capability, CINC）」を算出してきた[12]。同指数によると、二〇〇〇年代から米中のパワーの逆転が見られる（図２）。数量的なパワーの配分から見ると、中国がローカル・ヒ

図２　国際システム下のパワーの配分

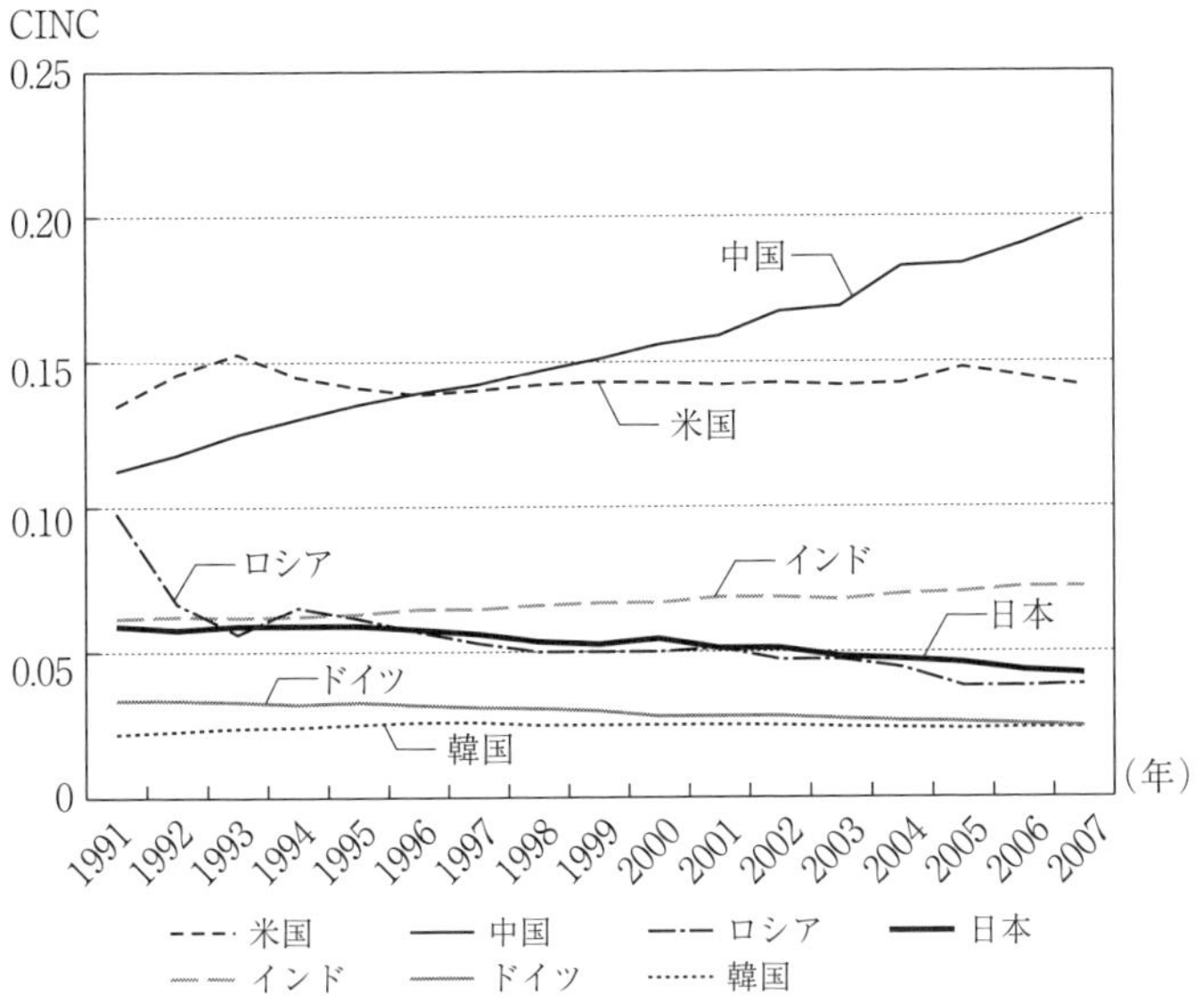

出所：CINC データを基に書者が作成

エラルキーにおける覇権国として台頭したかに見える。

しかしこのような指数に基づく分析と、圧倒的な中国優位が確立されているとは思われない実際の国際情勢との間にはギャップがある。そのギャップは、アライアンス・トランジション論から修正することができる。これまで中国の台頭をめぐる議論では、主に経済成長や軍事力の増強を強調する意見と、一人当たりGDPの低さをはじめとする社会発展の遅れから中国の台頭を疑問視する見方が対立していた。さらに、財政危機の中で現実となった米国の衰退を重視し、米中間の地位逆転を予測する声も上がっている。しかし、すべての協力国の国力を一国の国力測定に反映するアライアンス・トランジション論の総合国力モデル(13)から見ると、域内の主要先進国である日本、韓国をはじめ、台湾、タイ、フィリピンと軍事同盟を結んでいる米国の総合国力は、依然として中国を遥かに超えることは明らかである。

その一方で、南シナ海等における紛争の勃発により、同盟諸国が米国のコミットメントに不安を抱く傾向が強まっているのも事実である。さらに米国の東アジアへの関与が中国を刺激し、米中間の衝突可能性が増大する危険も存在する。すなわち、東アジアは依然として米国主導の国際システムを堅持しているものの、アライアンス・トランジションが生じる可能性も排除できない状態である。

また、CINCによれば、日本の国力衰退の傾向も見られ、日中間、および日韓間のパワー・パリティ（power parity）の変化、すなわち米中関係とは異なった地域レベルでのパワー・シフトが起きている。この場合、日中間のパワー・パリティの変化が著しいのに比べて、日韓間のパワーの変化はまだ限定的である。とはいえ、総じて、域内諸国のパワーの変化が激しく、地域秩序が変動しやすい構図となりつつあることは明らかである。すなわち、システムの頂点に立つ国家とそれに挑戦する国家の間におけるパワー関係の変化と同時に、ローカル・ヒエラルキーを構成する主要国家間においてもパワー・シフトが発生しているのである[14]。

このような東アジアの現状は、国際政治における各国の行動を説明する機会（opportunity）、意思（willingness）、認識（perception）という要因に変動が生じていることを確認できる。米国と中国はもちろん、日中、日韓間においてもパワー関係の変動（機会要因）と同時に不満足度の増加（意志要因）が発生しており、このような変化は相互への脅威を刺激することで誤認（認識要因）の可能性を増大させる。したがって、パワー・トランジションの諸研究が指摘するように、東アジア地域全体の安定が変わりやすい環境へ移行しているのだ。

以上の分析を踏まえて、本章では、国際システムの頂点に立つ国家が交代する現象を「パワー・トランジション」とし、国際政治システムにおけるパワーの配分が変化する現象を「パワー・シフト」と定義する。このような定義に基づくと、現在の東アジアでは米中間のパワー・トランジションはまだ生じていないものの、米中、日中、そして日韓の各二国間関係においてはパワー・シフトが起きていることが明らかになる。これまで混同されることの多かった二つの用語を区別することで、各ヒエラルキーにおいて展開される国家関係のダイナミズムを的確に捉えることが期待できる。

次節からは、多層ヒエラルキー・モデルに基づいて、米中間のヒエラルキーと東アジアにおけるローカル・ヒエラルキーに見られるパワー・シフトの現状を分析する。このような分析のために、本章は多層ヒエラルキー・モデルによって想定できる国家間関係を次の三つに区分する。すなわち東アジアにおける覇権国と挑戦国の関係（米中関係）を第一階層（the first tier）、ローカル・ヒエラルキーに存在する地域同盟国と挑戦国の関係（日中関係）を第二階層（the second tier）、そして地域同盟国間関係（日韓関係）を第三階層（the third tier）と定めた各分析レベルにおいて、不満足度の増加（意志要因）と相互認識（認識要因）を考察する。

二　第一階層（覇権国と挑戦国の関係）——米中間のパワー・シフト

1　新型大国関係と相互不信を刺激するグローバル・コモンズ

中国はすでに、米中間のパワー・シフトを既定事実とみなしている。近年中国が訴えている「新型大国関係」は、このような中国の自信の表れとして理解できる。新型大国関係とは、地域大国となった中国を米国が認めることを求めたうえ、覇権競争の代わりに戦略的な協力に基づく米中の共存を目指す中国の意思表明である。二〇一三年六月、米国を訪問した習近平中国国家主席はオバマ大統領との会談において、①衝突と対立の回避（不沖突、不對抗）、②相互尊重、③共同繁栄を新型大国関係の三原則として提示した[15]。すなわち、グローバル・ヒエラルキーにおける米国の優位を中国が認める代わりに、アジア太平洋地域における中国の地位を尊重してほしいという、グローバル・ヒエラルキーとローカル・ヒエラルキーの相互承認の取引である。

中国が主唱する「新型大国関係」に対して、米国はいったん慎重な姿勢を堅持している。ブッシュ政権期の米国は、中国に「責任あるステークホルダー（responsible stakeholder）」の姿勢を要求したこともあるが、現在では経済力に基づいた中国の積極的な国際関係への取組みに戸惑いを見せている。アフガン・イラク戦争の長期化や二〇〇八年の金融危機以降、相対的な衰退を経験した米国としては、積極的に自己主張を強める中国の態度を東アジアのローカル・ヒエラルキーにおける米国の地位を脅かすものとしてとらえてしまうのだ。

リーバーサルとワン（Lieberthal & Wang）は、米中関係に存在する「相互不信の非対称性（asymmetry in the mutual distrust）」を分析し[16]、米中が互いに抱いている不信の本質は、実は自国の脆弱な部分へつながっていることを指摘した。すなわち、中国の対外政策に対する米国の牽制を、中国は主権回復という中国の課題に対する阻害要因として認識している。米国としては、東アジアにおける中国の自己主張の強化を、衰退しつつある米国の影響力に置き換える試みとして理解している。そして最も脆弱な部分に対する脅威であるからこそ、両国は相互に対する警戒をますます強める悪循環へ陥りやすい。

このような米中間の相互不信が浮き彫りになっているのが、グローバル・コモンズをめぐる両国の対立である。覇権国としての米国は、国際システムの円滑な運用のため、海上、航空、宇宙における自由な接近と安定を核心的な要素とみなしてきた[17]。それゆえに、近年堅調となった中国、インド、ロシア等からのグローバル・コモンズに対する挑戦を、米国への挑戦として認識している。中でもアジアの海洋におけるプレゼンス拡大を試みる中国の動向は、米国としては座視し難いものである。そのためオバマ政権発足以降、米国は自国の力の限界を認め、同盟国との協力により世界レベルの安全保障を維持することに力を注いできた[18]。二〇一〇年の「四年ごとの国防政策見直し（QDR）」[19]や、クリントン（Hillary Clinton）国務長官によるアジアへの回帰宣言[20]などに見られるように、米国の戦略的な軸としてのアジアの重要性がより強調されている。

他方、南シナ海と東シナ海を中心とした中国の「海洋力（海权、sea power）」の推進は、海洋問題を経済的な潜在性と領土回復による国家建設の完結という文脈から理解することができる。海洋利益（sea interest）と海洋権利（sea right）が結合した概念である中国の海洋力は[21]、海洋権益の保護および拡大を主権保護への連続線上で働きかけ、中国社会のナショナリズム的勢力からの強い支持を得るようになった。こうした海洋力の基本目標は海洋領土の保全、海洋権益の保護、国家安全保障の保持[22]であり、同盟国との連携により東アジア海洋におけるプレゼンスの維持を図る米国を、統一中国の建設の阻害要因と認識することになる。結局、米国がグローバル・コモンズに対する脅威として捉えている中国の海洋戦略は、中国とっては国内政治の課題と密接に関連した問題として捉えられているのである。このように、米中両国の東アジア戦略が前述した「相互不信の非対称性」を互いに刺激し、グローバル・ヒエラルキーやローカル・ヒエラルキーにおける両国の対立を増長している。

2　東アジアにおける中国の取組み

こうした中、二〇一四年一一月に開催された中央外務作業会議において、習近平主席は「中国的特色の大国外交」を主唱した[23]。彼は中国共産党の指導と社会主義を守りながら、平和的発展の道をたどると同時に、正当な権益を放棄し核心的な国益を犠牲にすることはないと強調した。また同演説において習主席は、外交政策の今後の課題として周辺国外交の強化と「一帯一路」構想の推進を提示した。

とりわけ「一帯一路」構想は、中国式のグローバル・コモンズを提供し、国際社会と連携した平和的な発展を図る中国の狙いを明らかにしたものである。中国から中央アジアを経由してヨーロッパへ至るシルクロード経済ベルト（一帯）と、マラッカ海峡やインド洋を経由しヨーロッパへつながる海洋シルクロード（一路）を構築し、東アジアの物流ネットワークの発展とインフラの整備・改善を目指す同構想は、開発途上国に対する多額の開発援助を計画している。

そしてこれらを実行するための資金を部分的に供給するために、中国はアジアインフラ投資銀行（ＡＩＩＢ）設立を推進し、二〇一四年一〇月、インドを含めた二一カ国と了解覚書を締結した。当初国際社会はＡＩＩＢの支配構造や透明性の問題から参加に否定的であったが、イギリスをはじめ、先進国が次から次へと参加を表明し、二〇一五年六月二九日、五七カ国の創設メンバーのうち五一カ国が設立協定に調印する形で、比較的順調な滑り出しを見せたのである。ＡＩＩＢの設立は、東アジア地域における中国のプレゼンスを確認する出来事であると当時に、今後ローカル・ヒエラルキーにおいては中国の力と役割が米国を超えるパワー・トランジションの可能性さえ示したといえるかもしれない。

開発援助を求める中央アジアや島嶼諸国との協力の推進は、中国の高圧的な外交姿勢を警戒する諸外国の不安を和らげる効果を生む。アライアンス・トランジション論の観点から見ると、ＡＩＩＢの創設と一帯一路構想の推進は、中国の総合国力を増大する重要な契機を提供する出来事といえる。従来のアライアンス・トンラジンションが注目する同盟締結等による軍事安全保障面での外的能力の増大は期待できないものの、域内諸国の中国に対する協力的な姿勢を引き出すことで、ローカル・ヒエラルキーにおける現状変革のコストを最小限に抑えることが可能になる。

ただし、一帯一路構想が成功するためには、依然として対立が際立つ東シナ海、南シナ海での周辺国関係を改善する必要がある。中国は「中国的特色の大国外交」を掲げることで、現在の国際秩序に順応した和平発展を継続する意思を示している。しかし、米国が主導する従来の秩序が中国の核心利益を脅かす際には、断固とした対応をとることも明確にしている。結局、中国は周辺国との協力的な関係構築を念頭におきながらも、核心利益として定めている主権および領土問題においては依然として強硬な姿勢を堅持している。

以上のように、「新型大国関係」の実現を図ろうとする「中国的特色の大国外交」は、グローバル・ヒエラルキーで生じている米中間のパワー・シフトの具体的な表れであり、近年行われてきた米国の東アジア戦略に対する中国の意思表明、ないし対外戦略の提示とも考えられる。そして対立局面が目立つ東アジアの海洋においては、核心利益を保護しながら周辺国外交を展開するという、矛盾するかに見える課題を調整することが中国の今後の課題でもある。当面の間、グローバル・ヒエラルキーにおける米国の優位を受け入れながら、ローカル・ヒエラルキーにおける優越的地位を求める中国の行動に対して、米国がいかなる対応をとるのかにより、グローバル・

ヒエラルキーおよび東アジアローカル・ヒエラルキーの安定が揺れ動くことになるだろう。

三　第二階層（地域同盟国と挑戦国の関係）——日中間のパワー・シフト

1　日米同盟と日中対立がローカル・ヒエラルキーにもたらす影響

前節で確認したように、グローバル・ヒエラルキーの頂点に立つ覇権国としての米国と、ローカル・ヒエラルキーの覇権国を狙う中国との関係変化は、国際政治システム全般に影響をもたらしつつある。とりわけ、米国との二国間同盟を根幹にして維持された東アジアの秩序は、海洋権益を囲む中国と沿岸国間の軋轢という挑戦を受けている。覇権国米国の主要同盟国であり、総合国力の算出にも影響を与えるプレーヤーである日本と中国の間においても、同様の軋轢が生じている。

さらには、米国が地域アーキテクチャーを再調整するに際して、海洋をめぐる諸問題は明確な阻害要因となっている。一般的に、国力の差が大きい二国間の安全保障協力は、「自主性－安全保障交換（autonomy - security trade - off）同盟」に分類されるものが多く、東アジアにおける米国の二国間同盟がその典型である。比較的国力が小さい国家が自国の安全保障を確保するために自主性の一部を大国に委託するこのような同盟では、常に自主性と安全保障のバランスをとる政策運営が行われる[24]。ところが、海洋問題が顕著になるにつれ、米国の東アジア同盟諸国および協力諸国が米国に自国の主権保護を要請する傾向が年々増加しつつある。多くの東アジア諸国は、紛争解決のために米国の関与を求めつつも、中国との対立に一定の歯止めをかけたいと願っており、そのために米国の立場から自主性を確保したいという思惑も抱いている。このように安全保障の確保と対中政策上の自主性を両立させようとする衝動が併存する中で、二国間同盟における自主性と安全保障の取引の均衡が微妙に崩れてきている。同盟国と米国間の同盟バランスの混乱は、米国の総合国力を低下させる危険を常に有している。

日中関係の懸案となっている尖閣諸島をめぐる緊張も、以上のような東アジア海洋における米中対立の構図の下に置かれている。従来から日米同盟は、グローバル・ヒエラルキーにおいてと同時に、東アジアにおける米国の総合国力の増大および優位の維持を可能にした土台であった。したがって、米国のリバランス戦略を実行するにも、日米同盟の役割分担が核心的な役割を担っているのはいうまでもない。そのため、安倍政権が推進する積極的平和主義に基づく平和安保法制の改正に対して、米国は強い支持を表明してきた。二〇一五年四月二七日に開催された日米安全保障協議委員会（通称ＳＣＣ）において、両国は、日米同盟をアジア太平洋地域の平和および安全の礎として定めた上、尖閣諸島が日米安全保障条約第五条が規定したコミットメントの範囲に含まれることを再確認した。また同日、両国は新たな「日米防衛協力のための指針」を発表し、地域および国際社会における日米同盟の国際貢献機能を拡大するとともに、平時から緊急事態に至る抑止力および対処力の強化の声明を発表した。国際安全保障環境に対する日米同盟の協力を強化することにより、尖閣諸島を含む日本防衛に対する米国のコミットメントを確保するという、日本側のロジックが米国によって確認されたといえる。

後述するように、米国の後押しを受けながら、日本は同年九月、集団的自衛権の部分的行使を認める法律改正を行い、海外での武力行使が禁止された従来の防衛政策の制約から脱却することになった。そして、国際社会における広範囲の協力を訴えながらも、こうした日米同盟の強化により東シナ海における米国のコミットメントの強化を期待する日本のロジックは、当然ながら中国の警戒を巻き起こすことになる。日米同盟が米国優位を保つための手段でありながら、さらなる米中対立、そして日中対立の火種にもなり得るのである。

2　競争と協力が並行する日中関係

こうした中、二〇一四年一一月に開かれた日中首脳会談では、「日中関係の改善に向けた話合い」が合意された。中でも日中間の尖閣諸島および東シナ海における緊張管理のために、危機管理メカニズムを構築することに両国が合意したのは注目に値する。すでに両国は、同年六月に青島で開かれた西太平洋海軍シンポジウムにおいて「海上衝突回避規範（ＣＵＥＳ）」に合意している。日米中三カ国をはじめ、二一カ国の海軍当局者が参加した同合意は、海上で発生する偶発的な事態の衝突防止のための取組みである。ローカル・ヒエラルキーにおける国家間対立が懸念されるがゆえに、事務レベルにおける危機回避、あるいは衝突防止のための協力の必要性も高まっている。

偶発的な衝突防止に対する両国の協力が実現すれば、日中関係の改善や地域秩序の安定に寄与するだろう。一方、中国が前述した「中国的特色の大国外交」の一環として対日関係改善が行われる場合、主権や核心利益の保護を優先する可能性は常に潜在する。以上の状況に鑑みると、ローカル・ヒエラルキーの秩序をめぐる日中間の対立と協力の諸要因が混在する中、両国関係の展開が今後の地域秩序にも影響をもたらすことが考えられる。

中国のＡＩＩＢ創設問題においても、日中間の対立の構造は顕著になりつつある。前述のようにイギリスやドイツ、フランスをはじめとする先進国やＡＳＥＡＮの一〇カ国とインド、韓国といった東アジア諸国が創設メンバーとしてＡＩＩＢへの参画を表明したのに対して、米国と日本はまだ慎重な姿勢を変えていない。東アジアの従来の金融・経済秩序に対する中国の挑戦は、ローカル・ヒエラルキーにおける日本の地位をさらに脅かすものとしてとらえられるだろう。

中国の積極的な地域戦略に対して、日本もローカル・ヒエラルキーにおける自国のプレゼンスを拡大するための戦略を展開している。第一に、日本はアジア開発銀行（ＡＤＢ）と連携し、アジアのインフラ整備のため、今後の五年間、約一一〇〇億ドル（約一三兆二千億円）を投じる計画を明らかにした。[25] 多額の財政支援とともに、技術協力や人材育成などを重視する「日本流」の国際貢献を強く打ち出したのである。東アジアの地域発展のために、財政支援と良質の技術提供といったソフトパワーをアピールすることで、日本の対アジア政策を展開しようとしている。

第二に、安倍政権は平和安全法制の制定を推進し、二〇一五年九月一九日、平和安全法制関連二法が成立した。自衛隊法、国際平和協力法等の改定による平和安全法制整備法と、国際平和支援法の制定は、日米同盟のグローバルな協力を可能にする法的な基盤を提供し、日米同盟の国際貢献機能を強化することが期待される。[26]同時に、このような日米同盟の強化、および機能の拡大は、ローカル・ヒエラルキーはもちろん、グローバル・ヒエラルキーにおける米国の総合国力を増進する効果をもたらす。国際システムの現状維持国家同士である日米両国の協力深化は、東アジアのローカル・ヒエラルキーにおける米国の優位を確実にすることになるが、このような日米の連携強化が中国にとっては対中牽制の取組みとして受け取られることも確かである。日米協力や国際社会および東アジアにおける日本の積極的な取組みが日中間の相互不信を増大させないように、信頼醸成措置を確保することも同時に考えなければならない。

このように、中国が地域大国としての地位の確立を試みている東アジアのローカル・ヒエラルキーにおいて、主要なプレーヤーである日本の中国政策いかんにより地域秩序の安定が揺れ動く可能性が増大しつつある。歴史問題や尖閣諸島をめぐる近年の対立を最小限度に管理する一方で、地域における主導権争いの局面が増えることが予想される。

四　第三階層（地域同盟国間）――日韓間のパワー・シフト

1　対中接近と米韓同盟のはざまで

アライアンス・トランジションを刺激するもう一つの変数は、米国の同盟国である日韓の間に存在する軋轢である。国際システム下の「満足国家」同士においてパワー・パリティが変わりつつある中、歴史問題等により日韓関係には相互不信が高まる一方である。日米同盟、日韓同盟を通じて展開されてきた日米韓協力が、同盟離脱のような極端的な事態により崩壊する可能性は極めて低いが、日韓協力の停滞は米国の東アジア政策において負の要素として作用している。アライアンス・トランジション論から見ると、同盟国間の協力に齟齬が生じると、米国の総合国力は低下し、さらに各国の総合国力の低下へつながる。その結果、覇権国と挑戦国間の総合国力の差は縮まり、覇権国が提供してきた地域秩序においても不安定が増してしまうのである。

朝鮮半島周辺の現状維持が主な目的であった日韓協力が停滞する中、中韓関係においては、比較的協力の進展が見られている。北朝鮮の核問題や北方境界線（NLL）防衛を中心とした対中協力を図る韓国としては、米韓同盟を基軸としながら、韓中接近を求めてきた。とりわけ、西海の最北端島嶼（通称西北島嶼）周辺の北方境界線一帯は、二〇〇〇年代から南北の武力衝突の舞台となってきたため、韓国が対中協力を求める原因を提供すると同時に、中国にとっては米韓同盟を推進する要因として警戒すべき材料でもあった。二〇一〇年一一月、北朝鮮による延坪島砲撃を受け、米韓は黄海（韓国名西海）において史上最大の連合訓練を実施した。米国の空母ジョージ・ワシントン号が参加した同訓練に対し、中国はその作戦範囲に北京、上海等が含まれるとして反対した。[27]海洋をめぐる米中間の軋轢が朝鮮半島をめぐって再燃する蓋然性は依然として高いのである。

このような事情から、韓国は朴槿惠政権の発足以降、米韓協力の深化を続けると同時に、朝鮮半島周辺における米国の軍事プレゼンスに対する中国の警戒を払拭することにも努めてきた。効果的な対北抑止のための米韓コミットメントを、中国の警戒感を刺激しないように管理しなければならないのが、韓国の悩みである。中でも懸案になっているのが、サード・ミサイル（終末高高度防衛ミサイル、THAAD）の韓国配置問題である。北朝鮮の核ミサイル開発に対応する抑止政策の一環として、韓国政府は韓国型ミサイル防衛（KMD）の開発を推進してきた。米国の本土防衛とは性質の異なる韓国のミサイル防衛体制としてKMDの有効性を強調するのが、従来の韓国政府の公式見解であった。しかしながら、米韓同盟の「相互運用性」の向上を図り、事実上KMDと米国のミサイル防衛は一体化が進んでいる。サード・ミサイルの韓国配置は、このような米韓ミサイル防衛システムの一体化を決定的なものとする事案である[28]。

このような状況に対して、中国は当然ながら強い警戒感を表している。中国はサード・ミサイル体制の邀撃ミサイル自体よりも、その運用に伴うXバンドレーダー、AN／TPY-2の配置を懸念している。一〇〇〇kmから一八〇〇kmの探知距離を有する同レーダーが韓国の西海岸（黄海）に配置された場合、上海、天津、大連等の軍事施設や、中国の大陸間弾道ミサイル、潜水艦弾道ミサイルの探知が可能になる[29]。さらに二〇一四年一二月二九日に締結された日米韓情報共有の覚書により、米国を介した日米韓の北朝鮮核・ミサイルに関する緊密な情報共有が可能になった。結局中国は、日米韓の情報共有に基づいた三カ国のミサイル防衛システムの連動を、米国の戦略的な中国包囲網を北東アジアにまで拡大させるものと認識している[30]。従来からの米韓同盟の主な狙いであった局地的な戦争抑止機能から、米国のリバランス戦略と連携した地域安定機能へと拡大する動きであり、中国の警戒心が高まるのは自然であろう[31]。

2　日韓関係改善の可能性と展望

韓国の戦略的立場の難しさゆえに、日韓関係の改善はますます先延ばしになっている。日米同盟と米韓同盟の緊密な連携が日米韓三カ国の総合国力の増大をもたらすことは明らかであるが、韓国はこのような三カ国連携が中国と北朝鮮を刺激する事態を回避しようとする。また対中接近と米韓同盟の深化を両立させたい韓国としては、日本の対中強硬策を懸念してきた。朝鮮半島の現状維持に対する近隣地域諸国との協力の必要性は熟知しながらも、日米韓協力が対中牽制として機能することには慎重な姿勢を堅持している。

一方、平和安保法制の制定により集団的自衛権の行使が可能になった日本に対して、韓国は朝鮮半島における日本の影響力拡大を警戒する。朝鮮半島有事の際、日本が集団的自衛権を行使するには韓国政府の同意が前提になるというのが韓国政府の公式見解であるが、安全保障における日韓間の役割分担が明確でない現状から、日米同盟下の後方支援と自衛隊の朝鮮半島介入の境界が曖昧な現状に対する不信感が漂っている。[32]韓国は、集団的自衛権の行使から始まった日米同盟の機能拡大に米韓同盟が連携した場合、北東アジアをめぐる日米韓対北朝鮮－中国－ロシアという対決構図を刺激する可能性を警戒している。安倍政権が推進する「戦後レジームからの脱却」に不信感を抱く韓国世論に配慮せざるを得ない韓国政府としては、地域安全保障における日本の役割拡大を積極的に支持することには躊躇がある。

このように、近年の日米韓の足並みが揃わないまま、米国の指導力さえ疑われている。[33]中国の東アジアにおける台頭が既定路線となり、米国が総合国力を高める切迫した必要性を認識しながらも日韓関係の調整に実質的なリーダーシップを発揮できないのは、米国が抱える課題の難しさを証明するものであった。そして二〇一四年に勃発したウクライナ危機やイスラム国（ＩＳ）との戦いなど、相次ぐ世界的な課題に直面した米国は、同盟および協力国の支持と協調なしに国際政治の諸問題を解決することが困難な現状を日々確認している。ウクライナ危機時に浮き彫りとなったＥＵ諸国間の非協調は、米国の外的能力を構成する同盟国協力の低下を実感させる。日韓関係の低迷においても同様の現象が見られ、日米韓協力の停滞は、ローカル・ヒエラルキーの安定を脅かす潜在性を有している。

しかし、二〇一五年からは、このような状況を打開しようとする認識が日韓両国で蘇りつつある。同年六月、両国で開かれた日韓国交正常化六〇周年記念式典に両国の首脳が相互出席したことは、漸進的な関係改善の動きとして注目された。日韓軍事交流の開始が報道されるなど、日米韓の安全保障協力の活性化への働きも見られる。そして先述した日米韓情報共有覚書の後続措置として、同年四月には日米韓防衛実務者協議（ＤＴＴ）が開催されるなど、日米韓三カ国の実務レベル協議が続いている。安全保障分野における実務的な協力の構想が進行する中、韓国の対中接近を日米両国がどこまで容認するのか、そして日米韓安全保障協力を中国がどこまで受け入れるかという課題が、韓国政府が直面している悩みである。このような韓国の立場に対しては、日本がどの程度理解を示し、日韓協力を推進していくのかは、日韓両国関係のみならず、ローカル・ヒエラルキーの安定にまで影響を与えるといえる。中国の反発を回避しながら日米韓協力の円滑な進展が見られれば、東アジアローカル・ヒエラルキーの秩序の安定的な運営が保障されるだろう。

おわりに――東アジア秩序における日本外交の重要性

以上のように、東アジアのローカル・ヒエラルキーには、米国のアジア戦略の再調整と中国の地域秩序での積極的な自己主張が際立つ中、三つの階層において従来の安定を揺るがす要因が潜在している。そして、このような各階層の変動において、日本は重大な影響をもたらす地域同盟国として機能している。日米同盟と連携する日本の地域秩序への取組みと、それに対する地域諸国の反応いかんによって、地域秩序の安定がもたらされることもあるし、また逆に、関係国間の緊張および対立が激化する可能性もある。そしてこのような地域秩序と日米同盟のダイナミズムは、本書が注目する日本外交の地平を拡大する機会であると同時に、日本外交の足場を狭くする危険をも内包している。

東アジアの秩序形成と日米同盟の緊密なつながりは、必ずしも米中間のパワー・シフトが顕著となった近年の現象ではない。日米同盟の緊密化は、一九九〇年代に行われた日米同盟の再定義の連続線上のものとして理解できる。ソ連の崩壊というグローバル・ヒエラルキーの変化は、一時期米国の東アジアの秩序維持の要である日米同盟を漂流させた。しかし、結局日米両国は、日米同盟をアジアの安定維持のための主要な機能を果たすものとして再定義した。数年間にわたる協議を経て、一九九七年、日米両国は「日米防衛協力のための指針」の見直し（新ガイドライン）や「四年ごとの国防計画の見直し（ＱＤＲ）」を通じて、日米同盟の存在意義を確認した。このような米国のアジア戦略は、グローバル・ヒエラルキーの頂点に立つ国が提供する秩序は安定するという理論的想定に合致するものであった。そして、そのことを同盟国との協力が覇権国の総合国力を高めるというアライアンス・トランジション論から見ると、当時の米国の総合国力は疑うことなくポスト冷戦期の頂点にあったといえる(34)。

一方、同時多発テロで始まった二〇〇〇年代は、米国が一極優位の世界を維持することに課題を抱えはじめた時期であった。国際システム構図を変えるパワー・トランジションは起こらなかったが、長期化する対テロ戦争による米国の国力の衰退を防止するためにも、グローバル・ヒエラルキーにおける現状維持勢力の結束や現状に不満を抱える挑戦する国家の浮上を管理することが重視されるようになった。このような米国に最も協力したのが日本であり、日米両国の地域秩序維持のための協力がさらに強調された。他方、この時期の米国のグローバル・ヒエラルキーの再構築と維持への努力が、ギルピン(Robert Gilphin)が指摘していた覇権国の覇権維持費用を増大させ、米国の相対的な衰退に拍車がかかり、その間中国の台頭が顕著になった。そして二〇〇八年のリーマン・ショックを受けて、米国はグローバル・ヒエラルキーの変化を認めざるを得なくなった。

このような経緯をたどった現在の東アジアでは、本章が明らかにしたように、米国を軸とした現状維持がますます困難になっている。中国と沿岸諸国との軋轢に米国の関与が有効に機能しない状態が続くと、米国が提供する現状の秩序に不満を抱く国家がさらに増加することさえ予想される。アジアへの回帰と同盟国の役割分担を求める米国には、中国との直接対立を回避しながらも当該地域の紛争解決のための役割が期待されている。アライアンス・トランジション論の視角からすれば、同盟国が米国にさらなるコミットメントの保証を求めつつ、米国の関与に反発する中国に同時に対応しなければならない状況は、同盟を反映した現状維持諸国の総合国力の低下と不満足度の増加をもたらしかねない。米国が同盟諸国の要求に適切に対応できない場合、同盟の離脱により支配国家である米国の総合国力が低下する恐れがある。かといって東アジアにおける米国のプレゼンスを過剰に強化すると、現状に対する中国の不満が急速に高まる危険性がある。そこには、米国の東アジア戦略を強く実行することで、米国の同盟関係が揺らぎ現実に中国に有利なアライアンス・トランジションを招きやすい構図が存在する。

このような情勢の中で、中国の不満を管理し米国主導の現状を維持するにも、また三層にまたがるパワー・シフトを安定化させるためにも、とりわけ地域の主要プレーヤーである日本の役割が重要である。米中間のパワー・シフトが日本外交の地平拡大を容易にすると同時に、日本の地域秩序への積極的な取組みが中国を刺激したり、韓国との協力を遮る側面も浮き彫りになりつつある。日本の戦略および外交路線が地域秩序にもたらす影響を認識した上で、日中関係の改善と日韓協力の推進といった米国の同盟諸国間の結束を並行して進める必要がある。そこでは、現状に対する中国の不満をコントロールすることも重要な課題であり、日本があまりに日米同盟にのみ集中し、地域全体における日本の動向がもたらす影響が軽視されてはならない。

本章が分析したように、グローバル・ヒエラルキーにおけるパワー・トランジションはまだ不確実であるが、東アジアのローカル・ヒエラルキーにおいてパワー・シフトは現実化しつつある。先行研究は、覇権国が衰退する原因を、主に覇権国が担う費用の増大や他国のフリーライディングから生じる覇権秩序の危機に関連づけて理解してきた[35]。これに対して本章では、覇権国が負担する費用の問題の他にも、既存の秩序をめぐる覇権国と挑戦国の対立や、同盟国同士で生じる利益の相違および相互不信の問題をアライアンス・トランジション論の視点から解明することを試みた。そして各階層における国家間の対立、または安定的な関係構築において、日本の行動が重大な影響をもたらす要因であることを確認した。東アジアの安定のためにも、日米同盟の強化と地域秩序の維持を包括する日本外交が求められるのである。

（1） 近年の米国のアジア政策転換と日米同盟の変遷に関する研究としては、山口昇「米国のアジア『回帰』と日米同盟」『海外事情』第六〇巻七・八号（二〇一二年七月）、二二―三四頁、森本敏「東アジアの変動要因と日米同盟関係」『海外事情研究所報

告』第四六巻（二〇一二年）、三―一五頁等を参照。

（2）韓国の安全保障戦略と日米韓協力の必要性を分析した研究としては、阪田恭代「『グローバル・コリア』と米韓同盟―李明博政権時代の同盟変革」小此木政夫・西野純也編『朝鮮半島の秩序再編』（慶應義塾大学出版会、二〇一三年）、二七―五六頁等参照。

（3）パワーの配分に関する国際政治理論の整理は黄洗姫「東アジアの海洋安全保障における日米韓協力とその課題―アライアンス・トランジション論の観点から」『海洋政策研究』第一三号（二〇一五年三月）を修正・加筆したものである。

（4）勢力均衡論に対する評価は Ernst B. Haas, "The Balance of Power: Prescription, Concept, or Propaganda," *World Politics*, 5–4（Jul., 1953）, pp. 442–477; R. Harrison Wagner, "Peace, War, and the Balance of Power," *The American Political Science Review*, 88–3（Sep., 1994）, pp. 593–607 を参照。

（5）A. F. K. Organski, *World Politics*, New York: Knopf, 1958; A.F.K. Organski and Jacek Kugler, *The War Ledger*, Chicago: University of Chicago Press, 1980.

（6）Jack S. Levy and William R. Thompson, *Causes of War*, Malden, MA: Wiley-Blackwell, 2010, p. 45.

（7）Woosang Kim, "Power Parity, Alliance, Dissatisfaction, and Wars in East Asia, 1860–1993," *The Journal of Conflict Resolution*, 46–5（Oct., 2002）, pp. 654–671; Woosang Kim and James D. Morrow, "When Do Power Shift Leads to War?," *American of Political Journal of Science*, 36（1992）, pp. 896–922.

（8）Woosang Kim, "Power Parity, Alliance, Dissatisfaction, and Wars in East Asia, 1860–1993," pp. 654–671.

（9）金宇祥「パワー・トランジションと東アジアの安全保障秩序に関する経験的な研究」『韓国政治学会報』第三五巻四号（二〇〇二年、三月）、三七七―三九四頁。

（10）Douglas Lemke, "Small State and War: An Expansion of Power Transition Theory," in Jacek Kugler and Douglas Lemke, eds., *Parity and War: Evaluations and Extensions of The War Ledger*, Michigan: University of Michigan Press, 1996, pp. 77–91; Douglas Lemke, *Regions of War and Peace*, Cambridge: Cambridge University Press, 2002.

（11）Douglas Lemke, *Regions of War and Peace*, pp. 90–91. レムキーの区分によると、北東アジアのローカル・ヒエラルキーは中国、日本、モンゴル、北朝鮮、韓国、台湾によって形成されている。

（12）ＣＩＮＣは、国防予算（武器支出と人件費）、経済規模（エネルギー消費量と鉄鋼生産量）、そして人口（都市人口と総人口）の算定により世界各国の国力を測る。ＣＩＮＣによる国力算定は National Material Capabilities（v4.0）, from Correaltes of War（http://www.correlatesofwar.org/）、最終閲覧日：二〇一五年一〇月二六日；J. David Singer, Stuart Bremer, and John Stuckey, "Capability Distribution, Uncertainty, and Major Power War, 1820–1965," in Bruce Russett ed., *Peace, War, and Numbers*, Calif.: Sage Publications, 1972 参照。

（13）総合国力の算定は Woosang Kim, "Power Parity, Alliance, Dissatisfaction, and Wars in East Asia, 1860–1993," pp. 662–663 参照。

（14）東アジアのローカル・ヒエラルキーの現状について、地域秩序をめぐる覇権国と構成国家間の相互作用に着目する研究も存在する。Evelyn Goh は、ヒエラルキーを覇権国が規定した秩序に順応と抵抗を繰り返しながら地域秩序を再構築していくものとして理解する。Goh は現在の東アジアを、米国が頂点に立つ地域秩序の中に中国をいかに取り込むかという課題を抱えていると分析し、物質的な国力変化に注目するパワー・トランジションとは異なる、オーダー・トランジションと定義する。このような分析は物質的な側面と観念的側面を総合的な考慮した地域秩序全体の説明として有意義であるものの、本章が注目するような、ローカル・ヒエラルキーの各階層における国家間の相互作用とそれが地域全体にもたらす影響を分析するには不十分である。Evelyn Goh, *The Struggle for Order: Hegemony, Hierarchy, and Transition in Post-Cold War East Asia*, Oxford: Oxford University Press, 2013.

（15）『人民日報』二〇一三年六月一〇日。

（16）Kenneth Lieberthal and Wang Jisi, "An Overview of the U.S.-China Relationship," in Nina Hachigian ed. *Debating China*, Oxford: Oxford University Press, 2014, pp.10–11.

（17）Michele Flournoy and Shawn Brimley, "The Contested Commons," *Proceedings Magazine*, Vol.135,（July 2009）（http://www.usni.org/magazines/proceedings/2009–07/contested-commons 最終閲覧日：二〇一五年一〇月三日）.

（18）Robert M. Gates, "A Balanced Strategy: Reprogramming the Pentagon for a New Age," *Foreign Affairs*, 88–1（January/February 2009）.

（19）Department of Defense, "*Quadrennial Defense Review*," February 2010（http://www.defense.gov/Portals/1/features/defenseReviews/QDR/QDR_as_of_29JAN10_1600.pdf　最終閲覧日：二〇一五年一一月二〇日）.

（20）Hillary Clinton, *Remarks on Regional Architecture in Asia: Principles and Priorities*, Public Address at Honolulu, Hawaii, January 12, 2010; Hillary Clinton, "America's Pacific Century," *Foreign Policy*, November 2011.

（21）娄成武・王刚「海权–海洋权利与海洋权益概念辨析」『中国海洋大学学报』第五期（二〇一二年）、四五―四八頁、方杰「全球化时代中国海权探析」『保定学院学报』第二五巻五期（二〇一二年九月）、一七―二五頁。

（22）方杰、同右。

(23)『新華通信』二〇一四年一一月二九日（http://news.xinhuanet.com/politics/2014-11/29/c_1113457723.htm 最終閲覧日：二〇一五年一一月二〇日）。

(24) Glenn H. Snyder, *Alliance Politics*, Ithaca: Cornell University Press, 1997.

(25) 日本経済新聞、二〇一五年五月二二日。

(26) 平和安全法制の内容は内閣官房「平和安全法制等の整備について」参照（http://www.cas.go.jp/jp/gaiyou/jimu/housei_seibi.html 最終閲覧日：二〇一五年一一月二〇日）。

(27) 韓国『毎経新聞』二〇一〇年一一月二六日。

(28) 韓国におけるサード・ミサイル配置問題に関しては黄洗姫「サード・ミサイル配置をめぐる韓国の葛藤」東京財団ユーラシア情報分析ネットワーク、二〇一五年三月参照（http://www.tkfd.or.jp/research/project/news.php?id=1522 最終閲覧日：二〇一五年一一月二〇日）。また、韓国のサード・ミサイル配置が米国の総合国力の増大にもたらす効果をアライアンス・トランジション論から分析した研究は Woosang Kim, "Rising China, Pivotal Middle Power South Korea, and Alliance Transition Theory," *International Area Studies Review*, 18-3 (2015), pp. 251-265 参照。

(29) キムホンギュ「サードの朝鮮半島導入？」『Sungkyun China Brief』第二巻第二号（二〇一四年四月）、八四―九一頁。

(30) 黄洗姫「サード・ミサイル配置をめぐる韓国の葛藤」。

(31) 米中両国の戦略変化が米韓同盟にもたらす影響に関しては倉田秀也「習近平『新型大国関係』と韓国―朴槿恵政権の『均衡論』」『主要国の対中認識・政策の分析』日本国際問題研究所、二〇一五年三月、二九―四三頁参照。

(32) 曺良鉉「四月の日米首脳会談以降の東アジアの戦略構図と韓国外交」『主要国際問題分析』韓国外交安保研究院、二〇一五年九月、一一二―一一三頁。

(33) Michael Auslin, "Asia's Year of Escalating Tensions: Maybe East Asian Nations Really Hate Each Other Enough to Flirt with War," *Wall Street Journal* (Online), December 26, 2013 (http://online.wsj.com/news/articles/SB10001424052702303799404579281993278993628 最終閲覧日：二〇一五年一一月二〇日).

(34) 冷戦後に行われた日米同盟の機能拡大に関しては、本書の第九章、佐竹の論文を参照。

(35) 代表的な研究としては Robert Gilpin, *War and Change in World Politics*, New York, NY: Cambridge University Press, 1981.

第八章

冷戦後日豪関係の発展と中国
――「チャイナ・ギャップ」と「チャイナ・コンセンサス」の間で

石原　雄介

はじめに[1]

二〇〇七年三月に東京において当時のジョン・ハワード（John Howard）豪首相と安倍晋三首相が署名した「安全保障協力に関する日豪共同宣言」は、日本が戦後初めて同盟国米国以外のパートナーと安全保障協力に特化した宣言を発出した画期的な出来事となった[2]。以後、日豪防衛当局間の関係は、それまで防衛「交流」と位置づけられてきたものから、明確に防衛「協力」に格上げされることとなった。実際、防衛分野における日豪関係は着実に発展を遂げており、頻繁なハイレベル交流に加えて、陸海空軍種の各種共同訓練の拡充や、物品役務相互提供協定（ＡＣＳＡ）、情報保護協定（ＩＳＡ）、防衛装備品移転協定といった協力の実務的基盤が整備されている。また、人道支援災害救援（ＨＡＤＲ）や国連平和維持活動（ＰＫＯ）を含む非伝統的分野において、日豪両国は実際の協力実績を積み上げており、たとえば二〇一一年三月に東日本大震災が発生した際は、豪空軍のＣ－17輸送機が陸自部隊や支援物資の輸送を行っている[3]。さらに、近年東シナ海および南シナ海を中心とした中国の「サラミ・スライシング戦術」とも呼ばれる「力による一方的な現状変更」の試みが見られる中、日豪両国は米国と共に一致して懸念を表明し、「ルールに基づく秩序」の重要性を強調している。このような多層的かつ多分野にわたる協力関係の発展を踏まえ、日本国内では豪州を「準同盟国」と位置づける声さえ聞かれるようになった。[4]

日豪関係が着実に発展する中、多くの学者が中国の台頭と日豪関係を関連づけて議論してきた。トーマス・ウィルキンス（Thomas Wilkins）とマルコム・クック（Malcom Cook）は、日本と豪州の安全保障協力が進展した背景要因として「中国の台頭が媒介要因の役割を果たした」と指摘し、多少の温度差はあれ、日豪両国が中国の台頭が有する「負の側面」に問題意識を強めていると主張する。[5] また、山本吉宣は、日米豪三国間の関係強化を中国に対する「集団的な関与と集団的ヘッジ」を進める枠組みとして概念化している。[6] 山本の概念は、三国が一致して中国の「将来的な方向に関する不確実性への備え」に取り組むことを意味し、日豪関係の発展はその重要な一部としてとらえられている。[7] こうした議論は、それぞれ特色のある立論や概念化を行っているものの、一様に日豪協力発展の要因を中国の台頭に求めている点で共通している。すなわち、中国に関する両国の問題意識や政策の一致が日豪関係の発展を促しているとの「チャイナ・コンセンサス」論と呼ぶこともできよう。

一方で、これとは対照的に、中国の台頭に関して両国間で問題認識は一致しておらず、そのことが日豪関係発展の阻害要因や制約になるとする「チャイナ・ギャップ」論も根強く存在する。ニック・ビズリー（Nick Bisley）は、中国に関する「明らかな態度の違い」が「最も大きな制約要因」であり、日豪協力が「戦略的に重要な分野に発展する」ことはないだろうという見方を披露している。[8] また、日豪関係について数多くの論考を発表してきた寺田貴は、中国の台頭に関する認識の相違をどのように克服するかが、日豪あるいは日米豪協力発展にとり重要な論点であると指摘している。[9]

「チャイナ・コンセンサス」論と「チャイナ・ギャップ」論は、日豪関係における中国要因について大きく異なる視座を提示している。このような両論の存在をどのように理解するべきなのであろうか。もちろん、これまでの研究においても、中国に関する日豪間の認識の一致や不一致の存在について部分的な議論はなされてきたが、冷戦後二五年間の日豪関係の発展を詳細に分析し、なおかつ日豪両者の視点をふまえたうえで中国要因が日豪関係にどのような影響を及ぼしたかを実証的に検証した研究は存在しない。

本章では、冷戦後二五年間の日豪関係の発展を、特に防衛分野の協力関係を中心に振り返りながら、日豪の中国認識および政策にどのような一致や不一致が存在したのかを探るとともに、そのことが両国の関係形成に与えた影響について検討する。このような分析を通じて本章では、前述の「チャイナ・コンセンサス」論と「チャイナ・ギャップ」論[10]の双方が重要な視座であり、両者を踏まえなければ、日豪関係における中国要因を十分理解できないと主張する。

一　中国問題の起源——一九九〇—一九九六年

1　日豪防衛交流の開始と豪州の戦略認識

冷戦期において、日豪防衛当局間の接触は艦艇の寄港に代表される親善を目的としたものを除いてほとんど皆無であったといえる[11]。この状況に表立って変化が見られた年が一九九〇年であった。同年三月に、ロバート・ホーク（Robert Hawke）労働党政権は、ポール・ディブ（Paul Dibb）戦略・インテリジェンス担当国防副次官とアラン・バーモント（Alan Beaumont）豪軍副司令官を日本に派遣し、外務省および防衛庁当局者との意見交換が行われた[12]。同年五月には日本の防衛当局の長として初めて石川要三防衛庁長官が豪州を訪問し、徐々に防衛当局間の交流が開始されることとなった。石川長官は、ロバート・ホーク首相を表敬するとともに、ロバート・レイ（Robert Ray）豪国防大臣と会談し、「アジア太平洋における米軍のプレゼンス、両国の防衛政策、両国間の人的交流」について議論が行われた[13]。その後、一九九二年九月にレイ国防大臣が訪日し、防衛当局間の対話の定例化が提案されると、実際に一九九五年に日豪両国は外務防衛当局によるいわゆるPM協議と防衛当局間対話であるM

M協議を毎年開催することで合意し、一九九六年に年次会合が開始されている。

冷戦後に日豪防衛交流の構築に取り組み始めた豪州の政策は、この時期に同国がアジア太平洋地域において展開しつつあった広範な地域関与強化の取組みの一環であった。一九八九年一二月にギャレス・エヴァンズ（Gareth Evans）外相は、議会において「豪州の地域安全保障」を発表し、地域において「安全保障共同体」を形成するため、「総合的で」「多角的な」関与を強化する必要性があると強調した[14]。当初、エヴァンズ外相声明を含め、このような関与強化の対象として、東南アジアから南太平洋に係る「主要な戦略的関心地域」と呼ばれる一帯が強調されていた。ところが、日中韓諸国の国力が継続的に高まる中、国防当局を含む豪州の安全保障上の地域関与は、徐々に北東アジアを明確に含むアジア太平洋への関与という形に変化する[15]。ポール・キーティング（Paul Keating）労働党政権（一九九一年から一九九六年）が発表した国防政策の基本的方針を示した重要文書である『一九九三年戦略見直し』や『一九九四年国防白書』においては、それまでの国防関連文書とは違い、日本を含む北東アジアを包含するアジア太平洋地域を明確に国防当局の関与の対象と位置づけたのである。

豪州がこの時期にアジア太平洋地域への関与強化を打ち出した背景には、冷戦終結にともなって、地域秩序に不確実性が生まれているとの認識があった。とりわけ①地域における米国の役割の変化、②中国の長期的な台頭、③日本の将来的な役割の三点が、この時期の豪州の様々な安全保障関連諸文書において一貫して議論されている。これら三つの要素は、以下で論じるとおり相互に関連しつつ、豪州の地域関与強化を促す役割を果たしたと評価できよう。キーティング首相は回顧録の中で、首相在任中に直面した重要な課題の一つとして、「冷戦終結に伴い、米国は戦略的にどこまでアジアに関与し続けるか」が重要な政策的論点であったと振り返っている[16]。キーティング労働党政権は、時に「対米自主」の発想を持ち合わせた政権として分析されることもあるが、少なくとも冷戦後も引き続き米国の地域における関与とプレゼンスが地域秩序にとって本質的に「代替不可能」な役割を担っていることを理解していた[17]。まさに、米国の重要性を理解しているからこそ、冷戦後も米国がアジア太平洋への関与を継続するのかについて一定の懸念を有していたといえよう。『一九九四年国防白書』は、「米国は冷戦後においても西太平洋における強力な軍事的プレゼンスを伴いつつ、予見可能な将来において戦略的にアジアに関与し続けるだろう」との見通しをたて、同国の役割を評価しつつも、米国が「地域における平和と安定を維持する主要な責任を求めることも、受け入れる事もないだろう」との悲観的な見通しを示した。さらに、米国の継続的な地域関与に対する懸念は、米国の経済に対する不安とも相まって、同時期の様々な戦略文書で繰り返し表明されることとなった(18)。

アジア太平洋地域における米国の政策動向に不確実性がともない、その長期的な衰退が懸念される中、豪州は「地域の戦略情勢は従来以上にアジア諸国自身によってますます規定される」との認識を強めていく。そして、このような文脈で、豪州は特に中国の台頭への戦略的関心を繰り返し表明していた。早くも『一九九四年国防白書』は、「最も重要な経済成長の焦点」として中国が台頭し、一五年後の二〇〇九年頃までに「アジアで最も巨大で、世界で二番目の経済」として浮上するとの長期的な見通しを示した。またその前年に発表された『一九九三年戦略見直し』は、台頭する中国が地域秩序に対してリスク要因となる可能性を認識しており、中国が米国にとって「長期的に地域における戦略的ライバル」として浮上する可能性に言及し、また台湾や南シナ海をめぐる中国の動向に注視する姿勢を見せている(19)。このように豪州は自国の国防という狭い観点ではなく、広くアジア太平洋の地域秩序の文脈で、中国の台頭がもたらす長期的なリスクを評価していたといえよう。

豪州の対日政策は、このような米中両国に対する同国の認識と密接に連関したものであり、この時期に豪州の労働党政権が関与強化を打ち出した重要な背景を形成していた。前記で述べたとおり、豪州が日本を地域安全保障上の不確実要因として認識していたことは当時の政策文書に明記されているが、このことは、必ずしも当時の豪州が日本を同国の安全保障上の直接的なリスクとして認識していたことを意味しない。エヴァンズ外相が明言したとおり、すでに豪州は太平洋戦争が「重くのしかかる」時代を過去のものとしており、アジアにおける多国間制度や国連平和維持活動といった分野における日本の役割拡大を明確に歓迎していた。むしろ、豪州が注目していたのは、冷戦終結と前後する形で日本が安全保障上の役割を拡大させつつある中で、地域諸国と日本の関係がどのように展開するかにあったといえよう[20]。この文脈で、特に重要な要素の一つとされたのが、日本の対中政策や日中関係であった。『一九九四年国防白書』は、地域の戦略的情勢に影響を与える要素として、中国の地域政策に対する日本のアプローチに具体的に言及していた。キーティング首相は「多くの点で、日中関係の展開がアジアの将来を決定づけるだろう」と強調するなど、豪州が日本と中国の関係に注意を払っていることは明らかであった[21]。

このように、日中関係を含む不確実性が存在する中、地域諸国が安全保障上「安心」する上で、豪州は、米国の地域関与そして日米同盟の役割が引き続き重要であると繰り返し指摘していた。一九八九年一一月に閣議決定され、一九九二年に部分的に公開された『一九九〇年代における豪州の戦略企画』と呼ばれる国防政策の指針文書は、冷戦終結という国際秩序の転換期を意識しつつ日本の潜在的な軍事力を含む不確実性に関する地域諸国の懸念が、米国の関与を地域諸国が歓迎する要因であるとしており、また一九九五年一二月のエヴァンズ外相の演説では、日米の安全保障関係に変化がなければ「日本はより攻撃的な軍事能力を獲得する必要も傾向も持たないだろう」と評価している[22]。豪州政府関係者によれば、この文脈において東南アジアといった中小国だけではなく、特に中国に対する再保証が重要視されていたとされる[23]。このような見解は、日中関係の潜在的不安への手当てとして米国の役割を重視する視点であるともいえ、その意味で日米中三国は密接に関連づけられて認識されていた。また、このことは一九九〇年代前半において、対中国関係の文脈で日本を不安視する目線がすでに豪州側に存在していたことを意味する。

以上の認識を基礎として、豪州は、アジア太平洋地域への関与を打ち出し、特に一九八九年に創設されていたＡＰＥＣの首脳級への格上げや一九九〇年のアジア安全保障協力機構の提唱といった、多国間制度構築に力を注いだことは広く知られている。さらに、これと並行する形で豪州は、地域諸国との二国間関係の強化を多国間外交以上に「より主要な手段」として同時に進める政策を打ち出しており、日本との政策対話や交流を強化する政策はその重要な柱であった。当時の対日防衛交流に関わっていた豪州政府当局者は、日本との実務的な協力関係を目指すというよりも、まずはアジアの全般情勢に関する両国の認識や政策について議論するとともに、豪州の問題意識を日本に伝達するためのチャンネルを築く狙いがあったと指摘している。[24] このような中、豪州は地域諸国の「敏感さ」に配意しつつ、「抑制された形で」徐々に日本との防衛当局間対話や交流を開始する取組みを始めることとなった。

2 チャイナ・コンセンサスの起源

一九九〇年代前半に豪州が地域関与の強化に取り組み始めた頃、日本もまた多角的な安全保障対話や交流の強化に乗り出していた。一九九一年六月にジャカルタで開催されたＡＳＥＡＮのシンクタンク連合であるＩＳＩＳ年次会合およびフィリピンとタイによって共催された安全保障協力に関するＡＳＥＡＮ関連会合に出席した佐藤行雄外務省情報調査局長は、ＡＳＥＡＮ拡大外相会議（ＰＭＣ）を活用した対話強化の提案について地域諸国と非公式の議論を行い、その動きは、高級事務レベル会合を伴うＡＳＥＡＮ-ＰＭＣにおける多国間安全保障対話を提唱するいわゆる「中山提案」につながっていく。[25] このような多国間対話と並行して、この時期に日本は域内外の諸国と安全保障関連の対話を強化する動きを開始しており、一九九二年から日露政策企画協議、一九九三年から日加スタッフトーク、一九九四年から日中安保対話および日韓防衛実務者対話を開始している。[26] したがって、日豪両国の防衛当局者が一九九〇年に非公式の接触を開始し、その後一九九六年に協議の年次開催を実現したことは、冷戦終結後に日本が開始した広範な対話のチャンネル構築の努力の一環として理解できるだろう。一九九三年の『防衛白書』は、白書として初めて防衛交流と対話に関する考え方を記述することとなった。白書は冷戦後の地域情勢は「複雑」であるとし、「防衛当局間の対話を進めることは、相互理解の促進に直接に役立つ」と位置づけた[27]。このように、一九九〇年代前半に日本は多国間・二国間双方の対話と交流の強化を目指す方針を追求しており、この点で豪州の関与強化政策と軌を一にしていた。まさに地域関与強化という方向性の一致が、日豪両国の防衛当局者間協議が開始、定例化する上で重要な基盤となったものと思われる。

他方で、このような関与強化という大まかな方針の一致は、必ずしも両国の地域秩序認識が近似していたことを意味していなかった。むしろ、以下の通り当時の日本政府の政策文書や高官の発言を観察すれば、両国の地域秩序認識には一致と不一致の双方が見いだせる。冷戦後のアジア太平洋における安全保障対話を強化する日本の外交イニシアティブを進めた佐藤は、域内諸国の間で、「『米国はどこまでその存在を削減するか』、『日本はどこまでその影響力を強めるか』、『中国はどこまでその軍事力を拡大するか』という三つの不安、懸念が高まっている」とし、アジア太平洋において対話や協力を拡大することがますます重要になっているとした[28]。この三つのテーマは、まさに豪州が地域関与強化を打ち出した背景に存在する認識と重なる部分が多く、その意味で日豪両国は相当程度似たような事項に問題関心を有していたと評価することは可能である。

ただ、特にこの時期の日豪両国の対中認識を比較すれば、重要な温度差を見いだすことができるだろう。結論からいえば、当時の日本の安全保障関連文書中で中国のリスクが明示的に論じられたものはほとんど存在せず、むしろ豪州の戦略文書が中国のリスクについて率直かつ長期的な視野で記述していたこととは対照的であった。もちろん、このことは当時の日本の中で中国に対する安全保障上の懸念が存在しなかったことを意味していないが、少なくとも日本の政策当局者は、中国の「脅威」をことさら公言しないという、それまでの日本の対中外交の基本路線に踏みとどまっていた。例えば、細川護熙政権が設置した防衛問題懇談会に参加した西元徹也元統合幕僚会議議長は、外交的な配慮の観点から中国に関する日本の懸念を報告書に記述することが難しかったと述べつつも、懇談会内では様々な議論が行われたと指摘し、日米同盟の重要性を強調する記述に中国に関する問題意識を込めたとの懇談会の議論を開陳している。[29] このようなエピソードは中国の台頭の文脈の中で日米同盟の重要性が認識されていたことを示唆しており、その点で豪州の問題意識と通ずるものはあるが、その認識が公開文書で明示的に表現されるまでには至っていなかったのである。

また、一九九五年六月から内閣官房安全保障室長に就任し、防衛大綱の見直しに関わった三井康有は、当時の日本政府が中長期的なテーマとして「中国の将来、特に中国軍近代化の見通し」を研究しており、その成果として、中国の海軍力増大や太平洋での活動活発化の見通し、そして、二〇四九年に対米パリティー、もしくは優位を達成することが最終目標であるとの予測をたてていたことを明かしている。[30] このように、当時の当局者の証言を材料に検討すれば、日米同盟、あるいは米国のパワーへの潜在的挑戦という観点から台頭する中国がもたらしうる潜在的リスクを評価していたということができるだろう。他方で、三井によればこのような長期評価に橋本龍太郎首相が必ずしも納得していなかった様子が伝えられており、内閣官房の評価が示した長期的な見通しがはたして当時の日本政府の中でどの程度共有されていたかについては疑問符がつく。したがって、その片鱗が垣間見えたものの、この時期に米国へのチャレンジャーとして中国を捉える視座が日豪間のコンセンサスになったとまではいえない。

二 チャイナ・ギャップとコンセンサスの浮上——一九九六—二〇〇七年

1 ハワード政権の登場

一九九六年三月にキーティング率いる労働党からハワード率いる保守連合に政権が交代すると、豪州は防衛分野における日豪関係を一層発展させる政策を追求する。すでに述べたとおり、一九九六年に第一回防衛当局者間協議が開催されることで合意されていたが、この頃になると、すでに豪州政府は対話や交流を超えた幅広い協力関係を模索するようになった。具体的な協力事項は、豪軍と自衛隊の演習、特に豪海軍と海上自衛隊の間で訓練を実施すること、豪空軍による嘉手納基地等の国連軍地位協定対象の空軍基地訪問、地域における国際的な災害救援作戦における協力を含む広範なものであった[31]。

豪州側の対日期待が、対話や交流を超えた協力関係を模索するまでに至った戦略的文脈として、豪州の対米認識が徐々に変化したことが重要であろう。この論点についてはキーティング首相とハワード首相の個人的な政治信条の違いを含め様々な観点から検討を行うことができるが、おそらく両政権の対米認識に関する最も本質的な相違は、アジア太平洋への米国のコミットメントに関する信頼感にあったといえる。クリントン政権が進めたいわゆるナイ・イニシアティブによる各種作業が行われる中、豪州の米国に対する信頼感は向上することとなる。この点についてハワード政権の国防政策文書『一九九七年豪州の戦略政策』は、「冷戦後初期においてアジア太平洋地域の米国の戦略的なコミットメントは不確実であったが、これはもはや解消された」と述べ、米国は「相当程度のマージンを有した最も強力な軍事大国」であるとし、労働党前政権時代に存在した米国への不安が過去のものとなったことを示唆している[32]。同文書は「米国の声明や行動」によって米国の関与継続は明らかであるとしており、この文脈でハワード政権は一九九六年の米豪外務・防衛担当閣僚協議（2プラス2）が発出したシドニー宣言によって、米豪同盟や米国の地域関与が明確に確認されたことを高く評価していた[33]。ハワード政権が策定した『二〇〇〇年国防白書』は、米国のパワーを「卓越性」と位置づけ、地域秩序を支える同国の役割に高い信頼を寄せたのである。

冷戦後のアジア太平洋における米国の重要性が明確に確認される中で、豪州は、米国の地域関与を支える日本そして日米同盟の重要性について認識を深めることとなる[34]。一九九六年に日米安全保障共同宣言が発出されると、ハワード首相はこれを歓迎する声明を発表し、日米同盟を高く評価する姿勢を鮮明にする[35]。『二〇〇〇年国防白書』はこの点について詳細に、「日米関係はアジアにおける米国の戦略的関与のカギとなる柱である。日本に対する米国の強い安全保障コミットメントと日米関係が支える北東アジアにおける米軍の展開の規模は、地域全体の戦略的安定性にとって極めて重要である」としている(36)。

ハワード政権の日米同盟重視は中国認識と密接に関連したものであり、キーティング政権の認識を本質的に踏襲するものであった。その論理はすでに第一節で論じた立論と基本的に同じであることからここでは詳細を割愛するが、その要点をまとめれば次の二点に集約することができよう(37)。すなわち、第一に、ハワード政権は日米同盟が日中関係を安定させる役割を担っていると認識していた。この点についてアレクサンダー・ダウナー（Alexander Downer）外相は、「日米安全保障関係がなくなれば、日中間に戦略的競争、あるいは軍拡競争すら発生する可能性が高い。あきらかに米国が力強く地域に関与し続けることが地域の利益に合致する」と指摘している(38)。

第二に、ハワード政権は、中国をアジア太平洋の地域秩序を支える米国に対する潜在的なチャレンジャーとみなしていた。『一九九七年豪州の戦略政策』は、豪州の安全保障およびアジア太平洋の地域安全保障の双方の観点から、米国の役割の重要性を強調しているが、これに対する潜在的な挑戦国として中国を位置づける記述を盛り込んでいる。同文書は中国の国力増大によって米国の「戦略的影響力が低下すること」は豪州の国益に反するとしたうえで、中国の内部にはそのような政策を志向する考えが存在していると警鐘を鳴らしている。そして、中国の潜在的な挑戦にさらされる中、米国の関与を最も力強くサポートする役割を担っていたのが日本であり、このような意味を込めてハワード政権は「日米中三角関係」が地域秩序の将来を決定づける重要な要素であるとみなしていたのである。

ハワード政権の対米政策とそれに関連づけられた対日政策にとって、最初のチャレンジとなったのが台湾海峡危機であった。まさに危機が進行している最中の一九九六年三月に発足したハワード政権は米国が二隻の空母を台湾海峡に派遣したことをうけ、日本とともにアジア太平洋においてこれを支持する立場を鮮明にした唯一の国となった(39)。ところが、このような政権初期の対中姿勢が、豪中関係を不安定化することとなり、その後ハワード政権は対中関係の改善に腐心し、徐々に中国の台頭が孕むリスクに関する発言を抑制するようになる。[40] もっともこのことは中国の台頭に関するハワード政権のリスク認識が後退したことを意味しておらず、例えば『二〇〇〇年国防白書』の作成で中心的な役割を果たしたヒュー・ホワイト（Hugh White）戦略担当副次官は、同白書において海空軍戦力の増強、なかでも第五世代戦闘機の購入を決定した背景に、アジア太平洋における紛争発生時に対米協力を行う可能性があったと指摘しているし、同時期にハワード首相自身、台湾海峡における紛争時の対米支援を念頭に「技術的に高度な装備を保有する」ことが重要である旨示唆している。[41]

2　日本の対豪政策の変化

以上の地域認識を前提にしつつ、ハワード政権は防衛分野において日豪関係をさらに強化することを目指したが、一九九〇年代の後半において日本はこのような豪州の期待に応える準備ができていなかった。もちろん一九九五年の防衛計画の大綱において防衛交流や安全保障対話の推進が明記されるなど、防衛庁・自衛隊が「平素」から諸外国との関係を構築することに一層積極的になっていたことは間違いない。また、オーストラリアと同様に、日本もまた日米同盟の再確認を通じてアジア太平洋地域における米国の関与について戦略的な信頼感を深めており、このことは日豪関係を長期的に発展させる上で重要な基盤を整備したと評価することもできよう。[42] さらにこうしたことを前提に一九九〇年代を通じて、アジアにおける多国間安全保障枠組みへの取組みや対米同盟の再確認を行った両国の安全保障戦略の一致は、日豪が目線を同じくする「同質のパートナー」であることを示していたといってもいいかもしれない。[43] ただ、一九九〇年代後半の日本の防衛外交は、米国以外の諸国との関係を「協力」ではなく、あくまで信頼醸成を主眼とした「交流」[44] と位置づけており、政策対話や親善訪問の拡充以上の具体的な協力を行う発想は希薄であったといえる。このような中、豪州側の積極的な対日関係強化の動きは「周辺的な成功を収める」にとどまり、豪州が意図した協力の拡大を達成することはできなかった。[45]

ところが日豪防衛当局間の関係構築に関する日本の認識は、二〇〇〇年代に具体化した以下の二つの潮流によって徐々に変化していくこととなる。その一つが、国際安全保障上の同盟協力拡大である。国際安全保障上の自衛隊の活動や同盟協力については第九章で佐竹が詳細に論じていることから、ここでは日豪関係に即していくつかの主要な事例を簡単に紹介するにとどめたい。その代表例は、イラク人道復興支援における自衛隊と豪軍の協力であろう。二〇〇三年一二月以降自衛隊が活動していたムサンナ県において当初治安維持活動を行っていたオランダ軍が二〇〇五年に撤退する方針が明らかになると、ハワード保守連合政権は、豪州軍を増派し、オランダ軍に代わってサマーワの治安維持任務を実施すると発表し、豪軍と自衛隊の現地協力へとつながっていく(46)。また、二〇〇四年一二月に発生したインド洋沖地震津波に対応したHADR活動において、日豪両国は米国主導の対応枠組みに積極的に参加し協力を行い、さらに、二〇〇三年五月にブッシュ大統領が提唱した「拡散対抗構想」を通じて自衛隊と豪軍の協力関係はさらに深まった。このように国際安全保障分野における日豪協力が具体化される中、日本の対豪認識は確実に変化していった。二〇〇三年九月に日豪両国は「防衛交流に関する覚書」を交わした後、翌二〇〇四年の防衛白書においては、前年まで個別の項目を立てて詳細に記述されなかった豪州との防衛交流に関するセクションが設けられ、徐々に単なる「交流」にとどまらない防衛分野におけるパートナーとしてオーストラリアが想定されるようになった(47)。

国際安全保障上の対米協力という第一の潮流に並行して現れた第二の潮流は、いわゆる価値観外交であり、その文脈で豪州との安全保障関係強化が一層強調されるようになる。第一次政権発足直前に安倍首相が出版した『美しい国へ』では、「戦略的観点」から「普遍的価値観を共有する」諸国の協力を強化するとの文脈で、具体的に日米豪印協力の重要性が論じられた(48)。細谷雄一によれば、このような価値観外交の考え方は冷戦後徐々に問題意識が醸成され、二〇〇六年九月に発足する第一次安倍政権において打ち出された「自由と繁栄の弧」や民主主義国同士の連帯といった政策概念につながっていった(49)。二〇〇〇年代に登場した価値観外交には二つの問題意識が存在していたといえるだろう。(50)一つは、日本の自信喪失への手当てである。価値観を重視する外交論の発展において重要な役割を果たしたとされる兼原信克は雑誌の対談記事の中で、戦後の日本外交論は「自己否定の論調が色濃」く、これが「日本の国際秩序形成能力を大きく阻害」してきたとする。(51)そして、日本を含む先進国の相対的な経済力が低下する中で、普遍的な価値観を重視することの重要性を示したのである。別の記事で兼原は、「アイデンティティの真空を埋める」必要があり、その文脈で日本の「理想」や「価値観」を示していくとの考えも示している。(52)

価値観外交の背景に存在するもう一つの問題意識は、中国の台頭への対応である。麻生太郎外務大臣(当時)は自身の外交演説をまとめた著書『自由と繁栄の弧』の中で、相対的な日本の経済衰退に伴い「アジアの先頭ランナー」という自負心が失われていくことに問題意識を示しつつ、同時に「中国の華夷秩序」に対する日本の歴史的「違和感」について言及し、「疑問符をいくつも抱かせる巨大な隣国」である中国とどのように取り組むかという論点を提起している。(53)また、中国を囲む形で「自由と繁栄の弧」を描くという考えや民主主義国同士で連携するというコンセプトだけでは、中国とどのような関係を構築していくのかについて必ずしも明確な考え方を導き出すことはできず、「中国囲い込み」であるとの評価も聞かれた。(54)

価値観外交の考え方は、防衛交流の概念にも影響を与えている。二〇〇六年から二〇〇七年に事務次官を委員長として会合を重ねた防衛省内部の検討委員会は「防衛交流の基本方針」と呼ばれる文書を策定する。(55)本文書においては、冷戦後拡大した防衛交流について、単なる信頼醸成を目的とした関係強化を超えた、実務的な協力の基盤整備へといわば概念の再定義を行った。これによって、国際安全保障上の各種問題に共同で取り組むために、米国以外の諸国とも防衛協力を行っていくための概念的基礎が作られたといえよう。同文書策定の背景には、当然ながら本節で論じた自衛隊の国際安全保障活動の拡大やその文脈における各国との協力関係の進展が重要な要因として存在しているが、これに加えて価値観外交の考え方が防衛交流の概念にも波及している。「防衛交流の基本方針」においては、今後重要視するパートナーとして、①米国の他の同盟国と②価値観を共有する諸国を明示的に掲げている。そして、価値観を共有し、米国の同盟国である地域パートナーとして、豪州との協力強化が唱道されるようになる。

3　価値観外交との距離感

以上のように、二〇〇一—二〇〇七年の時期においては、テロとの闘いや災害救援といった各種の国際安全保障活動と、価値観を共有する諸国の連帯を重視する価値観外交という二つの潮流が、日豪関係を強化する方向に働いた。その成果の一つが、日米豪安全保障関係の制度化である。日米豪三国は、二〇〇二年以降外務次官級安全保障対話を定例化していたが、二〇〇六年三月にコンドリーザ・ライス（Condoleezza Rice）国務長官、ダウナー（Alexander Downer）豪外務大臣、麻生外相による外相級戦略対話（ＴＳＤ）を開催した(56)。日米豪三国は、ＴＳＤの発足と前後して、二〇〇六年に「パシフィックボンド」と呼ばれる三国の海軍間の共同演習を開始し、対戦訓練や戦術運動をメニューとした訓練を定例化した。

また、すでに日米同盟と米豪同盟に比して、防衛上の協力基盤が薄弱な「三角形の弱い辺」とも表された日豪関係についても、安全保障分野の関係が急速に制度化されることとなる。日豪両国は二〇〇七年三月に「安全保障協力に関する日豪共同宣言」を発出し、安全保障に関する二国間の対話枠組みをさらに整備するとともに、協力の基盤を構築する方向で一致した。その後、同年六月に初となる外務防衛担当閣僚協議（２プラス２）を開催し、物品役務相互提供協定の締結交渉を開始するなど、日豪間の防衛関係も急速に制度化されることとなる(57)。そして、日豪関係の関係強化は、日米豪三国間関係を強化する上でも重要な基盤を提供するものと位置づけられたのである。

このように、日米豪三国協力およびそれと密接に関連する形で日豪関係の強化が具体的に進展することについて、豪州は難しい立場に立つこととなった[58]。例えば、日米豪TSDの発足については、当時ライス国務長官が、日米豪三国が「中国がネガティブな力ではなくポジティブな力となる条件を整える責任と義務がある」と明確に述べ、中国の台頭が日米豪協力の重要な問題意識であると示唆している[59]。これについて記者に問われたダウナー外相は、TSDは中国封じ込めの枠組みではないと強調することで、対中国色の払拭に努めている[60]。また、ハワード首相は、回顧録の中で、当時対日関係を強化した背景に、中国の台頭がはらむ潜在的なリスクが念頭にあり、「民主主義カウンターバランス」の意義を高く評価していたと記述しているが、対外的にはこのような発言を控え、より慎重な姿勢を見せていた[61]。日豪共同宣言発出後の記者会見においても、ハワード首相はこのような動きが中国に対して向けられたものではないと強調している[62]。このように、豪州は、日米豪協力や日豪関係強化の動きを進めながらも、中国に対してどのようなメッセージを送るかについて一貫して慎重であったことが見て取れるのである。

この文脈で、豪州にとって最大の課題は、日米豪印四カ国枠組み推進の動きであった。同枠組みは、首相就任前より公言していた安倍首相の政策アイデアであり、実際に第一次安倍政権が発足すると、四カ国の結束を高める動きが開始された。二〇〇七年二月の安倍首相・ディック・チェイニー（Robert B. "Dick" Cheney）副大統領の会談で議論がなされ、その後二〇〇七年五月にマニラで開催されたASEAN地域フォーラム高級事務レベル会合のサイドラインで日米豪印非公式会合が開催された[63]。この動きをうけて、中国側から四カ国会合開催の意図説明を求める連絡がなされるなど、中国が懸念を有していることは明らかであった[64]。さらに、二〇〇七年九月にはインド洋においてマラバール海上訓練が実施され、米国、インド、シンガポール、豪州、日本の五カ国による共同訓練が実施された[65]。このように日米豪印枠組みが一定の具体的な動きを見せると、ハワード政権は価値観を共有する諸国の連帯に支持を与え、また対印関係の重要性を強調しつつも、日米豪印四カ国枠組みを公式に立ち上げることに異議を唱えた。ブレンダン・ネルソン（Brendan Nelson）国防大臣は豪州の立場について、米国とその同盟国である日米豪枠組みを追求し、また日米豪印四カ国で各種の議論を行うつもりであるものの、四カ国枠組みを追求することはないとの公式説明を行っている[66]。また、二〇〇七年七月にネルソン国防大臣は北京を訪問した際に、日米豪印の動きについて中国側に「再保証」を行ったと発言している[67]。

第一次安倍政権が進めた価値観外交、特に日米豪印協力の動きに対するハワード政権の対応は、「チャイナ・コンセンサス」および「チャイナ・ギャップ」の双方の視座を統合しなければ十分に理解することができないだろう。ハワード政権が、日米豪や日豪の会合のたびに、中国に向けられたものではないという発言を繰り返していたこと、また日米豪印枠組みを立ち上げる意思がないことを公開の場で表明し、そのことを中国に対する「再保証」と表現したことは、日豪間に「チャイナ・ギャップ」が存在していた可能性を示唆している。他方で、ハワード政権は、民主主義国同士の連帯強化については前向きな発言をしており、また日米豪印四カ国で議論を行うこと自体にはコミットしていた。またすでに述べた通り、ハワード首相の回顧録には、彼が中国の台頭へのヘッジの発想を念頭に民主主義諸国の連携強化を進めるべきであると理解していたことが記述されており、これらは「チャイナ・コンセンサス」の表れと捉えることができる。このように、当時のハワード政権の動きを観察すれば、「チャイナ・ギャップ」および「チャイナ・コンセンサス」双方のダイナミクスを看取することができる。ハワード政権が、日米豪印協力に参加しつつも、枠組みを立ち上げないという、すぐには理解しがたい説明を行っていたことは、ギャップとコンセンサスの双方の間で豪州の進路を見定めることが容易なことではなかったことを示唆している。なお、日米豪印枠組みのモメンタムは、日本の首相交代と豪州の政権交代などにより二〇〇七年末までには失われていくこととなった。

三　日豪の「新たな特別な関係」と中国問題

1　「チャイナ・ギャップ」の後退と再浮上

日米豪印枠組みの形成を中心とした初期の問題を乗り越えた日豪関係および日米豪三国枠組みは、その後重要な発展を遂げることとなる(68)。二〇一〇年に日豪ACSAが締結され、また二〇一二年に日豪ISAが締結されたことは、日豪両国および日米豪関三国の実務的な議論や各種の協力を促進する重要な法的基盤が整備されたことを意味する。実際に、両条約はすでに批准され、運用が開始されており、二〇一三年一一月にフィリピンを直撃した超大型台風「ハイエン／ヨランダ」を受けた国際的なHADR活動において、日本はACSAを適用し、豪州の海軍艦船に燃料補給を行った。また、日米豪三国は、陸海空軍種それぞれの共同訓練を拡大している(69)。日米豪三国の陸軍種の参謀長は、二〇一二年より「シニア・レベル・セミナー」と呼ばれる会合を毎年開催し、三国間の協力のあり方について議論を行っており、二〇一三年より「サザンジャッカルー」と呼ばれる三国間共同訓練を豪州にて毎年開催するようになった。海軍種においては、すでに既述した「パシフィックボンド」演習の定期開催や二〇〇八年以降日豪「トライデント」と呼ばれる二国間共同訓練が行われている。さらに、空軍種においては、二〇一〇年に「レッドフラッグアラスカ」演習において日米豪三国の戦闘機戦術訓練や日豪両国の戦術技量向上の訓練が行われている。さらに、二〇一一年より毎年グアムにおいて豪空軍が日米「コープノース」演習に参加する形で共同訓練を行っている。

特に二〇〇八年から二〇一二年頃にかけて、日豪関係や日米豪関係が「チャイナ・ギャップ」によってあからさまに制約を受ける場面は見受けられなくなった。その理由は、次の三つの要因に関連したものであろう。第一に、日米豪三国の実際の協力が、いわゆる非伝統的安全保障分野を中心に実施されたことが重要であろう。国連平和維持活動における日豪協力や災害救援における日米豪協力が行われている中、これらの協力を前提に日豪関係を対中協力として描くことは難しくなったといえよう。もちろん、実際のオペレーション上の協力は、米国との同盟関係の重要性や日米豪三国の政治的一体性を確認し、対外的にこれを強調する重要な機会であり、そのメッセージは当然中国を含めたアジア太平洋諸国をオーディエンスとして想定したものと解釈できるが、それ以上の意義は見出すことは難しい。こうした中、中国との関連で日米豪関係を理解する議論は一時期なりをひそめたといえるだろう。(70)

第二に、日米豪三国共同訓練が、日本の国内法上の制約を受けていたことを指摘しなければならない。当時の日本は、外国との共同訓練を実施する際に、特定のシナリオを設定し、当該国と共に共同対処を実施することを想定した共同演習を行うことができなかった。このことは、過去の国会答弁や防衛省設置法によって明らかとされている日本の制約であったため、豪州との二国間訓練も、日米豪三国間訓練も、具体的なシナリオをベースとしない、戦術技量向上を中心とする訓練にとどまってきた。もっとも、こうした制約の中でも、例えばグアム近海や南シナ海といった戦略的に重要な場所において訓練を実施することで、訓練参加国の政治的意思や一体性を強調する手段として共同訓練を活用することは可能である。実際に、これらの海域や空域において日米豪は訓練を実施した実績があるが、共同訓練が特定シナリオに基づく共同対処を想定していない以上、そのようなメッセージの重みは割引いて考える必要があるだろう。(71)

最後に、第三の要因として、日中関係の安定化を指摘しなければならない。すでに第一次安倍政権発足と共に、日中両国は戦略的互恵関係構築を日中関係が目指す新たな共通の概念として掲げ、安倍首相(当時)の退陣後もその方向性は確認され続けた。このような日中戦略的互恵関係の構築に向けた動きについては豪州政府に明確に歓迎されていた。この時期、日豪関係の発展と中国の台頭を結びつけた議論はなりを潜めることとなるが、このことは両国関係の力学において中国要因が消えてしまったことを意味しない。ケヴィン・ラッド(Kevin Rudd)が慎重な言い回しで指摘している通り、少なくとも、中国が台頭し、「グローバルなパワーバランスが変化する」

中で米国の地域関与を一層重要視する方針を共有していた日豪両国にとり、日豪協力や日米豪協力を強化することは、象徴的にも実質的にも中国が台頭する中で米国の関与を支援し、日豪関係や日米豪協力を強化するという意義があったものとみられる[72]。ただ、この点を露骨に両国政府が強調する場面はあまり見られなくなった。

ところが、二〇一〇年の中国漁船による海上保安庁巡視船への衝突事案や、中国の法執行機関の船舶による尖閣諸島周辺での活動活発化によって、東シナ海における日中間の緊張が高まると、「チャイナ・ギャップ」が再浮上することとなる。日本政府が尖閣諸島の一部購入を発表した二〇一二年九月に開催された日豪2プラス2は、新たな「ビジョン」声明を出したが、その名前とは裏腹に、協力アイテムをリスト化した実務的な内容であり、必ずしも長期的な関係発展の方向性を明確に示した文書とはならなかった[73]。その背後には、悪化する日中関係を横目に見ながら、日本との関係強化をあまり大げさに進めたくないとの豪州政府の思考が働いていた可能性がある。2プラス2に出席したボブ・カー（Bob Carr）外相は、後に外相時代の日記を本にまとめて発表したが、その中で、当時検討されていた新たな「防衛協力条約」の検討発表について、自らは見送るべきだとの立場であったことを述べ（そして実際に見送られた）、その理由として、東シナ海や南シナ海の情勢を鑑みて、日豪関係の強化が「封じ込め政策」であると中国側に解釈されかねないとの危険を指摘している[74]。カー外相は対中関係の強化を意識しており、このことは日中関係が悪化するにつれて、豪州が日豪間の「ギャップ」を意識し、そのことが日豪関係発展の制約要因となったことを示唆している。

2　強化される「コンセンサス」と静かな「ギャップ」

二〇一三年九月の総選挙の結果、労働党から保守連合に政権が後退し、トニー・アボット（Tony Abbott）政権が発足すると、中国要因をめぐる日豪間のダイナミクスは一定の転換をみせることとなる[75]。アボット政権は、発足直後から東シナ海における一方的な現状変更の試みに反対するとの姿勢を示し、このことを二〇一三年一〇月の日米豪外相級戦略対話声明を通じて発表した[76]。さらにアボット政権は、同年一一月に中国がいわゆる「東シナ海防空識別区」の設置を発表すると、日米と共に、力による一方的な現状変更の試みに反対する立場を再度確認し、日本の対中メッセージに緊密に寄り添う姿勢を見せたのである[77]。

さらに、アボット政権と第二次安倍政権が進めた日豪関係強化のアイテムは、中国の台頭と直接関連して論じられるものが多い。例えば、日米豪三国は、海洋安全保障分野における東南アジア諸国の能力構築支援について協力することで一致しており、三国の政策動向に関する情報共有や協力の在り方に関する検討が行われている。現在の南シナ海情勢に鑑みれば、この協力アイテムの含意を中国の台頭と切り離して考えることはできないだろう。さらに、筆者のインタビューによれば、日米豪三国は、中国に対して必要な「コストを付与」し、また効果的に「関与」するために、どのような協力が可能か議論を重ねているとされる[78]。

安倍政権とアボット政権下の日豪関係の発展を促す重要な要因として、前労働党政権の時代に比べて、対中政策および認識の観点で親和性が高いことが挙げられる。実際、安倍政権とアボット政権の政策を比較すれば、中国が台頭する中で対米同盟をさらに強化する方針と同盟国を交えつつ他のパートナーとの安全保障関係の強化が重要であるという両面において、両者の方針は一致しているといえよう。

中国の「力による一方的な現状変更の試み」に対応する上で日本が最も重視する対外関係は、当然ながら日米同盟である。このことは二〇一四年四月のバラク・オバマ大統領訪日時に大統領自らの口から日米安全保障条約が尖閣諸島をカバーしていることとの発言があったこと、また二〇一五年四月に発表された新たな日米防衛協力の指針が、島嶼防衛を含む平素から烈度の高い紛争まで「切れ目のない」抑止と対処を行う同盟の新たな姿が打ち出されたことで確認された。また、安倍首相は、「地球儀を俯瞰する外交」の名の下、就任以来外遊を重ね、海洋の安全保障の重要性に関して様々な形で発信してきた。このことは対豪政策においても同様であり、二〇一四年七月に日本の首相として初めて豪州議会で演説した際にも海洋の安全保障について以下の通り呼びかけている。

太平洋からインド洋に及ぶ広大な海と、その空を、徹底的にオープンで、自由な場として育てるため、いっそう力を合わせましょう。なにか主張をする際は法を遵守し、力や、威嚇を用いない。紛争の解決は、すべからく平和な手段をもってする。奉じる価値観において重なり合う日豪両国が手を取り合ってこそ、この当たり前のルールが、太平洋から、インド洋へと広がる、繁栄の海を覆う常識になるのだと信じて疑いません。(79)

同様に、アボット政権も、グローバルな「戦略的重心」がシフトする中で対米関係の強化と他のパートナー諸国や米国の同盟国との関係強化に取り組んだ。アボット首相は、米英豪を含む「アングロスフィア」諸国が、民主主義や自由といった普遍的価値観を重視しながら近代の世界秩序を形成してきたとの歴史観を強調しており、その観点で、「アングロスフィア」のリーダーたる米国との同盟関係を一層重視しながら、インド太平洋におけるルールに基づく秩序に豪州としても力を尽くしていく方針を示した。このような観点から、特に海洋における中国の行動について米国と共に公然と批判を行う姿勢を示しており、また米国の同盟国である日本との関係を重視する姿勢をこれまでの歴代政権以上に明確にしたといえる。(80)その意味で、安倍政権とアボット政権の間には一定の「チャイナ・コンセンサス」が存在していたと評価してよい。

他方で、「チャイナ・ギャップ」の問題が日豪関係のダイナミクスから姿を消したわけでは決してない。アボット政権は、安全保障分野における豪中関係を積極的に進め、毎年の首脳会談や他の定例閣僚協議を進めつつ、豪中あるいは米豪中間の共同訓練を拡大するなど、対中関与策も強化した。こうした中、アボット政権でさえも、日豪関係を強化する際に、一定程度中国へ配慮する発想を持ちあわせていたことが時折垣間見られた。二〇一四年七月に安倍首相が豪州議会を訪問した際、アボット首相は歓迎演説の中で、日本との関係や日本が戦後果たしてきた役割を賞賛しつつも、以下のように発言している。

我々のパートナーシップは誰に対して向けられたものでも無い。平和と繁栄、そして法の支配のためのパートナーシップである。我々の目的は関与であり、本年行われたRIMPAC演習への中国の参加が例示するように、この地域により大きな信頼と開放性がもたらされることを我々は歓迎する。[81]

アボット首相の演説は、日豪間の「チャイナ・コンセンサス」が強化される中でも、決して「チャイナ・ギャップ」の問題が消えたわけではないことを示唆している。特にこの発言の趣旨は、中国に対する配慮と同時に対中関与の重要性を強調した内容といえるだろう。

二〇一五年九月に生起した与党内の政争の結果、アボット政権に代わって新たにマルコム・ターンブル（Malcolm Turnbull）政権が発足した。新政権が展開する外交安全保障政策の動向を踏まえれば、ターンブル新政権下においても中国ファクターの「コンセンサス」と「ギャップ」という二面性は継続しているといえる。一方で、ターンブル政権下で開催された日豪2プラス2や首脳会談を通じて中国を見据えた日豪協力強化の方向性はある程度確認されている。他方、日豪の「チャイナ・コンセンサス」が深化する中でも、「ギャップ」は確実に存在し続けている。この点を検討する上で、ビショップ外相が新政権発足後複数回にわたって行った以下の発言は意味深である。ビショップ外相は日米両国が不参加の方針を打ち出す中で、豪州が参加を決定した中国主導の「アジアインフラ開発銀行（AIIB）」を引き合いに出しながら日米に対中関与の文脈で注文をつけている。[82]曰く、国際制度が「台頭するパワーの正当な利益を許容すること」が重要であり、「グローバルな秩序が中国の重みを受け入れる」ように「利益が重なる場面では協力に注力」しなければならない。[83]ビショップ外相のこのような発言や前述のアボット首相の演説をあわせて考えれば、あるいは対中関与の文脈で豪州は日本との「チャイナ・ギャップ」を感じはじめているのかもしれない。

おわりに

冷戦後約二五年の日豪防衛協力の発展を顧みれば、中国要因が、その関係発展のモメンタムを「拡大」させる場面と、「縮小」させるないし「ブレーキ」をかける場面の双方が見られた。したがって、「チャイナ・コンセンサス」論と「チャイナ・ギャップ」論は双方とも重要な視座であり、両者を踏まえなければ、日豪関係における中国要因を十分理解できないと結論づけることができよう。このことは、かつてハブ・アンド・スポークスと呼ばれていた米国の二国間同盟網が冷戦後に徐々にネットワーク化されるにあたって、中国要因がアクセルとブレーキの両方の効果をもたらしてきたことを示唆しているといえよう。

日豪間の「チャイナ・コンセンサス」に目を向ければ、米国が果たしてきた役割、あるいは米国要因の重要性が際立っている。本章で論じたとおり、一九九〇年代において豪州が対日関係の発展を志向した背景には、アジア太平洋における米国の役割の重要性やその文脈で日米同盟が果たす役割に関する長期的な洞察がうかがえるが、改めて確認すれば、そのことは次の通り中国の台頭と関連づけられていたといえよう。すなわち、中国は地域秩序にとり重要な存在である米国への潜在的チャレンジャーである一方で、日本は日米同盟を通じて米国の関与を支える「鍵となる柱」であった。そして、豪州は、日米同盟が中国への安心供与や日中関係の安定化機能を担っているとみなし、日米中三国間の関係を関連づけながら対日政策を策定していた。以上のような認識を持ちながら豪州は日本との対話強化を志向したのである。

また、防衛分野における日豪関係が「交流」から「協力」に明確に脱皮した二〇〇七年以降においても、米国との三国協力の文脈で日豪二国間関係の強化が図られており、対米関係が基盤であることは明らかである。そして、日豪安全保障共同宣言を発出した安倍政権とハワード政権は、そのような連帯の促進が、中国の台頭という文脈で重要であるとみなしていたのである。本章では米国が日米豪関係の強化についてどのような政策的志向を発展させてきたのかについては検討しなかったが、日豪協力について十分な学術的理解を確立するためには、米国側の視点を分析することが今後残されたリサーチアジェンダといえるだろう。

他方、「チャイナ・ギャップ」に目を向ければ、日豪関係の発展が中国にどのようなメッセージを与えるのかについて、豪州が一貫して慎重に検討してきた様子がうかがえる。価値観外交の名の下に進められた日米豪印関係強化に対するハワード政権の動きや、二〇一二年九月に日豪2プラス2が開催された時に見られた当時のカー外相の認識を観察すれば、中国を念頭に置いて、日本との関係強化に慎重になる豪州の配慮が見て取れる。

本章の分析に基づけば、このような「チャイナ・ギャップ」は、次の二つのダイナミクスによって浮上したり後退したりしているように思われる。第一は、豪州の政権の考え方であり、たとえば、アボット政権（二〇一三年九月〜二〇一五年九月）とそれまでの労働党政権（二〇〇七年一二月〜二〇一三年九月）では、対中配慮の姿勢に温度差がある。第二の要因は、日本の対中政策そして日中関係の状態であり、豪州は一九九〇年代前半から明らかに日中関係の動向に注意を払いながら、対日政策を検討している。その意味で、少なくとも「チャイナ・ギャップ」の視点からみれば、今後日本と豪州の関係を強化する上で、日中関係の一定の安定が重要な要素であり続けるように思われる。

冷戦後の二五年で日豪両国の中国認識は大きく変化しており、そのことをふまえずにあまりに単純な一般化をすることには気を付けなければならないが、少なくとも本章の分析から引き出せる重要なインプリケーションの一つは、「ギャップ」と「コンセンサス」の双方に配慮しなければ、日豪関係を安定的に発展させることが難しくなるリスクがあるということだろう。「コンセンサス」ばかりを強調してバランスを欠いた協力を追求すれば、「ギャップ」に基づく豪州側の不安を惹起し、日豪関係の停滞を招いてしまうかもしれない。また、「ギャップ」

を恐れるばかりでは、「コンセンサス」を政策的に活用する機会を失ってしまうかもしれない。さらに、「ギャップ」への過度の配慮から日豪関係の発展にブレーキをかけているとの印象を中国が持てば、それは、やや大げさにいえば日豪関係の発展に関する「拒否権」を中国に与えてしまうようなものだろう。日豪両国の政府当局者は、中国をめぐる「ギャップ」と「コンセンサス」の間で日豪関係を発展させるという簡単ではない課題に直面している。

この文脈で、今後注目されるテーマの一つが、二〇一五年九月に成立した平和安全保障法制に基づく日豪協力強化の検討、なかんずく日豪の対中協力強化の検討である。仮に今後そのような議論が具体化する場合、少なくとも本章の分析を踏まえれば、「チャイナ・ギャップ」と「チャイナ・コンセンサス」の双方の間で進路を見極めることが重要な論点になると指摘できるだろう。「ギャップ」を制約要因として抱えながらも、「コンセンサス」に基づく具体的な協力の姿を描くことができるのか。あるいは一定の「コンセンサス」があるにもかかわらず「ギャップ」によって具体的な進展が妨げられることになるのか。二〇一六年以降の展開次第で、日豪関係における中国ファクターに新たな光が当てられるかもしれない。

（1） 本章の分析はすべて筆者個人の見解であり、防衛研究所あるいは防衛省の立場を代表するものではない。
（2） 「安全保障協力に関する日豪共同宣言」（仮訳）、外務省、二〇〇七年三月一三日、http://www.mofa.go.jp/mofaj/area/australia/visit/0703_ks.html（二〇一五年九月二八日最終アクセス）。
（3） Japanese Ministry of Defense, "Japan-Australia Joint Press Release on the Bilateral Cooperation between their Personnel Deployed to the United Nations Mission in the Republic of South Sudan（UNMISS）," *Press Release*（31 August 2012）. Stephan Smith, "Operation Pacific Assist-Final C-17 Returns from Japan," *Media Release*（*Defence Minister*）,（25 March 2011）.
（4） "Shinzo Abe Tipped to Seek Alliance between Japan and Australia," *The Australian*（29 June 2015）.
（5） Malcolm Cook and Thomas Wilkins, The Quiet Achiever: Australia-Japan Security Relations, *Analysis*, Lowy Institute for International Policy

(January 2011), pp. 6–8.

（6） Brendan Taylor, The Australia-Japan Security Agreement: Between a Rock and a Hard Place?, *PacNet*, No.13（19 March 2007）.

（7） Yoshinobu Yamamoto, "Strengthening Security Cooperation with Australia: A New Security Means for Japan," *AJISS-Commentary*（9 October 2007）.

（8） Nick Bisley, "The Japan-Australia Security Declaration and the Changing Regional Security Setting: Wheels, Webs and Beyond?," *Australian Journal of International Affairs*, 62–1（May 2008）, pp. 47–48.

（9） Takashi Terada, Evolution of the Australia-Japan Security partnership: Toward a Softer Triangle Alliance with the United States?, *Asie Visions*, 35, ifiri Center for Asian Studies（October 2010）, pp. 24–25.

（10） 「チャイナ・ギャップ」と「チャイナ・コンセンサス」の概念については、以下の論文で議論したものを発展させた。石原雄介「アジア太平洋における日豪防衛協力」吉崎知典・ウィリアム・タウ編『ハブ・アンド・スポークスを超えて』防衛研究所、二〇一三年。および、石原雄介「日米豪三国協力と中国―オーストラリアの視点を中心に」国際安全保障学会二〇一五年度年次大会、二〇一五年一二月。

（11） David Walton, "Australia-Japan and the Region, 1952–1965: The Beginnings of Security Policy Networks," Brad Williams and Andrew Newman eds., *Japan, Australia and Asia-Pacific Security*, New York: Routledge, 2006, pp. 9–29. デズモンド・ボール「第二章：日豪安全保障関係の行方」、マイケル・シーゲル、ジョセフ・カミレーリ編『多国間主義と同盟の狭間―岐路に立つ日本と豪州』国際書院、二〇〇六年、六頁。

（12） 同右。

（13） 広瀬行成「日本の安全保障・防衛交流の歴史」秋山昌廣・朱鋒編『日中安全保障・防衛交流の歴史・現状・展望』亜紀書房、二〇一一年、一〇八―一〇九頁。

（14） Gareth Evans, "Australia's Regional Security," *Tabling Statement by Senator Gareth Evans, Minister for Foreign Affaiurs and Trade*（6 December 1989）.

（15） Ross Garnaut, *Australia and the Northeast Asian Ascendancy*, Canberra: Australian Government Publishing Service, October 1989.

（16） ポール・キーティング著・山田道隆訳『アジア太平洋国家を目指して―オーストラリアの関与外交』流通経済大学出版会、二〇〇三年、六八頁。

(17) 同右。

(18) Department of Defence, *Depending Australia: Defence White Paper 1994*, Canberra: Department of Defence, 1994, p. 8.

(19) Department of Defence, *Strategic Review 1993*, Canberra: Department of Defence, September 1993, p. 8.

(20) Gareth Evans, "Australia and Japan: Old Friends, New Challenges," Speech to the 19th Australia-Japan Relations Symposium, 24 February 1995.

(21) Paul Keating, Speech by the Prime Minister, Royal United Services Institute of Australia, Australian defence Force Academic, 22 September 1994. *Depending Australia: Defence White Paper 1994*, Department of Defence, Canberra: Australia, 1994, p. 8.

(22) Department of Defence, *Australia's Strategic Planning in the 1990s*, Canberra: Department of Defence, 27 November 1989（declassified in 1991）. Gareth Evans, "The Asia Pacific in the 21st Century: Conflict or Cooperation?, " Address to the 1995 Pacific Rim Forum, Bangkok, 1 December 1995.

(23) 豪州政府関係者へのインタビュー。二〇一五年八月。

(24) 同右。

(25) Takeshi Yuzawa, *Japan's Security Policy and The ASEAN Regional Forum: The Search For Multilateral Security in The Asia-Pacific*, London: Routledge, 2010, pp. 28–30.

(26) 『日本の防衛』防衛庁、一九九七年、一〇一―一二〇頁。

(27) 『日本の防衛』防衛庁、一九九三年、一五四頁。

(28) 佐藤行雄「一九九五年の節目に向かって―アジア・太平洋地域の安全保障」『外交フォーラム』六四号、都市出版、一九九四年一月、二〇頁。

(29) 防衛研究所編『西元徹也オーラル・ヒストリー（下巻）』防衛研究所、二〇一〇年、一七二頁、二〇五頁。

(30) 防衛研究所編『三井康有オーラル・ヒストリー』防衛研究所、二〇一三年、四一七―四一八頁。

(31) 豪州政府関係者へのインタビュー、二〇一五年八月。

(32) Department of Defence, *Australia's Strategic Policy*, Canberra: Department of Defence, 1997, p. 14.

(33) Australia-United States Ministerial Consultations, 1996 Sydney Statement, May 1996.

(34) Hugh White, "Trilateralism and Australia," William Tow, Mark Thomson, Yoshinobu Yamamoto and Satu LImaye eds., *Asia-Pacific Security: US, Australia and Japan and the New Security Triangle*, London: Routledge, 2007, p. 104.

(35) “Australia Welcomes Reaffirmation of Japan-US Alliance,” *Press Release*（*Prime Minister*）, 18 April 1996.

(36) Department of Defence, *2000 Defence White Paper: Our Future Defence Force*, Canberra: Department of Defence, October 2000, p. 18.

(37) ハワード政権の認識については、下記の論文で詳細に分析した。本章の分析の多くも、これに基づいている。石原雄介「日米豪三国協力と中国―オーストラリアの視点を中心に」国際安全保障学会二〇一五年度年次大会、二〇一五年一一月。

(38) Alexander Downer, “North Asia on the Move: An Astrlaia Perspective, Speech by Minister for Foreign Affairs to the Asia Society/AustCham, Hong Kong, 17 November 2000.

(39) Mohan Malik, “Australia and China: Divergence and Covergence of Interests,” James Cotton and John Ravenhill eds., *The National Interest in a Global Era: Australia in World Affairs 1996–2000*, Oxford: Oxford University Press, 2002, p. 118.

(40) 福嶋輝彦「対米同盟と中国市場の狭間で―中国の台頭に対応するオーストラリア」『国際安全保障』三九巻二号（二〇一一年九月）、一〇―一一頁。

(41) Hugh White, “Four Decades of the Defence of Australia: Reflections on Australian Defence Policy over the Past 40 Years, Ron Husken and Meredith Thatcher eds., *History as Policy: Framing the Debate on the Future of Australia's Defence Policy*, Canberra: Australian National University, 2007, p. 168. “Interview with Steve Liebmann, *Today Show, Channel 9*,” Interview-Prime Minister John Howard, 5 May 2000.

(42) Tomohiko Satake “The Origin of Trilateralism? The US-Japan-Australia Security Relations during the 1990s,” *International Relations of the Asia-Pacific*, 11:1（2011）, pp. 87–114.

(43) 添谷芳秀「オーストラリアに学ぶこと―非極戦略の確立へ」『中央公論』、二〇〇〇年九月、一八四頁。

(44) 秋山昌廣『日米の戦略対話が始まった―安保再定義の舞台裏』亜紀書房、二〇〇二年七月、一三一―一三八頁。

(45) 関係者へのインタビュー、二〇一五年八月。

(46) Transcript of The Prime Minister The HON John Howard MP Press Conferece, Parliament House, Canberra, 22 February 2005, at http://pandora.nla.gov.au/pan/10052/20050521-0000/www.pm.gov.au/news/interviews/Interview1251.html（accessed 31 August 2015）.

(47) 「防衛交流の基本方針」防衛庁事務次官通達、二〇〇七年四月一三日。

(48) 安倍晋三『新しい国へ―美しい国へ　完全版』文春新書、二〇一三年、一六二―一六四頁。

(49) Yuichi Hosoya, “The Rise and Fall of Japan's Grand Strategy: The ‘Arc of Freedom and Prosperity’ and the Future Asian Order,” *Asia-Pacific Review*, 18:1（2011）.

(50) Ibid.

(51)「卓上の法律論から現実の外交論へ」『外交フォーラム』二五〇号、都市出版、二〇〇九年五月、三〇—三一頁。

(52)「「美しい国」の「主張する外交」がめざすもの—市民権回復外交の時代は終わった」『外交フォーラム』二二五号、都市出版、二〇〇七年四月、一八—二〇頁。

(53) 麻生太郎『自由と繁栄の弧』幻冬舎、二〇〇七年、三—四頁。

(54) 伊奈久喜「外相スピーチをこう読む」『外交フォーラム』二二五号、都市出版、二〇〇七年四月、三〇—三一頁。

(55) 防衛省「防衛交流の基本方針について(通達)」二〇〇七年四月一三日。

(56) 防衛省「日米豪戦略対話:共同ステートメント(仮訳)」二〇〇六年三月一八日。

(57) 防衛省「日豪外務防衛閣僚協議共同発表二〇〇七(仮訳)」二〇〇七年六月六日。

(58) ハワード政権の対応については、以下の論文で詳しく論じた。本章の分析の多くもこれに基づく。石原「日米豪三国協力と中国」。

(59) Jane Perlez, "China's Role Emerges as Major Issue for Southeast Asia," *The New York Times* (14 March 2006).

(60) Michael Fawenda, "Rice and Downer in Talks on How to Contain China," *The Sydney Morning Herald*, 11 March 2006. "Condoleezza Rice Warns on China's Military Build-up," *Radio Australia*, 20 March 2012.

(61) John Howard, *Lazarus Rising*, Sydney: Harper Collins Publishers, 2010, p. 512.

(62) 外務省「日豪共同記者会見」二〇〇七年三月一三日。

(63) 外務省「日米首脳会談の概要」二〇〇七年六月六日において、「ARF・SOMに際し、日米豪印の対話が高級事務レベルで開始されたことを歓迎した」との記述がある。

(64) Brendan Nicholson, "China warns Canberra on Security Pact," *The Age*, 15 June 2007.

(65) Exercise Malabar 07–02 Kicks Off, *US Navy News*, 7 September 2007, http://www.navy.mil/submit/display.asp?story_id=31691.

(66) Stephen McDonell, "Nelson Meets with China over Military Relationship," *ABC News*, 9 July 2007.

(67) Ibid.

(68) 石原「アジア太平洋における日豪防衛協力」、八六—九三頁。

(69)「海自、フィリピンで豪間戦に初給油相互提供協定」日本経済新聞、二〇一二年一二月八日。

（70）石原雄介「日豪安全保障協力の現段階」ＮＩＤＳコメンタリー第一二号、二〇一〇年六月一一日。

（71）海上幕僚監部「日米豪共同訓練の実施について」お知らせ、二〇一一年七月八日。

（72）Kevin Rudd, "Australia's Perspectives on Trilateral Security Cooperation in the Western Pacific," Speech at Kokoda Foundation Australia-US-Japan trilateral seminar dinner, 18 November 2010. Kevin Rudd, "Australia and Japan in the 21st Century," Speech at Australia Japan Conference, 4 November 2011.

（73）外務省「日本と豪州：平和と安定のための協力―共通のビジョンと目標」第四回日豪外務防衛閣僚協議、二〇一二年九月一四日。

（74）Bob Carr, *Diary of a Foreign Minister*, Sydney: New South Press, 2014, pp. 157–158.

（75）アボット政権およびターンブル政権の政策については、以下の論文で詳しく論じた。本章の分析の多くもこれに基づく。石原「日米豪三国協力と中国」。

（76）外務省「第五回日米豪閣僚級戦略対話共同ステートメント」（仮訳）、二〇一三年一〇月四日。

（77）Julie Bishop, "China's Announcement of an Air-defence Identification Zone over the East China Sea," Media release, 26 November 2013.

（78）筆者による豪州政府関係者へのインタビュー。二〇一五年一〇月。

（79）安倍晋三「豪州国会両院総会安倍内閣総理大臣演説」豪州キャンベラ国会議事堂、二〇一四年七月八日。

（80）石原雄介「アボット政権と日豪の「新たな特別な関係」」ＮＩＤＳコメンタリー第四四号、二〇一五年四月三日。

（81）右記事の訳文を引用。石原「アボット政権と日豪の「新たな特別な関係」」、六頁。

（82）なお、豪州政府は、ＡＩＩＢへの参加方針を「国家安全保障会議（National Security Committee of the Cabinet）」において議論しており、本件を単なる経済問題とする見方は不正確である。

（83）Julie Bishop, "Address to Center for Strategic and International Studies," Speech, 14 October 2015.

第九章

日米同盟の「グローバル化」とそのゆくえ

佐竹　知彦

はじめに

冷戦後、日米同盟における日本の役割は、日本の防衛およびその周辺地域を越えて、アジア太平洋、そしてグローバルな安全保障問題への貢献へと拡大していくことになる。一九九六年四月に発表された「日米安全保障共同宣言」は、日米両国がアジア太平洋地域の安定と繁栄に加え、平和維持活動（ＰＫＯ）や人道的な国際救援活動といった「地球規模の課題」についても協力していくことを謳っていた。[1] その翌年に改定された「日米防衛協力のための指針」（ガイドライン）では、「周辺事態」における協力に加え、日米が「平素から行う協力」として、国際的な軍備管理・軍縮活動やＰＫＯ、人道支援活動ないし災害救援活動等が初めて挙げられた。[2]

二〇〇一年九月一一日に米国で同時多発テロ事件（以降、九・一一テロと記述）が勃発すると、自衛隊はアフガニスタンにおける軍事作戦を展開した米軍主導の有志連合軍への後方支援活動や、イラクにおける人道・復興支援活動に参加し、グローバルなレベルで米軍と協力することになる。二〇〇五年二月に開催された日米安全保障協議委員会（２プラス２）では、ＰＫＯや不拡散、テロといった世界大での問題への対処が日米の「共通の戦略目標」として明記された。[3] さらに二〇〇六年六月の日米首脳会談においても、「新世紀の日米同盟」が発表され、普遍的価値観を共有する日米両国が一致して地域・世界的な課題に取り組むことが合意された(4)。

このように、冷戦後の日米同盟における日本の役割が地理的・機能的に拡大したことで、日米同盟は「グローバル化」したといわれる(5)。そもそも日本の安全および極東の平和と安全の維持を目的とした日米安全保障条約に基づく日米同盟が、その協力範囲をグローバルな安全保障問題への対処にまで拡大させてきたのはなぜか。この問いを正面から論じた先行研究は、必ずしも多くない。その理由として、ある論者の指摘するように、日米同盟（ないし日米安保）の「グローバル化」という概念そのものが曖昧な上、様々な意味や文脈で論じられる傾向にあり、そうした概念の多義性からくる「扱いにくさ」が指摘できよう(6)。

そこで本章は、はじめに冷戦後の北大西洋条約機構（ＮＡＴＯ）の事例を参考にしつつ、同盟の「グローバル化」の概念化を試みる。そこにおいては、冷戦期において「集団防衛」を目的としたＮＡＴＯが、冷戦後においてその機能を国際秩序の形成・維持という「公共財」の供給へと拡大したことを指摘しつつ、そうした変化の背景に安全保障問題のグローバル化、同盟国による共通の価値の追求、そして「同盟管理」という三つの要因が存在したことを指摘する。また、そうしたＮＡＴＯのグローバル化のプロセスにおける「正統性」の問題についても言及する。

次に、これらの要因を踏まえつつ、一九九〇年代から二〇〇〇年代にかけての日米同盟の展開を分析することで、ＮＡＴＯ同様、日米同盟が国際秩序の形成・維持を目的とした枠組みへと変貌しつつも、そうした変化を促した最大の要因が、「同盟管理」であったことを論じる。その上で、二〇〇〇年代後半におけるインド洋での自衛隊の補給支援活動の継続をめぐる問題を検討し、日米同盟のグローバル化に潜む一定の限界と、今後のゆくえについて考察したい。

一　同盟のグローバル化とは

本章で議論するところの同盟のグローバル化とは、同盟がその任務を共通の敵による侵略から加盟国を守ることを目的とした「集団防衛」から、同盟の領域外における地域紛争への対処や平和維持活動、あるいはテロ対策や大量破壊兵器の不拡散のような、地球規模の「秩序形成」や「秩序維持」活動にまで拡大することを指す。「集団防衛」を目的とした同盟がもたらす便益（抑止や抑止が破綻した場合の対処能力等）は、それを享受することのできる国が加盟国に限定されるという意味で、いわゆる「集合財」（ないし「クラブ財」）として認識される[(7)]。これに対し、「秩序形成・維持」を目的とした同盟のもたらす便益（国際社会の安定や繁栄等）は、同盟国のみならず非同盟国を含む国際社会全体が享受することが可能であることから、地球規模での「公共財」として認識することが可能である[(8)]。冷戦後の日米同盟がしばしば、地域および世界にとっての「公共財」であるといわれるのは、以上のような同盟の秩序形成・維持機能を念頭に置いたものである[(9)]。

もちろんこのような国際公共財の供給は、必ずしも同盟によって行われる必要はない。たとえば平和維持活動や海賊対策といった活動は、国連の枠組みや「有志連合」の形成によって行うことも可能であろう。実際、アフガニスタンにおける対テロ戦争において主たる役割を果たしたのは米軍主導の「有志連合」であり、必ずしも「同盟」の枠組みではなかった。にもかかわらず、これらの活動があえて同盟の任務として位置づけられるのは、軍事基地や施設、そして統合された軍民スタッフといった同盟国の持つ有形・無形の「資産（asset）」の存在によるところが大きい。たとえばアフガニスタンやイラクにおける米軍の軍事行動では在日米軍基地から多数の艦隊、航空機、そして海兵隊が出動したように、冷戦時代に集団防衛のために整備された資産は、特に九・一一テロ以降グローバルな任務のために活用されている。加えて、同盟国は通常共同訓練や有事作戦計画、それに日頃からのコミュニケーション・チャンネルの存在等によって、高い相互運用性を有している。こうした相互運用性は同盟国間のトランザクションコスト（取引費用）を低減し、ＰＫＯや安定化作戦、それに海賊対処のような領域外での行動においても、円滑かつ効率的な同盟国間の協力を可能とするのである。[10]

以上の意味での同盟のグローバル化が最も顕著であったのは、冷戦後のＮＡＴＯであった。冷戦時代、ソ連の脅威から同盟国を守ることを目的として生まれたＮＡＴＯは、同盟国の領域以外での活動を固く禁じていた。しかしながら、一九九一年にＮＡＴＯは新たな「戦略概念」を発表し、冷戦後における新たな役割が危機管理と国際的な安定の促進にあることを明らかにした。[11] その後、ボスニアやコソボといった「領域外（out of area）」での紛争に際し、ＮＡＴＯは平和強制や平和構築において積極的な役割を果たすことになる。その結果、一九九九年四月に発表された新たな「戦略概念」では、危機管理活動が抑止や防衛と並ぶＮＡＴＯの基本的な安全保障上の任務の一つとして、明確に規定されるようになった。[12]

さらに二〇〇一年に九・一一テロが勃発すると、ＮＡＴＯは早期警戒機等を派遣して米軍の作戦に対する補助的任務を行ったほか、その後のアフガニスタンにおける治安維持活動においても中心的な役割を果たした。二〇〇三年に勃発したイラク戦争では、ドイツやフランスの反対によりＮＡＴＯとしての活動は極めて限定的であったものの、戦後のイラク復興支援活動において、ＮＡＴＯはイラクの治安部隊の訓練に従事した。ＮＡＴＯはまた、二〇〇五年八月に発生した米国のハリケーン「カトリーナ」や、同年一〇月のパキスタンの大震災に際して救援物資を輸送するなど、自然災害支援にもその活動範囲を拡大した。

その後、二〇〇八年八月にロシア・グルジア紛争が勃発すると、ＮＡＴＯの「集団防衛」機能に再び注目が集まることになる。二〇一〇年一一月に採択された新たな戦略概念では、「危機管理」が「集団防衛」と「協調的安全保障」と並びその三本柱の一つとされていたものの、アフガニスタンにおける長期の任務による疲弊等から、遠征任務を重視する姿勢は後退する傾向にあった。[13] それでも、ＮＡＴＯは二〇〇八年より開始したソマリア沖・アデン湾やインド洋における海賊対処活動に加え、二〇一一年三月にはリビアに対する空爆にも参加するなど、域外での活動を継続している。NATOはまた、二〇一四年一二月にアフガニスタンにおける国際治安支援部隊（ISAF）の活動が終了した後も、アフガニスタン治安部隊への支援を行っている[14]。

このように、冷戦後のNATOの任務や役割が拡大した要因として第一に指摘されるのが、安全保障問題のグローバル化である。冷戦後、伝統的な大国間紛争のリスクは低減した一方で、テロや大量破壊兵器の拡散、自然災害や感染症等のいわゆる「領域横断型」のリスクや脅威が顕在化した。また、グローバル化や急速な技術革新の進展によって国家間の相互依存関係が深化した結果、一国・一地域で生じた安全保障問題が容易に他国へと転化し、さらには国際社会全体に対する脅威になりうるリスクが高まっている。その結果、安全保障の問題が原則的には個々の国家の手に委ねられてきた時代とは異なり、国際社会が第一義的な主体としてそうした脅威に取り組まざるを得ない状況が生まれることとなった[15]。特にテロや大量破壊兵器の拡散といったグローバルな脅威に対しては伝統的な抑止が機能しにくいため、有事後の危機管理活動に加え、危機を未然に防ぐための努力、すなわち秩序の形成・維持の重要性が高まることになる。冷戦時代に培った豊富な軍事資産と多くの経験を有するNATOは、そうした冷戦後の新たな事態に対処する上で、一つの有力な手段として位置づけられるのである[16]。

第二に、グローバルなNATOの活動は、共通の「価値」の存在によっても支えられていた。冷戦終焉後、自由、民主主義、法の支配といった西側の価値観がより普遍的なものとして認識されるに至ったことにより、NATOの活動も、そうしたリベラルな価値観をいっそう反映したものへと変化していくことになる。例えばボスニアやコソボ、そしてリビアにおけるNATOの介入を決定づけたのは、加盟国に対する直接的な軍事的脅威というよりも、民族浄化や人権弾圧といった人道上の問題であり、またその後の平和構築活動も、治安維持や武装解除にとどまらず、民主化支援にまで及ぶものであった[17]。NATOによる「人道的介入」は、「価値の共有と追求それ自体が同盟を構成する重要な要件になりうる」米国の同盟の特徴を表すとともに、NATOがそうした米国による「価値同盟」の代表的存在として位置づけられることの所以にもなっている[18]。同時に、脅威の想定が容易であった冷戦時代とは異なり、無定形かつ領域外の脅威が顕在化した冷戦後の世界において、共有する価値に対する挑戦という位置づけをすることが、グローバル化した同盟における共同行動の前提となることが指摘されるのである。[19]

第三に、いくつかのＮＡＴＯ諸国にとって、米国とのグローバルな軍事行動を通じて同盟への忠誠やコミットメントを強化することは、ＮＡＴＯそのものの団結を維持・強化し、結果として米国による欧州もしくは自国への防衛コミットメントの強化を図るという「同盟管理」としての側面を持っていた。[20] イラク戦争時におけるＮＡＴＯの分裂に見られるように、グローバルなレベルでの米国との協力は、同盟国間でしばしば論争を巻き起こしてきた。それでも、ＩＳＡＦやイラク戦争後の復興支援においてポーランドやチェコといった中・東欧のＮＡＴＯ新規加盟国が積極的な役割を果たした背景には、これらの国々がロシアという地政学上の脅威に対処する上で、ＮＡＴＯを通じた米国との同盟関係の維持が死活的に重要であったことが指摘される。[21] そこにおいて、ＮＡＴＯのグローバルな活動への参加はそれ自体が目的というよりは、「同盟管理」のための「手段」として位置づけられることになる。

だからといって、冷戦後のＮＡＴＯが米国の世界戦略に引きずられる形で、無原則にその同盟上の役割を拡大してきたわけでもない。特に外部からの侵略のように自国の安全に直ちに影響を与えるわけでもなく、また条約上の根拠も持たないグローバルな軍事行動においては、その「正統性」が加盟国の参加やその形態を決める上でしばしば重要な要素となってきた。[22] 例えばイラク戦争において米国が武力行使を容認する明確な国連決議を踏まえずに軍事行動に踏み切ったことは、フランスやドイツの反発を招き、結果としてイラク戦争におけるＮＡＴＯとしての関与は、開戦前におけるトルコへの哨戒機や迎撃ミサイルの配備といった、きわめて限定的なものにとどまることになった。またその逆に、イラク戦争後の復興支援活動が国連決議の下に行われたことは、ＮＡＴＯによるイラクの治安維持活動への貢献を可能にしたといえる。

また、こうした国際法的な側面に基づく「手続き」上の正統性の問題とは別に、グローバルな軍事行動が適切な目的や道徳的規範に基づくものか否かといった、「実質的」な意味での正統性も重要な判断材料になる。[23] NATOによるコソボ空爆は、中ロの反対の結果国連安保理の授権を得ることはなかったものの、ミロシェビッチ政権によるアルバニア系住民への非人道的行為の停止のための止むを得ない措置というのが、その主たる正統性の根拠となった。またイラク戦争においても、国連決議の有無とは別に、フセイン政権による大量破壊兵器の所持疑惑が開戦の根拠とされ、一部の同盟国による支持を正当化した。その逆に、イラクにおける復興支援活動は明確な形での国連決議を経ていたにもかかわらず、占領国主導の復興であったことへの反発から、兵員の派遣要請を拒絶するドイツのような国も存在した。このように、NATOがグローバル化するプロセスにおいて、手続き面のみならず、その実質面における正統性に対する加盟国の認識は、少なからず重要な意味を有していたのである。

二　冷戦後の日米同盟のグローバル化

1　一九九〇年代——同盟グローバル化の胎動

日本と米国が安保条約に基づく狭い意味での同盟協力にとどまらず、そうした同盟関係を基盤としてグローバルな安全保障問題への対処を強化していくという方向性そのものは、冷戦終結直後から度々強調されていたものである。一九九二年一月の「日米グローバル・パートナーシップに関する東京宣言」と同時に発表された「グローバル・パートナーシップ行動計画」は、「世界の平和と安定のための協力」として、軍備管理・軍縮や国連PKOの強化、中・東欧やアジア諸国の民主化および経済改革の支援、国際テロに対抗するための国際的な連携の強化といった課題を列挙していた。[24] また九三年七月には日米間で地球的展望に立った協力のための共通の課題

（コモン・アジェンダ）が発表され、環境問題や人口増加、エイズといった非伝統的な問題においても日米の協力を強化していくことが明らかにされた[25]。その後同アジェンダは、感染症対策や自然災害の被害の軽減、テロリズムとの闘いといった分野に拡大することになる[26]。

こうした日米の協力範囲の拡大は、冷戦後の日本の国際秩序参画の強化に向けた動きと軌を一にしていた。特に冷戦期後半から米国を中心として、日本が国際秩序の維持に対して応分の負担を担っていないという批判が高まるにつれ、日本がグローバルな安全保障秩序の維持に向けて積極的な役割を果たす必要性は強く認識されるようになる。一九九〇年に勃発した湾岸戦争において、日本の貢献が国際社会から感謝されなかった（と少なくとも日本の政策決定者は認識した）経験は、国際的な安全保障秩序への参画に向けた日本の動きをいっそう強化することになる。一九九二年六月には国際平和協力法案が可決され、同年九月カンボジアのＰＫＯに初めて自衛隊が派遣された。

以上を踏まえれば、同盟国である日本と米国が「地球規模のパートナーシップ」の下、グローバル化した安全保障問題に共同で対処するという方向性そのものは、自然な発想であったといえる。たとえば、「防衛計画の大綱」の改定に向けて発足した民間の有識者からなる「防衛問題懇談会」が一九九四年八月に発表した報告書では、「世界の諸国民が協力して、武力紛争の予防とその早期解決をはかり、さらには紛争の誘因となる貧困などの社会問題の解決のために、能動的・建設的に行動する機会が増えていく」ことが予測される今後の世界において、「新しい国際秩序の形成に関して共通の目標を持っている日米両国間の絆は、むしろ、これまでよりもいっそう重要性を増すであろう」との見方が示されていた[27]。報告書はまた、そうした協力の基礎となるものとしての「利益と価値観の共有」の重要性を指摘していたが、それは日米のグローバルな協力をリベラルな秩序維持のための手段として位置づけ、その役割を「国際公共財の提供」に求めた二〇〇〇年代の議論の先駆けともいえる発想であった。

そうした発想は、日米安保共同宣言からも読み取ることができる。共同宣言はその冒頭において、「両国の政策を方向づける深遠な共通の価値、即ち自由の維持、民主主義の追求、及び人権の尊重」に対する日米首脳のコミットメントが再確認されるなど、これまで以上に日米両国の価値観の共有が強調されていた。この点について、当時駐米国大使として安保共同宣言の策定にも関わっていた栗山尚一は次のように指摘する。

日米同盟を支える共通の利益は、価値観の共有なくしては生まれない。同盟が守るべき国際秩序についての共通のビジョンは、共通の価値観の存在が前提になる。平和を守ると言っても、それがどういう平和であるかによって、あるべき国際秩序の姿が根本的に違うからである。……日米同盟も日米のパートナーシップも、両国が一定の基本的な価値を共有していることが出発点となる。(28)

こうした発想を持つ栗山にとって、安保共同宣言は安保体制に対する日米両国のコミットメントを「再確認」したものであると同時に、その意味を「再定義」したものに他ならなかった。(29) そこにおける新たな意義とは、冷戦期のように具体的な脅威を「封じ込める」のではなく、地域の不安定性、不確実性への対処に加え、域内すべての国の安全が保障されるような国際秩序の構築に向けて日米が共同で取り組むことにあった。(30)

このように、安全保障のグローバル化と価値に関しては、すでに冷戦直後から日米間で認識の共有が成立し、そのことが後の日米同盟のグローバル化の土台となったことは事実である。そうした変化はまた、湾岸戦争の教訓を踏まえ、「国際的な平和と秩序維持にしかるべき役割を果たしたい」という日本の政策決定者の熱意をも一定程度反映したものだったともいえる。(31) もっとも、こうした日米間の認識と、実際の日米同盟の姿との間には依然として大きなギャップがあった。特に同盟協力の根拠を日米安保条約におく限り、グローバルな日米協力において日本が軍事的に果たしうる役割には限界があった。

そうした限界を端的に示していたのが、「周辺事態」をめぐる議論である。外務省や防衛庁の一部には、「周辺事態」を地理的制約にとらわれることなく、グローバルな事態にも適応させることを主張する者もいた。その代表的論者であり、当時北米局審議官としてガイドラインの改定作業にあたっていた田中均は、次のように述べる。

日本は安保条約によって米国と同盟関係にあるけれども、事柄の本質というのは、日本が自分の安全保障政策として、自分の政策を持った上で米国と話をするべきものであって、その時に必ずしも安保条約の枠組みに縛られる必要はないのだ、と。だから、その後の日米防衛協力のガイドラインにおいては、「平時における協力」とか、「グローバルな協力」などの考え方も盛り込んでいる。(32)

田中にとって、自衛隊が安保条約によって定められた「極東」という固定観念を超えて活動することは、日本側の主体性を増加させると同時に、同盟内における負担を均衡化させることで、「より対等な日米関係」に近づくための手段でもあった。(33)

田中の意見は、防衛庁の一部からの支持を得ていたとはいえ、当時の外務省では少数派であったといわれる。(34)実際、当時外務省の主流派は「なし崩し的に日米安保の対象範囲を拡大するのは民主主義の否定につながる」との信念の下、「周辺事態」における日米の協力を、「日米協力に基づく国際貢献とは全く関係のない、別の事項」として捉えていた。(35)橋本首相自身も、日米安保共同宣言によって自分が目指しているのはあくまでも同盟の「効果的運用」であって、「拡大」ではないと繰り返し強調していたという。(36)その結果、日本政府は安保共同宣言により日米安保体制が「再定義」されたのではなく、あくまでもその「再確認」であることを強調した。(37)こうした見方は、「周辺事態安全確保法」が成立した一九九九年の国会で、「周辺事態」が「中東やインド洋で生起することは現実の問題として想定されない」と発言した小渕首相の答弁にも反映されていた。(38)

そのことは、必ずしも政府内部でグローバルな日米の協力の必要性が軽視されていたことを意味するものではない。他方で、「周辺事態」に見られるように、日米安保体制を通じた協力が基本的には伝統的な脅威を念頭においた軍事面での協力を中心としたものであったのに対し、グローバルな協力は、平和維持活動における協力を除けば、環境問題や感染症対策といった非軍事面での協力が中心であった。そもそも「周辺事態」にしても、それが適用されるのはあくまで「我が国の平和及び安全に重要な影響を与える事態」に限定されており、国際秩序の形成・維持そのものを目的とした概念ではなかった。それゆえ、九・一一テロという国際秩序全体を揺るがす問題が勃発すると、日本は新たな対応を迫られることになるのである。

2 九・一一テロと同盟のグローバル化

二〇〇一年九月一一日、米国で同時多発テロ事件が発生した。テロ事件の勃発を受け、国連安全保障理事会は翌日ニューヨークの国連本部で緊急理事会を開き、テロ攻撃を「国際社会の平和と安全に対する脅威」として強く非難すると共に、加盟国の「個別的又は集団的自衛の固有の権利」を認識し、テロに対して国際社会が「あらゆる手段を用いて」闘うことを表明した決議一三六八を全会一致で採択した。同決議を受け、NATOや豪州は戦後初めて集団的自衛権の発動を表明した。その後、アフガニスタンのタリバン政権がテロの主犯とされるオサマ・ビンラディン容疑者の引渡しを拒んだことから、米軍を中心とした有志連合軍は一〇月七日に「不朽の自由(Operation Enduring Freedom: OEF)」作戦を開始、およそ一カ月で首都カブールを制圧した。

このように、アフガニスタンにおける米国と同盟国の活動は、米国に対する直接的な攻撃を受けて発動された集団的自衛権の行使に基づくものであり、その限りにおいて、伝統的な意味での「集団防衛」としての活動に近いものであったともいえる。他方、攻撃の主体が国ではなく「テロリスト」であったことや、同盟国の支援が戦争のみならず、その後のアフガニスタンの治安維持等にまで及んだという意味において、それは冷戦時に想定されていた「集団防衛」型の活動とも異なるものであった。そこにおいて米国の同盟国に期待された役割とは、加盟国の領土や主権を外的脅威から保護するという意味での伝統的な「集団防衛」機能を超えた、より広範な国際秩序の形成・維持にあったといえる。その意味において、九・一一テロとその後の日本の対応は、「共通の価値」に基づく「地球規模のパートナーシップ」としての日米同盟が真に機能するかどうかの、重要なテスト・ケースであった。

広く知られているように、日本の対応は迅速であった。テロ事件の翌日、日本はテロリストを非難する声明を発表するとともに、米国に対する強い支持および必要な援助と協力の提供を表明した。その後小泉政権は米軍に対する輸送・補給支援のための自衛隊派遣や周辺地域に対する人道的・経済的支援を含む「七項目の措置」を発表し、さらに一〇月五日、新法作成の支持からわずか二週間半という異例の速さで、テロ対策特措法を閣議決定した。同法案が一〇月末に参議院で可決、立法化されると、政府はアフガニスタン攻撃に向かう米軍をはじめとした連合軍の艦隊に対して洋上補給活動を行うため、海上自衛隊の補給艦一隻と護衛艦二隻をインド洋に向けて派遣した。

このように、九・一一以降の日本の対応は湾岸戦争時と比べはるかに迅速かつ積極的に行われた。それを可能にしたのは、当時の支持率が八〇%近くにまで上るなど、圧倒的な国民的人気を誇る小泉首相の強いリーダーシップに加え、「官邸主導」といわれる意思決定のスタイル、自民党が過半数を占めていた衆参両議院の状況、世論の多数が自衛隊による後方支援を含む米軍への支援を支持していたことなどが挙げられる(39)。さらにテロ特措法の成立に限っていえば、一九九九年に成立した「周辺事態法」において「後方地域支援」の内容や概念が一定程度詰められていたことは、法案審議の際の「神学論争」を抑制させ、与野党がすでに合意した基準を基に議論を進展させることを可能としたという意味で、決定的に重要な役割を果たしたといわれる(40)。

以上のように当時の日本の政治と社会に、九・一一事件に対して日本としても何らかの積極的な役割を果たさなければならないという一般的雰囲気が成立した背景に、米国への支援を国際安全保障の観点から意義づけようとする発想があったことは明らかだろう。そこに、前述した安全保障問題のグローバル化と価値の共有という、日米同盟のグローバル化を支える認識の存在を確認することができる。実際に、テロ特措法の根拠となったのは一三六八を含む一連の国連決議であり、それゆえ自衛隊の補給支援活動は米国のみならずその他の有志連合諸国にも及ぶなど、きわめて国際協調主義的な意味合いの強い活動であった。

しかし同時に、すでに多くの研究で明らかなように、九・一一以降の「対テロ戦争」に対する日本の積極的な対応を後押ししていたのは、外務省を中心に蔓延していた「湾岸戦争のトラウマ」でもあった(41)。湾岸戦争当時、外務省の北米一課長として対米交渉にあたった岡本行夫は、次のように回想している。

僕にとっての湾岸戦争は、日米戦争でした。日米の政府レベルの喧嘩なら、少しも怖くなかった。……だが、反日感情が民衆のレベルに燎原の火のように拡がっていけば、もう打つ手はない。……デモクラシーの国、アメリカで、民衆が湾岸戦争への日本の振る舞いに怒った時の恐ろしさを思うと、なんとかしなければ大変なことになる、と必死でした(42)。

こうした認識を共有する外務省の政策決定者にとって、九・一一以降の日本の対応は「控えめに言ってもこれからの日米同盟の試金石であり、厳しく言えば湾岸戦争という一次テストを受けての最終テスト」として位置づけられていた(43)。日本にとって、テロ攻撃という「国際社会の平和と安全に対する脅威」への対応は、第一義的には「同盟管理」上の問題として捉えられていたのである。

「同盟管理」を重視する日本の姿勢は、イラク戦争における対応においてより顕著であった。アフガニスタンにおける軍事行動とは異なり、米軍のイラク侵攻の正統性については、日本の政府内においても懐疑的な者もいた(44)。特に開戦前、国連決議がないままに米国がイラクへの攻撃に踏み切ることに強い危機感を覚えた日本は、米国に対し、武力行使するとしてもあくまでも過去の一連の国連決議を法的根拠とし、そのために必要な手続きを踏むべきことを様々なルートを通じて伝えていた。[45] その結果、国連事務局に提出された米国の開戦報告書は一連の国連決議に基づく論理構成で書かれており、その原案は、日本の外務省条約局の法規課が起草し、イギリスと調整したものがほぼそのまま採用されたものであったという。[46] こうした外務省の努力は、あくまでも米国に対する「支持」を前提としたものであったかもしれないが、同時にそれは、九・一一以降「力の論理」を前面に出していた米国を、少しでも「法の支配」に基づく国際法序に摺り寄せるための日本なりの努力であったと評価することもできる。

もっとも、いったん開戦が決断されると、小泉首相は米軍の軍事行動に対して「理解」を超えた「支持」を表明した。小泉政権の官房長官であった福田康夫によれば、米国への「支持」を表明した小泉首相の最終的な判断の背景にあったのは、日米同盟における首脳同士の信頼関係を壊してはいけないという「確固たる信念」であり、またそうした強固な同盟関係がもたらす北朝鮮への抑止力に対する期待であった。[47] また、いったん米国が開戦すると決めた以上、なるべく早く支持をすることが日米同盟の強化につながるという政治的判断も存在した。[48] 小泉首相はそうした同盟を重視する政府の姿勢を否定することなく、むしろ強調することで、国民の理解と支持獲得に努めた。[49]

日本政府は、すでに開戦の半年以上前から戦後のイラク復興支援に向けた協力を検討しており、その結果イラクにおいて戦闘が終結すると、二〇〇三年七月に成立した「イラク特別措置法」の決定に基づき、陸海空の自衛隊をイラクに派遣した。自衛隊が実質的に紛争が継続する地域に派遣されたのは戦後初のことであり、その意味で日本の安全保障史上画期的な出来事であったが、同時にその活動は「非戦闘地域」に限定され、また武器使用にも厳しい制限が設けられるなど、憲法に基づく種々の法的制約を前提としたものであった。またその派遣規模（陸上自衛隊六〇〇人、航空自衛隊二〇〇人程度）についても、例えば最大事に三、六〇〇人規模へと拡大した韓国軍などと比較して、決して大きなものとはいえなかった。

にもかかわらず、こうした一連の日本の行動は米国から高く評価され、グローバルな日米の協力に対する評価はかつてなく高まることになる。二〇〇五年二月の日米「共通の戦略目標」が発表される前日には、米国のライス（Condoleezza Rice）国務長官が「米国と日本はアジア太平洋に平和と安定をもたらすため、深くて幅広い同盟を築いている」と指摘した上で、「すでに（日米同盟は）大半の懸案に対処できるようになっている」と述べたといわれる。[50] さらに同年一〇月に発表された「日米同盟――未来のための変革と再編」では、日米両国の協力における重点分野が「日本の防衛及び周辺事態への対応」と「国際平和協力活動への参加をはじめとする国際的な安全保障環境改善のための取組」という二つのカテゴリーに区別され、後者の例として大量破壊兵器の拡散阻止、テロ対策、人道救援、復興支援およびPKOやPKOに関する他国の能力開発支援等のグローバルな秩序維持に関する協力が挙げられていた。[51] 二〇〇六年六月の日米首脳会談では、日米関係が「歴史上最も成熟した二国間関係の一つ」であるとの見解が示されると共に、二一世紀の地球的規模での協力のための「新しい日米同盟」の姿が提示された。それは、「日米同盟がグローバルな安全保障課題に対応するための『安保再々定義』の政治的確認作業であり、小泉＝ブッシュ時代の総仕上げ」としての意味を持つものであった。[52]

こうした動きと一致する形で、日本の政策コミュニティにおいてもグローバルな日米協力に向けた準備が強化されていく。二〇〇四年一〇月に発表された「安全保障と防衛力に関する懇談会」（通称荒木懇）の報告書は、「日本の防衛」と「国際安全保障環境の改善」という二つの目標を、①日本自身の努力、③同盟国との協力、③国際社会との協力という三つのアプローチの組み合わせによって達成することを提唱していた。報告書は国際安全保障環境を改善する上で、価値観を共有し、また卓越した国際的活動能力を持つ米国と協力することは「きわめて有効な手段」であり、「当然である」という認識を示していた。[53] 同年一二月に発表された新たな「防衛計画の大綱」（〇四大綱）では、国際テロ組織などの非国家主体が「重大な脅威となっている」との認識を示した上で、「日米安全保障体制を基調とする日米両国間の緊密な協力関係」が、「テロや弾道ミサイル等の新たな脅威や多様な事態の予防や対応のための国際的取組を効果的に進める上でも重要な役割を果たしている」という見方を示していた(54)。

こうした日本側の変化はまた、在日米軍再編の動きとも密接に関連していた。二〇〇三年一一月に開催された日米の外務・防衛審議官級協議において、米側はワシントン州に配置された陸軍第一軍団司令部のキャンプ座間（神奈川県）への移転を含む再編案を日本側に正式に提示した。ところが、日本側、特に外務省は当初米側提案の受入れに消極的であった。その要因の一つとして、世界大での任務を指揮する第一軍団司令部が日本に移転することは、日米安保の適用範囲を日本の防衛と極東に限定した日米安保条約第六条からの逸脱であるという外務省における「条約派」の抵抗があった(55)。その結果、日本側は米軍横田基地の自衛隊共用化に限定した「スモール・パッケージ」案を提示したものの、米側の失望を買い、交渉は不調に終わった(56)。特に米側は、抑止力の維持と負担の軽減を求めつつ、条約の文言にこだわり問題の先送りを図る日本側の対応に不満を募らせていた(57)。

こうした状況を打開したのが、防衛庁を中心に主張された、「トータル・パッケージ」論であった。同案は第一軍団司令部の移転を沖縄の普天間飛行場の早期返還や厚木基地での夜間飛行発着訓練の岩国基地への移転等、基地負担の軽減とセットで受け入れることを求めたものであり、停滞する在日米軍再編交渉の打開策となるばかりか、一九九六年の日米安保共同宣言における合意以降遅々として進まなかった普天間基地の移設についても、解決の道筋を立てる可能性を秘めていた。もっとも、米側がこうした案を呑むかは不明であった。そこで防衛庁が主張したのが、極東条項の見直しも含め日米安保の役割を再定義し、日本の役割分担を世界規模で増やす見返りとして、大胆な米軍基地返還を求めるというプランであった(58)。日本がグローバルな協力を拡大することで米側に対して「もの申せる」態勢を整え、その上で「抑止力の維持と負担の軽減」を目指すという計算が、そこには働いていたといわれる(59)。こうした姿勢は外務省内でも共有されるようになり、その結果条約派による「極東条項重視論」は次第に影を潜め、「場合によっては（日米安保）条約を改正してでも（米軍再編を）やるべきではないか」と考える勢力が台頭するようになったという[60]。

こうして、日本のグローバルな役割の拡大の背景には、「同盟管理」の必要性に加え、基地負担の軽減というきわめて国内的な理由が存在した。在日米軍の再編に関わる一連の日米共同声明では日米同盟のグローバルな性質が再三にわたり強調されたものの、その実態は、限りなく「同床異夢」に近いものであったといえる。特にグローバルな協力にコミットすることで日米同盟の維持・強化や負担の軽減を図る日本側と、自身が主導するグローバルな秩序維持そのものを目標とする米側との間には、明らかに温度差が存在した。もちろん日本政府内においても、国際秩序の維持のための同盟協力という国際主義的な発想は皆無ではなかったものの、それは概して「同盟管理」のための「手段」として認識されており、それ自体を「目的」としてとらえる発想は、少なくとも政策の現場レベルでは希薄であったといえる。

そのことは、九・一一以降急速に進められた日米同盟の「グローバル化」に内在する限界を示唆するものであった。そもそもテロ特措法やイラク特措法は時限立法であり、またその活動内容・範囲についても、アフガニスタンにおける治安維持活動を主導したＮＡＴＯや豪州といった他の同盟国の軍隊と比べ、はるかに限定的であった。政府内では自衛隊の海外派遣に向けた恒久法を作る動きもあったが、自民党の中には「アメリカに恩を売る」ためには、恒久法よりもその都度法律を作るほうが効果的であるという意見すら存在したという[61]。また同盟内におけるグローバルな役割の拡大における日本側の主たる動機が同盟の維持・強化にあった以上、いったんそうした目標が達成されれば、グローバルな対米協力に向けたモメンタムが低下するのは避けられなかった。加えて、自民党はテロ特措法とイラク特措法の双方について、最大野党である民主党の同意を得ることができなかった。野党による批判は小泉首相に対する国民の圧倒的な支持によって一定程度影を潜めていたものの、それはこの時代における同盟の「グローバル化」が、首相の人気という個人的要因に依存していたことを物語っていた。

それゆえ、二〇〇六年九月に小泉首相が退陣すると、同盟の「グローバル化」に潜む限界が、一気に露呈することになるのである。

3　同盟グローバル化の限界

二〇〇〇年代の後半から、中国の軍事的台頭による日本周辺での脅威が徐々に顕在化すると、日本の防衛および周辺地域の安全の確保に再び焦点が向けられることになる。対照的に、九・一一以降拡張してきた日本のグローバルな同盟への貢献は縮小する傾向にあった。二〇〇六年七月に陸上自衛隊が、その三年後の二〇〇九年二月には航空自衛隊がイラクにおける任務を終え、撤収した。小泉首相の次に就任した安倍首相は「価値観外交」を掲げ、普遍的価値観に基づく日米協力の強化・拡大を主張したが、後述するテロ特措法に基づく自衛隊の補給支援活動に対する野党の反対や、二〇〇七年七月の参議院選挙での自民党の大敗によって国会の運営が困難となった結果、同年九月に退陣した。

次の福田首相は「価値観」に関する言及を控え、また米側から打診されていたアフガニスタンへの自衛隊の派遣についても、消極的であった(62)。福田政権はまた、自衛隊の海外派遣に関する恒久法の制定についても、先送りとする決定を下した。さらに短命に終わった次の麻生自民党政権後、二〇〇九年九月に民主党政権が発足すると、「対等な日米同盟」の実現を掲げる鳩山首相は公約通りテロ特措法の再延長を行わないことを決定した。その結果、二〇一〇年一月に同法は失効し、インド洋で補給支援活動を行っていた海上自衛隊が撤収した。こうした日本の姿勢に失望した米国の政府関係者の中には、二〇〇〇年代の同盟のグローバル化の方針を改め、日米同盟の焦点を再び地域の問題へと回帰させることを主張する者もいた(63)。

特にインド洋における補給活動の延長問題は、安倍、福田両首相の辞任を促すきっかけにもなるなど、政権を揺るがす事態にまで発展した。二〇〇六年四月より民主党の代表に就任した小沢一郎は、自衛隊が参加する米軍主導のOEFは明確な国連決議を受けたものではなく、それゆえ自衛隊の補給活動は国連決議一三六八に基づく米国の自衛戦争に対する協力であるとして、その違憲性を主張した。さらに民主党は、テロ特措法に基づく給油が米軍のイラクにおける作戦に転用された「疑惑」を追及した。その結果、それまで三度にわたり延長されていたテロ特措法の再延長が困難な状況となり、同法は〇七年一一月にいったん失効となり、海上自衛隊は一時的に撤収することになる。活動の継続を目指すため、与党はテロ対策特別措置法に代わる「補給支援活動特別措置法案」を翌年一月に可決・成立させたものの、同法案は期間一年の時限立法であったため、延長をめぐり再び国会で争点化した。

この問題は、グローバルな同盟の活動の「正統性」の解釈をめぐる問題の難しさを示すと同時に、「同床異夢」としての日米同盟グローバル化の限界をも示していたといえる。すでに見たように、インド洋における自衛隊の補給支援活動は、実態としてはきわめて国際協調的性格の強い活動であり、日本が求める「日米同盟」と「国際協調」の両立を体現した活動でもあった。他方で、日本側の対テロ戦争への貢献に向けた主たる動機が「湾岸のトラウマ」に基づく「同盟管理」であったため、政府の中で補給支援活動の内容というよりは、継続それ自体が目的化してしまった感は否めない。そのことは、本来であれば国際秩序の維持・強化に向けた試みに向けた一つの「手段」に過ぎない補給支援活動の継続に対して、「職を賭して」取り組むとした安倍首相の発言にも現れていた。(64) 与党はまた、インド洋における給油活動以外にも、民生支援等を含めテロとの闘いを支援する方法はありうるという野党の批判に対して、説得力のある反論を提示できなかった。その結果、旧テロ特措法成立直後には高い支持を得ていた自衛隊のインド洋における活動に対する世論の支持は、次第に低下していくことになる。(65)

そうした姿勢はまた、野党の側にも顕著であった。例えば民主党の小沢代表は、米軍の軍事行動への協力には正統性がなく、ISAFのような国連決議に基づく活動であれば自衛隊は積極的に参加すべきという論理を展開していたが、そうした主張の根底に存在したのは（小沢自身は否定するものの）「同盟」か「国連」かという二項対立的発想であった(66)。そこには、「手続き上」はともかく、「実質的」な面において広く国際社会からその正統性を付与されていた対テロ戦争において、同盟という軍事的な「資産」を利用して日本がどう主体的に対応するかという発想は不在であったといえる(いうまでもなく、ISAFの主力はNATOという「同盟」であった)。そのことは、与党にせよ野党にせよ、国際秩序の形成と維持に向けた日本の貢献を、対米関係というレンズを通してしか捉えていなかったことを示唆していた。そしてそれはまた、小泉政権以降急速に進められてきた日米同盟の「グローバル化」に潜む、一定の限界を示していたのである。

おわりに

以上見てきたように、一九九〇年代における同盟の「再定義」および九・一一以降の「対テロ戦争」における米軍との協力を経て、日米同盟は形の上では「グローバル化」を遂げることになった。そこにおいて、日本の政策決定者の中には、NATOのように共通の価値観に基づく同盟を基礎としつつ、リベラルな国際秩序への日本の主体的な関与の強化を主張する者もいたが、そうした主張は必ずしも日本の安全保障政策の実態を伴ったものではなかった。むしろ、政策の現場で実際に同盟のグローバル化を後押ししたのは、同盟の「漂流」や「湾岸のトラウマ」からの脱却を求め、日米同盟の維持・強化すなわち「同盟管理」を図る政策決定者の姿勢にあったといえる。その結果、同盟内における日本のグローバルな役割は確かに拡大したものの、そこにおける日米の協力は、多分に「同床異夢」という色彩の強いものとなった。インド洋における自衛隊の補給活動をめぐる問題は、そうした「同床異夢」としての同盟グローバル化の限界を示していたともいえる。

そのことはまた、冷戦終焉以降、特に九・一一テロを受け「拡大」の一途をたどっていた日米同盟が、実際には「収縮」の論理をも併せ持っていたことを示すものでもあった。なぜなら、日本にとっての同盟内におけるグローバルな活動の拡大の最大の目的が同盟そのものの維持・強化にあった以上、その活動は必要最小限度にとどまるばかりか、いったんそうした目的が達成されたり、あるいはその必要性が低下したりすれば、「拡大」に向けた衝動は必然的に萎むことになるからである。そうした状況が続く限り、同盟のグローバルな活動そのものを「目的」として捉える米国と、それを「手段」として位置づける日本との間に存在する「期待値のギャップ」は、今後も埋まることはなさそうである。日米同盟が今後真の意味でグローバル化するためには、日本がどこまで同盟の強化それ自体を「目的」としてではなく、グローバルな秩序形成・維持のための「手段」として活用できるかどうかにかかっているように思われる。

＊　本章の内容はすべて筆者個人の見解であり、防衛研究所あるいは防衛省の立場を代表するものではない。

（1）外務省「日米安全保障共同宣言―二一世紀に向けての同盟」（仮訳）一九九六年四月一七日、http://www.mofa.go.jp/mofaj/area/usa/hosho/sengen.html（二〇一五年一一月一七日最終閲覧）。

（2）外務省「日米防衛協力のための指針」一九九七年九月二三日、http://www.mofa.go.jp/mofaj/area/usa/hosho/kyoryoku.html#1（二〇一五年一一月一七日最終閲覧）。

（3）外務省「共同発表　日米安全保障協議委員会」二〇〇五年二月一九日、http://www.mofa.go.jp/mofaj/area/usa/hosho/2+2_05_02.html（二〇一五年一一月一七日最終閲覧）。

（4）外務省「新世紀の日米同盟」二〇〇六年六月二九日、http://www.mofa.go.jp/mofaj/kaidan/s_koi/cnd_usa_06/ju_doumei.html（二〇一五年一一月一七日最終閲覧）。

（5）たとえば、Daniel M. Kliman, *Japan's Security Strategy in the Post-9/11 World: Embracing a New Realpolitik*, Washington, D.C.: Center for Strategic and International Studies, 2006, p.159 を参照。

（6）石川卓「日米安保のグローバル化」遠藤誠治・遠藤乾編『シリーズ日本の安全保障二　日米安保と自衛隊』岩波書店、二〇一五年、七〇頁。

（7）Mancur Olson, Jr. and Richard Zeckhauser, "An Economic Theory of Alliances," *The Review of Economics and Statistics*, 48-3 (August, 1966), pp. 266–279.

（8）Joseph Nye, Jr., *The Paradox of American Power: Why the World's Only Superpower Can't Go It Alone*, New York: Oxford University Press, 2002, p. 142.

（9）たとえば、平成二二年度外務省国際問題調査研究・提言事業報告書『日米関係の今後の展開と日本の外交』第二部「公共財としての日米同盟と日本の役割」（二〇一一年五月）および石川「日米安保のグローバル化」、六一頁を参照。

（10）高橋杉雄「第三章　アジア太平洋安全保障アーキテクチャと同盟の役割」『アジア太平洋の地域安全保障アーキテクチャー―地域安全保障の重層的構造』東京財団、二〇一〇年、五九頁。

（11）Robert McCalla, "NATO's Persistence after the Cold War," *International Organization*, 50–3（Summer 1996）, p. 449.

（12）North Atlantic Treaty Organization, "The Alliance's Strategic Concept," 24 April, 1999, available at http://www.nato.int/cps/en/natolive/official_texts_27433.htm?selectedLocale=en（accessed on November 17, 2015）.

（13）鶴岡路人「国際安全保障環境の変化と二〇一〇年戦略概念」広瀬佳一・吉崎知典編『冷戦後のＮＡＴＯ―〝ハイブリッド同盟〟への挑戦』ミネルヴァ書房、二〇一二年、一八三頁。

（14）North Atlantic Treaty Organization, "Operations and Missions: Past and Present," November 9, 2015, http://www.nato.int/cps/en/natohq/topics_52060.htm（accessed on November 17, 2005）.

（15）渡辺昭夫「新世紀における同盟のニューフロンティア」『外交フォーラム』（二〇〇一年一一月号）、七三頁。

（16）Ivo H. Daalder and James Goldgeier, "Global NATO," *Foreign Affairs*（September/October 2006）, pp. 105–106.

（17）吉崎知典「危機管理」広瀬・吉崎編『冷戦後のＮＡＴＯ』、一九八―二〇一頁。

（18）中山俊宏「『理念の共和国』が結ぶ同盟」久保文明編『アメリカにとって同盟とは何か』中央公論新社、二〇一三年、七八―七九頁。

（19）同右、八五頁。

（20）「同盟管理」については、Glenn H. Snyder, *Alliance Politics*, New York: Cornell University Press, 1997, p. 165 を参照。

（21）ＮＡＴＯにおける中東欧諸国の対テロ戦争の対応については、Tom Lansford and Blagovest Tashev eds., *Old Europe, New Europe and the US: Renegotiating Transatlantic Security in the Post 9/11 Era*, Aldershot, UK: Ashgate, 2005; 羽場久美子「ＮＡＴＯの東方拡大と欧州の安全保障―コソヴォ空爆からイラク戦争へ：アメリカの影」菅英輝・石田正治編『二一世紀の安全保障と日本』（ミネルヴァ書房、

二〇〇五年）、一五〇―一七五頁を参照。

（22） Atsushi Tago, "Why Do States Join US-led Military Coalitions? The Compulsion of the Coalition's Missions and Legitimacy," *International Relations of the Asia-Pacific*, 7–2（2007）, pp. 179–202.

（23）「手続き上」（procedural）の正統性と「実質的」（substantive）正統性の区別については、Ian Clark, *Legitimacy in International Society*, New York: Oxford University Press, 2005, p. 18 を参照。

（24） "The Tokyo Declaration on the U.S.-Japan Global Partnership［Bush Tokyo Visit Text］," January 9, 1992, available at http://tcc.export.gov/Trade_Agreements/All_Trade_Agreements/exp_005589.asp（accessed on November 17, 2015）.

（25）「日米の新たなパートナーシップのための枠組みに関する共同声明」一九九三年七月一〇日、データベース『世界と日本』、http://www.ioc.u-tokyo.ac.jp/~worldjpn/documents/texts/JPUS/19930710.D1J.html（二〇一五年一一月一七日最終閲覧）。

（26）外務省「橋本総理とクリントン大統領から日米両国民へのメッセージ～二一世紀への挑戦」一九九六年四月一七日、http://www.mofa.go.jp/mofaj/kaidan/kiroku/s_hashi/arc_96/clinton/in_japan/message.html（二〇一五年一一月一七日最終閲覧）。

（27）防衛問題懇談会「日本の安全保障と防衛力のあり方―二一世紀へ向けての展望」（樋口レポート）、一九九四年八月一二日、データベース『世界と日本』、http://www.ioc.u-tokyo.ac.jp/~worldjpn/documents/texts/JPSC/19940812.O1J.html（二〇一五年一一月一七日最終閲覧）。

（28）栗山尚一『日米同盟　漂流からの脱却』日本経済新聞社、一九九七年、二四〇―二四一頁。

（29）同右、二五八―二五九頁。

（30）同右、二五八―二六〇頁。

（31）添谷芳秀「『普通のミドルパワー』へ―冷戦後の日本の安全保障政策」添谷芳秀・田所昌幸・デイビッド・A・ウェルチ編『「普通」の国日本』千倉書房、二〇一四年、一一五頁。

（32）田中均『外交の力』日本経済新聞出版社、二〇〇九年、八七頁。

（33）同右、七〇頁。

（34）防衛庁高官（当時）へのインタビュー、二〇〇八年六月五日。

（35）春原剛『同盟変貌―日米一体化の光と影』日本経済新聞出版社、二〇〇七年、五三頁。

（36）同右。

(37) たとえば、衆議院本会議一五号（一九九六年四月九日）における赤松正雄議員に対する橋本首相の答弁を参照。
(38) 参議院本会議一七号（一九九九年四月二八日）における小渕恵三首相の答弁を参照。
(39) 神保謙「『対テロ戦争』と日米同盟―米安全保障の再構築と同盟関係」日本国際問題研究所編『九・一一テロ以降の国際情勢と日本の対応』日本国際問題研究所、二〇〇二年、一五一―一五二頁。
(40) 同右。
(41) 五百旗頭真・伊藤元重・薬師寺克行編『九〇年代の証言　岡本行夫―現場主義を貫いた外交官』朝日新聞出版、二〇〇八年、二八五頁。
(42) 手嶋龍一『一九九一年日本の敗北』新潮社、一九九三年、一三二頁。
(43) 谷内正太郎「九・一一テロ攻撃の経緯と日本の対応」『国際問題』五〇三号（二〇〇二年二月）、八頁。
(44) 五百旗頭・伊藤・薬師寺編『岡本行夫』、二九一頁。
(45) 信田智人『日米同盟というリアリズム』千倉書房、二〇〇七年、二〇〇頁。
(46) 同右、二〇一頁。
(47) 『朝日新聞』（二〇一三年三月二〇日）の福田元官房長官へのインタビューを参照。
(48) 同右。
(49) 首相官邸「小泉内閣総理大臣記者会見　「イラク人道復興支援特措法に基づく対応措置に関する基本計画について」」二〇〇三年一二月九日、http://www.kantei.go.jp/jp/koizumispeech/2003/12/09press.html（二〇一五年一一月一七日最終閲覧）。
(50) 春原『同盟変貌』、一五四―一五五頁。
(51) 外務省「日米同盟―未来のための変革と再編（仮訳）」二〇〇五年一〇月二九日、http://www.mofa.go.jp/mofaj/area/usa/hosho/henkaku_saihen.html（二〇一五年一一月一七日最終閲覧）。
(52) 村田晃嗣「第一一章　冷戦後、九・一一以後の日本とアメリカ　一九九〇―二〇〇七年」五百旗頭真編『日米関係史』有斐閣ブックス、二〇〇八年、三一八頁。
(53) 安全保障と防衛力に関する懇談会「『安全保障と防衛力に関する懇談会』報告書―未来への安全保障・防衛力ビジョン」二〇〇四年一〇月、http://www.kantei.go.jp/jp/singi/ampobouei/dai13/13siryou.pdf　四〇頁（二〇一五年一一月一七日最終閲覧）。
(54) 首相官邸「平成17年度以降に係る防衛計画の大綱について」二〇〇四年一二月一〇日、http://www.kantei.go.jp/jp/

kakugikettei/2004/1210taikou.html（二〇一五年一一月一七日最終閲覧）。

（55）春原『同盟変貌』、五五頁。

（56）同右。

（57）川上高司「在日米軍再編と日米同盟」『国際安全保障』第三三巻三号（二〇〇五年一二月）、一九頁。

（58）福田毅「米軍の変革と在日米軍の再編（その二）二〇〇四年九月以降の動きを中心に」国立国会図書館『調査と情報』第四八〇号（二〇〇五年五月一三日）、四頁。また『毎日新聞』（二〇〇五年一一月二日）も参照。

（59）春原『同盟変貌』、一二〇頁。

（60）春原『同盟変貌』、一二六頁。

（61）柳沢協二『検証 官邸のイラク戦争—元防衛官僚による批判と自省』岩波書店、二〇一三年、一四九頁。

（62）同右、一四六頁。

（63）Michael Finnegan, "Managing Unmet Expectations," *NBR Report*, November 2009［『同盟が消える日—米国発衝撃報告』（谷口智彦編訳）ウェッジ、二〇一〇年］。

（64）首相官邸「ＡＰＥＣ首脳会議出席における内外記者会見」二〇〇七年九月九日、http://www.kantei.go.jp/jp/abespeech/2007/09/09press.html（二〇一五年一一月一七日最終閲覧）。

（65）『朝日新聞』（二〇〇八年一月一三日）。

（66）小沢一郎「今こそ国際安全保障の原則確立を—川端清隆氏への手紙」『世界』七七一号（二〇〇七年一一月）。

あとがき

戦後の七〇年間、日本を取り巻く国際秩序は変動の連続であった。そのなかにあって、日本外交の連続性には目をみはるものがある。しかし、当然ながら日本外交に変化がなかったわけではない。敗戦を経て「ゼロ」から再スタートした日本外交が、内実的にも地理的にも拡大してきたことは間違いない。しかし他方で、日本がどこまで国際秩序変動の実態に呼応した外交的対応をとってきたかと問えば、学問の世界でも言論界でも解釈は分かれるだろう。勢力均衡も含め日本が世界の権力政治で重要な役割を果していることを強調するものもあれば、日本が自国中心的で国際的役割を果さないとする視角も根強い。本書はそのいずれの立場にも傾斜せず、各論文の考察は、戦後の日本外交には「拡大」と「収縮」双方の誘因が同時に働いてきたという視点に立っている。日本外交の解明には、国際秩序変動との関連において、その両者のせめぎ合いの構図と論理を問うことが不可欠ではなかろうか。本書の根底にあるのは、こうした問題意識である。

本書は、慶應義塾大学東アジア研究所の共同研究プロジェクト（二〇一四年度～二〇一五年度）の成果である。本書で扱った問題は多岐にわたるが、編者と各章執筆者の間では、プロジェクトのテーマが設定される以前から、右の問題意識が基本的に共有されていた。このことは、学部や大学院時代に各章執筆者が、「二重アイデンティティ」という日本の国家像の分裂を指摘し、その中庸に日本の外交戦略の統一を図るべきことを提唱してきた編者の指導を受けたことと無関係ではないだろう。

共同研究では、年に数度の研究会と年に一度の合宿を行い、各章執筆者の報告、参加者による討議、それを踏まえての各章の加筆・修正という作業を繰り返した。初年度に在外研究中だった編者をはじめ、プロジェクトメンバーの中には海外在住者もいたが、資料収集を兼ねて来日したり、インターネット会議を利用したりすることで、すべてのメンバーの研究会と合宿への参加が可能となった。共同研究の過程は、学部・大学院ゼミを髣髴とさせるもので、知的刺激と活気にあふれたものだった。各章執筆者にとって、調査、執筆、報告、討議、修正を何度も繰り返し、各章原稿への編者の提案や批判を反映する作業は学位論文執筆時の知的苦闘さながらで、院生時代が懐かしく思い出されたものである。他方、編者にとっては、研究者として独り立ちした執筆者たちの最先端の研究成果に触れることは、貴重な勉強であり、贅沢な楽しみでもあった。

共同研究プロジェクトの実施および本書の刊行にあたっては、様々な支援を賜った。公益財団法人高橋産業経済研究財団からは、共同研究プロジェクトへの研究助成をいただいた。そのおかげもあり、本プロジェクトに関係する研究会と合宿、資料収集、研究発表などの活動を円滑に行うことができた。記して御礼申し上げる。また、東アジア研究所の高橋伸夫所長（法学部教授）と田所昌幸副所長（同）からは、重要な局面で度々ご助力・ご助言をいただき、同研究所の小沢あけみ氏には、種々の事務作業を担っていただいた。ここに謝意を表したい。共同研究のプロジェクトメンバーに加わっていただいた宮岡勲法学部教授からも、研究会等で貴重なコメントをいただいた。改めて御礼申し上げる。本書の刊行にあたっては、慶應義塾大学出版会第一出版部編集二課の乗みどり氏にお世話になった。二〇一五年度中の刊行をご快諾いただくとともに、それを見事に実現してくださったことに感謝申し上げたい。

なお本書には、二〇一五年に還暦を迎えた編者への、執筆者一同によるお祝いの気持ちが込められている。この場を借りて、内輪の私事を記すことをお許しいただきたい。

二〇一六年二月

執筆者一同

執筆者紹介（掲載順）

添谷　芳秀（そえや　よしひで／Yoshihide Soeya／編者）
慶應義塾大学法学部教授。一九五五年生まれ。上智大学大学院国際関係論専攻博士前期課程修了、ミシガン大学大学院政治学専攻博士課程修了。Ph. D.（国際政治学）。外務省政策評価アドヴァイザリーグループ・メンバー（二〇〇三―二〇一三年）ほか。主要著作：『日本外交と中国　１９４５～１９７２』（慶應通信、一九九五年）、*Japan's Economic Diplomacy with China, 1945–1978*（Clarendon Press, 1998）、『日本の「ミドルパワー」外交―戦後日本の選択と構想』（ちくま新書、二〇〇五年）、『日中関係史』（共著、有斐閣、二〇一三年）、『「普通」の国　日本』（共編著、千倉書房、二〇一四年）、『米中の狭間を生きる（韓国知識人との対話Ⅱ）』（慶應義塾大学出版会、二〇一五年）、ほか。

植田麻記子（うえだ　まきこ／Makiko Ueda）
ハーバード大学ライシャワー研究所リサーチ・アシスタント、日本ＭＯＴ（Management of Technology／技術経営）振興協会客員研究員（在米国・ボストン）。二〇一一年慶應義塾大学大学院法学研究科後期博士課程修了。博士（法学）。主要著作：「占領初期における芦田均の国際情勢認識―『芦田修正』から『芦田書簡』へ」『国際政治』一五一号（二〇〇八年三月）、"An Idea of Postwar Japan: Hitoshi Ashida and Japanese Liberalism", translated by Rikki Kersten, *ANU Japanese Studies Online*, Australian National University（ANU）Japan Institute（2011）、ほか。

吉田　真吾（よしだ　しんご／Shingo Yoshida）
名古屋商科大学コミュニケーション学部専任講師。一九八一年生まれ。慶應義塾大学大学院法学研究科後期博士課程修了。博士（法学）。主要著作：『日米同盟の制度化―発展と深化の歴史過程』（名古屋大学出版会、二〇一二年)、ほか。

鈴木　宏尚（すずき　ひろなお／Hironao Suzuki）

静岡大学人文社会科学部准教授。一九七二年生まれ。慶應義塾大学大学院法学研究科後期博士課程単位取得退学。博士（法学）。主要著作：『池田政権と高度成長期の日本外交』（慶應義塾大学出版会、二〇一三年）、「親米日本の政治経済構造、1955–61」『名古屋大学法政論集』第二六〇号（二〇一五年二月）、ほか。

手賀　裕輔（てが　ゆうすけ／Yusuke Tega）

二松学舎大学国際政治経済学部専任講師。一九八〇年生まれ。慶應義塾大学大学院法学研究科後期博士課程修了。博士（法学）。主要著作：「米中ソ三角外交とベトナム和平交渉、一九七一–一九七三―『名誉ある和平』と『適当な期間』の狭間で」『国際政治』第一六八号（二〇一二年二月）、「ニクソン政権のベトナム戦争終結計画、1969年―『マッドマン・セオリー』による強制外交の失敗」『国際安全保障』第四三巻第二号（二〇一五年九月）、ほか。

昇　亜美子（のぼり　あみこ／Amiko Nobori）

政策研究大学院大学客員研究員。二〇〇四年慶應義塾大学大学院法学研究科後期博士課程単位取得退学。博士（法学）。主要著作：『イメージの中の日本―ソフト・パワー再考』（共著、慶應義塾大学出版会、二〇〇八年）、『「戦争」で読む日米関係100年―日露戦争から対テロ戦争まで』（共著、朝日新聞出版、二〇一二年）、ほか。

黄　洗姫（ふぁん・せひ／Hwang Sehee）

（韓国）財団法人與時齋（ヨシゼ）持続可能性チーム研究委員。一九七八年生まれ。慶應義塾大学大学院法学研究科後期博士課程修了。博士（法学）。主要著作：「沖縄返還と日米安全保障協議―同盟の非対称性の政治的修正」『国際政治』第一七七号（二〇一四年）、「東アジアの海洋安全保障における日米韓協力とその課題—アライアンス・トランジション論の観点から」『海洋政策研究』第一三号（二〇一五年三月）、ほか。

石原　雄介（いしはら　ゆうすけ／Yusuke Ishihara）

防衛省防衛研究所政策研究部研究員。一九八四年生まれ。オーストラリア国立大学大学院修士課程修了（戦略学修士）。主要著作："Japan-Australia Security Relations and the Rise of China," UNISCI Discussion Papers, No. 32（May 2013）; "Japan-Australia Defense Cooperation in the Asia Pacific Region," ANU-NIDS Joint Research: Beyond Hub and Spokes, Tokyo: NIDS（March 2014）、ほか。

佐竹　知彦（さたけ　ともひこ／Tomohiko Satake）

防衛省防衛研究所政策研究部主任研究官。一九七八年生まれ。オーストラリア国立大学太平洋アジア研究所国際関係学部博士課程修了。主要著作："The Origin of Trilateralism? The US-Japan-Australia Security Relations during the 1990s," *International Relations of the Asia-Pacific*, Vol. 11, No. 1（2011）、「米豪共同通信施設—米豪同盟における「物と人との協力」」『国際安全保障』四二巻三号（二〇一四年一二月）、ほか。

ま行

や行

ら行

わ行

英数字

な行

は行

さ行

た行

〈事　項〉

た　行

な　行

は　行

ま　行

索　引

〈人　名〉

慶應義塾大学
東アジア研究所叢書
KEIO INSTITUTE OF EAST ASIAN STUDIES
KIEAS

慶應義塾大学東アジア研究所叢書
秩序変動と日本外交
——拡大と収縮の七〇年

2016年3月30日　初版第1刷発行

編著者————添谷芳秀
発行者————古屋正博
発行所————慶應義塾大学出版会株式会社
〒108-8346　東京都港区三田 2-19-30
TEL〔編集部〕03-3451-0931
〔営業部〕03-3451-3584〈ご注文〉
〔　〃　〕03-3451-6926
FAX〔営業部〕03-3451-3122
振替　00190-8-155497
http://www.keio-up.co.jp/
装　丁————渡辺澪子
カバー写真提供—ユニフォトプレス
印刷・製本——株式会社理想社
カバー印刷——株式会社太平印刷社

Printed in Japan　ISBN 978-4-7664-2315-0